U0441787

本法律实践研究丛书
由杭州师范大学资助出版

法律实践研究丛书 | 总主编 郝铁川

法官日记

郭彦明 著

图书在版编目(CIP)数据

法官日记/郭彦明著.—北京:北京大学出版社,2017.11
ISBN 978-7-301-28801-6

Ⅰ.①法… Ⅱ.①郭… Ⅲ.①法官—工作—中国—文集
Ⅳ.①D926.17-53

中国版本图书馆CIP数据核字(2017)第240242号

书　　名　法官日记
Faguan Riji
著作责任者　郭彦明　著
策划编辑　孙维玲
责任编辑　旷书文　孙维玲
标准书号　ISBN 978-7-301-28801-6
出版发行　北京大学出版社
地　　址　北京市海淀区成府路205号　100871
网　　址　http://www.pup.cn　　新浪微博　@北京大学出版社
电子邮箱　zpup@pup.cn
电　　话　邮购部010-62752015　发行部010-62750672
编辑部021-62071997
印 刷 者　三河市博文印刷有限公司
经 销 者　新华书店
880mm×1230mm　A5　10.125印张　272千字
2017年11月第1版　2023年11月第5次印刷
定　　价　39.00元

“法律实践研究丛书”总序

郝铁川

我长期从事法制史、法理、宪法、行政法等理论法学的研究，自感缺陷很突出，那就是对应用法学，特别是司法实践没有应有的探索和深入的了解。历史上的著名法学家几乎都有过司法实践的经历，这说明如想提出法学方面的真知灼见，必须对法律的运行实践有切身的了解。几十年来，我一直努力弥补自己在司法实践方面的缺陷。

我不做律师，但经常要求有关教务部门为我安排去为司法实践部门的法学硕士研究生班授课，了解他们在基层一线遇到的困惑、难题，要求他们对我课堂讲授的观点提出批评，在课程结束时试卷中必有一道题是“对郝铁川课堂讲授的三个观点进行批评，不得赞扬”，以此发现实务部门的人和我这个学院派的思维差别。

1995—2000 年我担任《法学》杂志主编期间，专门开设过司法实践研究栏目，有意识地与司法实践部门的专家保持密切的联系，熟悉他们的思维方式，并定期邀请全国各地的高院院长、检察长、研究室主任、审判庭庭长等为《法学》撰写文章，提供值得学界研究探讨的问题和角度。值得一提的是，当时我们经常举办一些疑难复杂新型案件的研讨会，邀请司法实务界、学界人士开会探讨并形成论文，这类文章一直很受欢迎，大家公认《法学》是理论界最受关注的司法活动的刊物。

我在香港工作期间，有空就跑到法庭旁听，研究香港法院判例。

我招收博士生时，在同等条件下，总是优先考虑来自司法实践部门的考生。

总之，多年来，我一直寻找不同的机会去熟悉司法实践。我信奉

“理论是灰色的，而生命(活)之树常青”这句话。当我看到不少学者、主编出版许多学术性理论著作时，就产生了要编一套来自司法实践部门的法官、检察官、警察、律师等撰写的法律实际运行丛书的想法，这一想法得到了好朋友——杭州师范大学法学院李安教授的大力支持。于是，我就从中部挑选一个法官撰写《法官日记》，西部挑选一个律师撰写《律师日记》，东部挑选一个检察官撰写《检察官日记》。先出这三本，如果社会效果不错的话，再接着干下去。

我很期盼这套书能够为法学院的本科生和研究生带来益处，能使他们了解我国东、中、西部不同地区的法律是怎样运行的，他们毕业后会遇到什么样的法律职业环境，能够在理论联系实践方面能有所收获。西方国家许多法学院的教授都有丰富的司法实践经验，不像我们这里，大学教师制度存在先天的理论脱离实际的缺陷，绝大多数的教授都是从校门到校门。

感谢北京大学出版社和王业龙主任、孙维玲编辑，经过严格审批之后，接纳了这套丛书。

2017 年 7 月 8 日于沪上

基层法庭里的坚守

（代序）

华灯初上，时光静然。放下一天的工作，让心灵归于一份闲适。望着办公桌上一摞厚厚的日记文稿，我顿感一股乡村质朴气息扑面而来。这是一个基层法庭法官的呕心之作，融入他法庭工作二十余年的所作所为、所想所感。静静翻阅这些文稿，我从中读出了一种“坚守”。

作者所在的法庭，属于法院中的基层，处于维护社会和谐稳定的最前沿，面对的是广大人民群众，肩负的是化解矛盾纠纷、守护乡村和谐的重任。就是在这样的基层，作者从一名大学毕业生做起，怀着一种信仰，一待就是二十余年。二十余年的法庭工作，二十余年的岁月洗礼，褪去青涩，沉淀成熟，生命融进担当与大爱。乡村法庭将多少青丝染成了白发，信念坚如磐石，奉献和坚守却是永远不变的承诺。挪威作家、诺贝尔文学奖获得者温赛特说过：“信仰坚定的人是一刻也不会迷失方向的，他的灵魂将冲破炼狱的烈焰直奔天堂。”作为一名法官，这种坚定的信仰从哪里来？来自于对党的忠诚，对人民的热爱，对审判事业的崇敬。只有这样，才能在审判工作中始终坚守内心的宁静，才能真正做到“不畏浮云遮望眼”，无愧于党和人民的重托。

说起坚守，中外历史上有许多相关典故：陶渊明东篱采菊，坚守一份自适；李太白醉酒狂歌，坚守一份狂傲；杜子美茅屋疾呼，坚守一份关怀；托尔斯泰高龄出走，坚守一份朴素的心灵，平民的情感……而我们基层法庭的法官长年与法庭相守，默默无闻之中，维护公平正义，奉献最美青春年华，坚守一份责任。

坚守有苦也有累。这本《法官日记》虽也述及当下基层法官的苦楚与无奈，但身在其间的法官们却不畏艰辛，痛并快乐着，执着前行！送达文书的乡间路上，独处僻壤的办公场所中，似火骄阳下或凛冽寒风中的田间地头……成为他们实现人生价值和挥洒青春的舞台。法庭是个生活百象的大舞台，记录过多少分分合合，上演过多少喜怒哀乐。本书讲的虽是作者自己法庭的故事，但也是法庭工作日常的缩影，展现了其间的苦辣酸甜。

坚守中体现智慧。面对纷繁复杂的社会矛盾和法律意识日益增强的人民群众，基层法官不仅要有精湛的理论基础与司法智慧，更要有高超的群众工作艺术与纠纷化解能力。这本《法官日记》将抽象的司法理论与形象的司法实践完美结合，在遵循司法规律的实践操作中积累司法智慧，实现与司法人性的最佳结合。本书的出版，想必会为基层法官与后来者提供强有力的智力和理论支持。

作为一名基层法庭法官，作者具有扎实的法律专业功底，视野开阔，涉猎甚广，对历史、文学、心理学等知识的运用融会贯通，国学素养更是深厚。本书语言风格诙谐幽默，场景描述引人入胜，遣词造句脱口而出，引经据典信手拈来，诗词楹联对仗工整，对人物的刻画更是可爱灵动、栩栩如生。生活中的作者热爱学习，善于思考，在坚守基层法庭二十余年，完成繁重的办案任务的同时，还利用点滴闲暇时光，静心学习，乐在其中，是铅华洗尽，是年岁沉淀，更是对生活价值的追求。

虽说本书采“日记”式的叙述，源于工作之中的点滴琐事和碎片式的感受心得，但作者在其中流露的思想颇有古隐士之风。也许这与他出生、成长、工作在南太行山脚下，受竹林七贤、梅溪先生、夏峰先生，特别是邵公康节等隐居辉县的大贤们的思想影响有关，故其生活方式虽多姿多彩，但也恬淡自然。国学大师冯友兰曾为其女宗璞手录一副对联：“高山流水诗千首，明月清风酒一船。”作者的精神特质也颇契合此意境。在一些人心浮气躁、物欲涌动的今天，能守一份淡然与恬静的心情不易。作者用一种法官的坚守，扑下身，安下心，扎下根，奉献出的品质与精神弥足珍贵。

读完《法官日记》文稿，我始终在想，法官在坚守着自己的良知，坚守着法律、法院这块神圣的领地。那么,是什么力量让法官一直坚守?我想,对法律的信仰、对法院工作的深情是必不可少的。听到法庭闭庭时响起的掌声,看到当事人在领到赔偿款时那会心的笑容,目送调解和好的夫妻结伴离开法庭,感受赡养案件中原本已现裂痕的亲情在法官的调解下重新弥合时的温馨,这时的法官是欣慰的,觉得自己做了一件平常事,同时也是在做有人生意义的事,用一颗平常心为法治建设贡献了一份"微力量"。我想,这就是人民法官"坚守"的意义!

谨以此序,献给在基层法庭默默坚守的广大法官,献给所有在平凡岗位上默默耕耘的人。

袁荷刚

河南省新乡市中级人民法院党组书记、院长

2017 年 9 月 20 日

目录

十八年后的轮岗 // 001
女书记员小张 // 005
“面目可憎”的“一号文” // 006
家在路上 // 008
恩怨太久，忘了初见的欢愉 // 010
恋爱就像打麻将 // 013
人无远虑，必有近忧 // 016
共情的魅力：酒酣我欲狂 // 018
三尺公堂忘了怕 // 021
唯善为宝 // 023
暗战 // 026
端午方山行 // 028
失落的诚信 // 029
父亲节 // 032
渐升的温度 // 033
两父争女的背后 // 036
挑战体力极限 // 038

虚假诉讼 // 040
坚持锻炼:我乐故我在 // 042
冰冻三尺:叔侄怨 // 043
跨省续冻 // 046
社会法官何书记 // 049
留守儿童·中秋之思 // 051
监狱科长 // 053
自豪·制约 // 056
“五小”法庭 // 058
子在川上,古城不败 // 060
楚河原本一场戏,汉界由来不分明 // 062
兄友弟恭自古义,特立独行未必行 // 064
闹讼成功:可怜人的可恨处 // 067
掀墙非我意·读书真性情 // 069
艰难的送达 // 071
注定上审委会的庭审 // 073
有种爱叫放手 // 075
年底压力·心正无邪 // 078
痛苦的代位 // 080
凋零·年终 // 082
程序的“逾越” // 084
霸气的欠款者 // 087
大寒·推电车 // 089
死亡婚姻的坚守者 // 093
工作的思考:邪之所凑,其气必虚 // 096

政府的诚信 // 098
非假日的除夕 // 100
上班首日 // 102
及时的勘验 // 103
基层法庭办刑案 // 106
退休干部撤诉记 // 108
无奈的借调·富贵如浮云 // 111
愚人节 // 113
名分 // 116
“炮儿案” // 118
大学同学 // 121
追索代理费 // 123
承包土地无出路,诉集体不如靠集体 // 125
莫怪法律无情物,追根溯源也动人 // 128
无法补正的亲情·秸秆禁烧 // 130
小鲜烹,则大国治 // 132
两线作战 // 134
让审理者裁判 // 138
法官归来,普通一日 // 141
改判·不爱亦不休 // 143
“炮儿案”开庭·感悟两则 // 145
法律事实是定案的依据 // 147
为争繁华强出手,原来清静才是家 // 148
被判决的调解 // 150
夹缝中的老年婚姻 // 152

为子女忍耐二十年,为自己说啥不再忍 // 154
借调无归期 // 156
变相发还案 // 158
讨债难·“炮儿案”有果 // 160
晴天霹雳:丢卷 // 162
转案一月 // 165
一别两宽,各生欢喜 // 167
打工受害实无奈,驾考被骗有过错 // 170
诉讼的诅咒 // 172
婚姻必杀器 // 174
借力:侄儿的调解 // 176
小众的快乐 // 179
停访息诉 // 182
重燃生活希望 // 184
人生若只如初见 // 186
小案的价值:菌种风波 // 188
冬至·大案 // 190
还钱也是机会 // 192
执行担忧:不执行,宁毋审 // 193
抵账对决·全年成绩 // 194
环境的诅咒:性无能 // 196
水平 // 198
又逢岁末 // 200
春节 // 201
借调归来 // 203

不伦关系难维系，逼要花费几成空 // 205
取消审批签字 // 208
爱非取悦·鸡肋之谶 // 210
“院长直通车” // 215
车改·人员微调整 // 217
期待传票·酒瓶款·缺失的正义 // 219
判后有感·家事调解 // 221
杀一儆百：小王被辞风波 // 223
小额诉讼分离 // 225
姐夫的撺掇 // 227
绕路的“命运” // 229
恶意躲债·恕能免诉 // 231
信访威胁·溜会办案 // 233
爱骂的老党员 // 235
势均力敌“亲友团” // 237
打扫马路 // 239
不可复制：82岁离婚 // 240
电子卷宗·孩子的教育 // 243
别让女人失望 // 245
爬山臆想 // 247
担保，你想好了吗 // 248
发判环节 // 250
海面未观多大水 // 251
手机之害：未来，已来 // 254
慰问灾情 // 256

法官日记

企业家的格局 // 257
郁闷的一天 // 259
蝉鸣的街道 // 261
蓝天白云·孜孜以求 // 263
自行回避 // 265
缺失的爱 // 267
录入信息再次出错 // 269
心理成长 // 271
母为子隐·覆水难收 // 273
判难 // 275
时间是解决矛盾的良方 // 277
保管卷宗·吃饭·请教 // 279
派车·表姐·司改会 // 281
“补贴”的幸福 // 283
整修老屋 // 284
秋雨·上诉不交票据 // 286
秋雨续·同事调走 // 288
从未曾放手的父母 // 289
一情等千年·法制宣传 // 291
送法进校园 // 294
雾霾重起·视频庭未果 // 303
二次被诉戾气重,蛮横耍粗法岂容 // 305
后记 // 308

十八年后的轮岗

2014 年 3 月 17 日　星期一

春节刚过,法庭终于轮岗了! 对于大学一毕业就在偏远山区法庭“萌”到今天的法官来说,这是个啥样的消息?

一进法院就被分到这个法庭工作,在这里,我“熬”走了五任乡党委书记、七位派出所所长,“熬”没了工商所(撤并),等来了环保所(新设)……

当时的老庭长曾问我:“从大城市的大学毕业就到这山区工作,不太适应吧?”

我忙说:“没事没事,本就是农村出身,没啥不适应。”

其实心里想的是:是金子到哪里都会发光。从最基层做起,学习办案,了解民俗民情,理论联系实际,然后不飞则已,一飞冲天,也算是实现人生理想的不虞之途吧。所以当时的信念是:韬光养晦。

后来,在长期感受了办公条件的艰苦简陋,所办案件的烦琐如麻,矛盾的纠缠与戾气之后,产生强烈的离开愿望,并开始“求医问药”,四处奔走、到处求人。

然而,一次次燃起的希望,又一次次破灭。冬日遥望皑皑雪山,欲将轻骑逐,大雪满弓刀;夏天纵横田间地头,大道如青天,我独不得出。人事上大动小调不断,自己岿然此处,就是纹丝不动。

一日席中,酒过三巡,老庭长信口对我说:“小郭啊,你这人喝酒吐酒,抽烟咳嗽,学打牌白送你钱你还逃走(一冬夜,大伙儿在某饭馆打麻将,老庭长说就不相信我对麻将不感兴趣和学不会,于是让老板反锁了街门,他们玩让我在旁边看,无论谁‘胡’一把都给我 1 块钱,‘暗杠'什么的还翻倍。我在'只进不出'了十几元后还是找机会逾墙逃走了,一时成为笑料)！你还能干点啥？你以为抽烟喝酒打麻将只是玩啊？学问大着呢,慢慢学吧,别做个书呆子！"

也曾认真考虑过:如此特立独行,不合时宜,出路在何方？

也曾向老庭长请教那天的话,他哈哈一笑,说那天喝多了,随便说的,大学生有文化有能力,早晚前途无量！只是今后挣了钱别都放进抽屉或交给老婆。

此时聊以自慰的信念是:先开者谢必早,久伏者飞必高。

再后来,春去春又来,花开花又落,以正科级身份从其他单位调入法院工作的老庭长,竟以科员身份就地"二线"了。

随后,资格最老且仅剩的一卒的我顺理成章地接过老庭长的衣钵,袈裟罩身,主持工作。当然,上面同时又派来两名新同志。于是,在又一持续的纷扰中兴奋、拼搏、争先,当然最主要的仍是去解决一个个纠纷,就像游戏"消消乐",只要你愿意,永无止境,直到你慢慢地适应、麻痹,视若无物。

当时有前辈预言说,有了"红顶子",我会步老庭长的后尘,至少得在该法庭干十年以上。听着让人心寒,不过这话确是有依据的,因为地处偏远,经济落后,交通不便,老少都没人愿意来,领导也为难啊！以至有宁在院里当一般人员也不愿到这里来当庭长的说法,更有甚者,据说连来这儿开车的司机都是那些不听话、吊儿郎当的家伙们。

转而又想,预言总归是预言,出乎预料的也不少,我就不能成为成功跳出"魔咒"的第一个？何况老庭长不是也说过:"这儿再不好,也不会卖给咱,领导也会考虑的。"

奇迹最终没有发生,至今我在这里已工作了满满的18个年头！

鲁迅先生曾经说过:"我因为常见些但愿不如所料,以为未必竟如所料的事,却每每恰如所料的起来……"

无数个日思夜想盼望的,今天来了,步履蹒跚,尽管已迟得近乎没有必要,但仍戴着"好消息"的伪装。

同事打趣说:“恭喜,大王下山了,你创造了本单位连续一地工作的记录吧?”

该是个什么感觉呢?雄心犹存?冷眼鄙视?五味杂陈?

想到了54岁中举,因兴奋过度一头扎进粪池的范进;想到了拼杀一生,拖着无数兄弟们尸体终被招安,颤抖着磕匍匐长头的宋江;想到迎烈烈寒风,留匈奴十九载不降,终持白旄使节而归的苏武。

想自己为何如此无能,看着那么多跳槽的同学同事,竟能十几载如一日而未中途“变节”。

范仲淹说:“是进亦忧,退亦忧,然则何时而乐也?”这时我的信念已成:人生在世,拥有一颗安静的心,就是最好的财富。

大学读书时,学到公、检、法的关系,就觉得法院用到的法律知识最多、最全面,将来最好能到法院工作。后来竟真到法院工作了。

有人说,公安做菜,检察上菜,法院吃菜。心里便想,我要是能负责上菜就好了,或者做菜也行,总是吃菜真的不好消化啊!

邻居的小孩学法律,问就业大势,我就是这么回答的。

他妈说吃菜多好啊,坐堂问案,风光!

我说一次给你上一桌,按规程限时吃完,你试试?

她不甘心,试探着说吃不完还有退订或打包嘛。

我笑说,“大姐呀,你以为真吃菜啊?慈禧老佛爷让你试吃的菜,退一个试试?由你选择吗?”

我不是忧郁派。想当初各种水土也适应得快,况且山区有景物别致的胜状,有刚烈耿直的性格,有绵延峥嵘的文化,若沉下心来学习,一待一个青春,也是乐在其中,但建议没有这个心理准备的后学者慎入。

现在,上班的路由35公里变成了25公里,狭窄陡峭的山路变成了宽阔敞亮的坦途,总是好事啊!还有,最大的变——人多了!

这次轮岗既是顺应司法体制改革,也是审判制度改革的结果。以前的法庭地处山区、革命老区,石头多、人少,民风淳朴,经济落后,案子不多,法庭的人员更少,多时三四个,少时两三个,因借调休假而唱独角戏也不乏其时。现在不同了,法庭共有七个人,三个法官,两个书记员,一个司机,一个门卫。郭、刘、曹、张、葛、孙、屈,看出来没？没有一个重姓的！不重姓好称呼,熟悉了之后姓前随便加个老、大、小,或什么都不加,就可标签明确。不像以前,法庭就两个人还都姓郭,不仅称呼对方不方便,就连当事人都认为我们是凭关系进到法院的自家兄弟呢。

还有,这七姓氏有啥特点？对呀,知道您看过三国,曹刘孙啊,啥情况？辛弃疾有言:"天下英雄谁敌手？曹刘。生子当如孙仲谋！"不瞒你说,我们的曹刘,就是俩年轻的法大科班,孙是资深司机。接下来干活,看好吧!

还有不说你真看不出来的,七人中的小张、小葛是两女生,刚考进系统的。女生怎么了？对于一个上班近二十年从没有过女同事的人而言,至少值得一提。以前的法庭也曾要求派个女同志,领导酒后失言:"荒山野岭的,女的谁敢来?"我当时气得脸都青了。

晚上想了这么多,还是写点浓缩的表达一下我荒凉的肺腑吧,呵呵。

石岭之外凄凉地,一十八年弃置身。
酒酣不忘初心路,方得始终一俗人。
恶习似铁未必久,律法如炉定争纷。
夜半将眠喟世事,亦是狂言亦是真!

女书记员小张

2014 年 3 月 19 日　星期三

新法庭人多案子也多，试行的司法体制改革似乎减轻不了多少法院案多人少的压力。上午一上班，在新的办公室里身子还没有坐正，勤快的 80 后女书记员小张就把成摞的新案卷宗摆好了。

"庭长，这是今天所有需要你阅卷、审核签发、定开庭时间、调解的案件，调解两件，从简到繁，我都排好序了。"

小张一口气说完，特别强调了"调解两件"，以示重要，然后眨眨那双灵动的大眼睛，颇有些成就感，也有些为自己所做的工作邀功的味道。其实她们真不容易，两个书记员要应付三个审判员的活儿，几乎包揽打电话、发邮件、庭前准备、庭审记录等所有办案"杂务"，出现工作失误要承担责任，遇到话重声粗的当事人，气得哭鼻子的时候也不少。

大工未动，小工先行，法庭也是个办案的工地，负责搬砖和泥的小工可不一定比挂线砌墙的大工出汗少。严重同意！

但听说留在后勤的书记员们就不同，个别人上班后一杯茶水，光修个指甲描个眉就捯饬半天，待人还爱理不理。我的理念是，若羡慕轻闲就想法轻闲，想学点东西就努力锻炼业务能力，毕竟人各有志。

十分现实的问题是，两位女书记员还都没有男朋友，小葛是 90 后尚不要紧，小张可是二十大好几的人了，愣是没空谈恋爱，这可不行！误吃误玩不要紧，误恋爱可是一辈子的大事儿啊。赶明儿得联系派出所、对面的高中、镇联中、信用社、邮政储蓄所，搞总联谊？看来光埋头拉车真的不行，人际沟通什么时候都不能缺少。

“面目可憎”的“一号文”

2014 年 3 月 26 日　星期三

下午，全院干警会，主要是学习院党组审议通过的今年“一号文”。这个“一号文”，对办案的法官来说最“面目可憎”，因为它让大家提早瞥见了整体的重任和枷锁，预习了全部的艰辛与无趣。“一号文”规定的是各庭、科、室、队及个人全年应完成的工作指标任务、奖惩办法，年年都有，先发讨论稿，再下正式文，其重要性不言而喻。几年前上边就要求法院系统不再搞办案指标、任务排名了，好像院里也传达过类似文件，但真杜绝得了吗？

司改试行，领导说，我们虽不是试点省，但也要勇于试改前行。为此，年初全部办案人员已平均组成刑、民、行共 17 个审判合议庭，执行另改。拟打乱原先按地域分案制度，改为平均分案，因此，今年人均结案指标最低 80 件，往年气定神闲年结案一二十件的“文哥们”[①]咋过啊？这是意味着勤不必怨，懒必被抽吗？什么节奏？

有些任务是亘古不变的，调研文章、案例分析、宣传报道、工作信息，须见哪级报刊，都有具体要求。50 岁以下都有任务，完不成任务的扣分。虚啊，办案人员要是有写文章上报纸的能耐，早就离开这个不让人欢喜只让人忧的地方了！中国人自古爱区分君子和小人，非此即彼，纠结难安：不愿做小人，君子标准又太严苛，就想方设法做伪君子。于是找采稿单、求署名，各种剽窃造假都来了，普天之下，你是我也是，心照不宣。上次有位省城的律师就暗示他能很方便弄到某省媒采稿

① 指办案拖沓、落后的人。

单,当然前提是希望关照他所代理的案子。

审管办通知,要求把上一年的全年已判文书上网,今后,所有的判决文书都要上网,说是我们省要走在全国司法文书公开上网的前列,又是一个硬任务。

让审理者裁判,让裁判者负责。对所办案件终身负责,谁对我的终身负责?近期成了法官们的吐槽话题。

家在路上

2014 年 4 月 2 日　星期三

早上七点半,大家在单位院里集合,然后填派车单,向法庭进发。

小张爱迟到,老是大家都已在车上坐好,才见她匆匆骑车冲向停车棚。小刘说她夜生活丰富,她总不承认,三缄其口,或是说早上起迟了。其实,车上人都听出来了,他俩说的是一个意思。

小曹出发前老事儿多,不是给主管汇报案子,就是出文书、盖章。用他的话说,领导刚上班好找,脾气也温和些,汇报的案子好通过。但他不解释为什么老爱干书记员的活儿,比如出文书、盖章等。

我不喜欢去单位坐车。常提前从家里步行出来,或骑车到任何一个必经的大路口等车,车来了,所骑的破车路边一锁,上车就走,回来在老地方下车再骑回家。

领导多次要求法庭同志坚守岗位,不能有事没事总在院里逡巡。这不,法院刚搬到新址,大楼气派直逼省院,但为了杜绝法庭同志在院里办公,法庭的办公室里竟然没有办公桌椅和局域网,还要求法庭同志来院里须有主管领导签字。这都谁的主意,真是奇葩!有人戏称这是"非有诏不得返京"啊。法庭同志的工作有目共睹,多年的办案标兵、调解能手大都出自基层,更何况,法庭与法院能割断联系吗?签字、盖章、打印、领取办公物品、拿新案、移送卷宗,这些工作在法庭能做吗?现在搬到新大楼了,基层法庭的同志俨然是外人,进院机关大门还得冒着被领导批评的风险,难怪此规定一出,即遭多数人诟病。

法庭专车"大众"牌轿车警车,连司机一共坐进六个人,满满一车,路况差,路上得四十分钟到一个小时。车上副驾驶的位置老给我留着，他们四个则一前一后挤在后排，以致到了庭里小曹两脚常麻得下不了车。我曾坚持让块头稍大的小刘或小曹坐前排，但他们坚决不肯，我知道他们是出于尊敬，嘴上却调侃是因有两美女才抢后排。

南京到北京，路上也算功。路上总是不乏话题。我爱讲以前法庭的趣事，什么骑车下乡轮胎没气四处借气筒、冬天与乡里人员抢着往屋里搬煤球、几个人共用一个“热得快”烧开水、公交上班车上“偶遇”败诉方当事人被挖苦一路，……他们听得哈哈大笑。

小刘爱讲些带包袱的段子，一荤二素的，起伏跌宕，悬念重生，讲到紧要处，来个停顿，听得张、葛两位女生大气不敢出，问也不是，笑也不是，但他就是不急着往下讲。等到换了个话题，张、葛二人才无缘无故地突然大笑起来，这下倒把司机小孙弄懵了，“嗖”的一声拧大了音乐开关。

小曹爱在车上说案子，判离判不离的，证据如何分配，看到个什么典型案例，又有个新的司法解释，等等，也最能引起大家的共鸣，或者争论。随着车子颠簸的毫无秩序，大家吵吵闹闹，竞相发言，把车里的温度都整高了。小孙急得一路插不进一句话，几次提议要把车上不说案子定为规矩，人人都响应，但至今谈论案件仍是车上最多的话题。

以至于，“除了说案，你还会说啥”成了最无语最鄙视人的一句话。

有人说现在法院人苦，而法院最苦的是在基层法庭，不是在开庭，就是在赶往开庭的路上，天天如此。时间久了，大家发现，路上竟成全庭人谈兴最浓、气氛最热烈、思想上最轻松自由的时刻，也是每个人最有归属感的时刻，因此要说家在“路上”，毫不夸张。

恩怨太久，忘了初见的欢愉

2014 年 4 月 10 日　星期四

上午警车到法庭一停,小孙便笑说:“找庭长的又来上班了!”

“老周? 我怎么没看见? 近期他是每天必来,比我们上班还准时。今天我可没空接待他,三个庭一大堆人等着呢!”

老周,82 岁,两儿三女,老伴去世多年,住在法庭附近。与老大脾气不对,到处告长子不孝,乡政府、派出所,你一天不管,他就天天去。其实也不是啥大事,就是爷俩事事意见相左,还都脾气倔,谁也说服不了谁。乡政府被找得不堪其烦后,乡长让司法所长亲自领着老周到法院立了案,总算摆脱了干系,用政府工作人员的口头禅说,这叫走司法途径。

小曹办的案子。法庭轮岗后,小曹是庭里唯一原窝未动的人,一年前判决老周两个儿子轮流赡养,其他子女按月支付赡养费,医疗费凭票据由五子女各承担五分之一。没问题啊,可老周说大儿子去年翻建了新房,新房中给他留的一间房子没有窗户,冬天冷夏天热,没法住,反正不去老大家住。不去你就住自己家呀,能跑能跳的,但他就是不愿意。为这事儿,天天找小曹理论,说当年的判决不公(赡养费太低),而且专趁人多的时候絮叨个没完,说说骂骂,上次终于爆发了激烈争吵,吵得楼都晃动,我停下正开庭的案子,匆忙下到小曹办公室。看着急得满头大汗的小曹和不依不饶的老周,凭经验知道小曹已经很难再与老周交流:年龄轻,道行浅,驾驭不了。于是便说:“我是刚来的庭长,这事儿以后就找我吧,但今天不行,今天没空。”

真的好佩服当时的勇气,这年头法院的事儿可不是那么好揽的,诉了有上诉，审完有再审，审后说不定还有信访、布条、大字报伺候着。

“中，中！”老周非常同意，“我就愿找领导，以后找你，今天走。”说完驼着背走到院子里，骑上二八式大自行车走了。看的人都惊叹：不简单啊，这老头！

我也看出不简单了！精神气足，身体好，有脑子；装傻，装弱者。

也许换人处理，思路不同更有助于问题的解决，尤其是对一些无关原则的亲情纠纷。反正老周见我几次后，便来无声去无怨，不再吵闹了，天天来去倒有点不好意思的味道，连 72 岁的门卫屈师傅都哂笑：稀了罕啊，老周让你驯服了！施啥好法儿了，他年轻时就是俺村出名的倔头！

果然，我前脚进办公室还没坐好，老周后脚跟着就进门了。

“庭长，我去大儿子家住了，是大孙女骑三轮车来接的我。以前孙女见了面都不吭我，这次不知是咋了，都变好了，到底是一家人，我想也就算了，跟你说声儿。谢谢你啊，你这人不错，有文化，有水平！”老周说这番话，有些欣喜，有些神秘，十分诚恳。

老周想不到大儿子的态度短时间内会变得如此温和，更想不到平时不理会爷爷的大孙女会亲自来接他，像一下子回到初见儿子出生时的兴奋，什么都愿意！长期的矛盾纠缠，倒让双方几乎忘了彼此是父子。迟到的激动啊，快，拿碗筷卷被子，走吧！

其实，老周在小曹面前故意“耍糊涂”，有其深层次原因，一场官司，老周赢了个判决书，输了大儿子全家的亲情，看着一张张恨大仇深的脸，能不嫌屋里热吗？现在突然亲情重现，神清气爽，当然不必再闹着开窗户了。

但老周未曾想到，我明修栈道（言语上支持其观点），暗度陈仓，把其长子全家叫来，耐心听完他们对老周多年多种“积怨控诉”，共同分析了老头儿的“畸形”心理，最后回到“老人虽有错，也得容他谅他赡养他”的共同认识上，才帮长子想的“孙女接爷”一出儿，老周终于被融入戏中了。

老周走到门口又回头，黯然地说：“往后我就来得少了啊！”

“好,你没事了可以来这儿凉快!”

“不了,你这儿太忙。”

这话真诚!为了获得老周的信任,彻底“征服”这位高龄当事人,每次来,不管人多人少,我总是先给他让座、倒水,他爱抽烟,每次都给他留着烟,临出门还给点上再走。为此我把早已不准摆放的烟灰缸找出来,每次办公室里都弄得乌烟瘴气,陪抽二手烟……

不过现在一切都解决了,说简单也简单,多些理解、同情和耐心,稍微动动脑筋想想办法,谁都会处理。其实,我一直主张此类带亲情性质的家庭纠纷,首先利用社会机制解决,比如充分发挥村、乡两级的调解能力,或组织专门的社会调解,都比直接对簿公堂或许效果会更好。不要动辄把矛盾双方往法律程序的道儿上推,国外那些所谓“碰个趔趄就法庭上见”的做法,在我们的国家未必好使。老周的儿子在“控诉”中就反复提到父亲既然把他告到法院,自己这个不孝子也就当定了,索性就硬磕到底,要是当初有亲朋或村干部说和,自己早就让步了。

得《如梦令·父子怨》一首:

道是新恩不是,
道是旧怨不是,
恩恩与怨怨,
别是生活情味。
记否,记否,
儿郎父母骨肉!

恋爱就像打麻将

2014 年 4 月 16 日　星期三

上午九点是一桩追索彩礼案开庭。

两位在镇政府上班的人民陪审员早早地来到法庭,先熟悉案情。他们俩一位是综治办的昌,一位是民政所的霞姐,都十分热心陪审工作,只要有需要,总是尽力安排时间。去年二人陪审的案件在全院陪审员中名列前茅,陪审、调解经验都很丰富,尤其是霞姐,更是说话泼辣,见地深刻,善于协调。现在几乎组不成纯审判人员的合议庭了,人手不够,即使勉强够三个人,也是各忙各的,分身乏术,或身在开庭心在彼,因此,以前总怕陪审员参与合议流于形式,现在却是其他参与合议的审判人员流于形式了,倒是来自社会各届的陪审员们更加投入和有激情。只是他们报酬不高,还不能充分调动潜在的积极性。陪审制度是宪法规定的,但不知会走向什么高度和深度。

原、被告在庭上,年轻得就像俩孩子。一看诉状,男孩 92 年生的,女孩 93 年生的,还是上一年开始谈的恋爱!男孩一脸自信与必胜,女孩穿着洋气,但有些不安,很少抬头看人,双手总握着手机,前面还有一个据称是其表姐夫的代理人。

这是一种最尴尬的代理关系:说是亲属代理,但既非直系,又无任何证明是旁系,只是自称的远房亲戚,仅此而已!不让代理人出庭吧,当事人的诉讼能力有限;让出庭吧,代理人水平也有限,还是代理资格法律规定盲区!

为了当事人的权利和面子,视情况(也不像是有偿代理)就让他代理吧,毕竟他也是为了当事人的利益。

这表姐夫满脸胡茬，粗粗大大，穿着拖鞋，手里一直紧攥着一沓A4纸写的东西，表明自己今天是来履行与该材料有关职责的。

“我们要控告他强奸妇女！”言毕递过来两张材料，赫然写着：强奸妇女控告书。

“强奸是刑事，应先到公安局报案，今天是处理民事案，不一码事。”霞姐连忙用最通俗的话解释，语气中带着乡政府干部的强硬。

“他告我们退钱，我们就告他强奸，咋不一码事？难道你们光管他的事，不管我们的事？”

“原告，有这事吗？”一看这个话题肯定是绕不过去了，我尽量委婉地问。

“没有，都是她自愿的。”男孩一副坦然的语气。

“被告，你是自愿的吗？”不能让来路不明的表姐夫一直代言，我很想听听女孩的意见，她一句话还没说。

“有的自愿，有的不自愿。”女孩说得很快，声音很低，好像不想说。

微信与陌陌齐飞，灯红共酒绿一色，90后的生活和观念至少令本合议庭人员大跌眼镜。

昌扶了扶眼镜，显然没听明白。

表姐夫斜瞅了她一眼，似乎不太满意。

“第一次自愿，后来不自愿。”面对众人期待的解释，女孩补充道，好像很客观，不冤枉任何人，也好像是为了配合表姐夫。

“哪次你不自愿了？不自愿你还叫我去你家里？”男孩看来怕背黑锅。

“在你家多，在我家少。”女孩声音不高地辩解，仍很平静。

“你们按当地风俗举行婚礼了吗？共同生活过吗？女方怀孕过吗？”我往与案情有关的话题引。

“没有。”双方一致回答。

“那你们发生关系有多少次？”霞姐的语气表明这个问题重要，必须回答。

霞姐看男孩。“几次吧，”男孩说。

霞姐看女孩。“十次以上，”女孩仍未抬头，但显然知道都在看她。

又看男孩。“没有十次，”这次男孩声音怯了。

又看女孩。“有！”女孩猛一抬头，大家都看见女孩脸红了。

“发生关系十来次，有的自愿，有的强迫，你们看咋处理吧！”表姐夫可能一直以为是刑事讯问，声音很高，气流直冲原告，大有一休庭就必须将其铐上带走的意思。

婚姻法解释规定，未办理结婚登记索要的彩礼应当退还，其法理依据就是彩礼是属于附条件的赠与，结婚的条件没有成就，财物应当返还。

本案中女方收受男方 4 万余元，另有“三金”等，但未进行结婚登记，属彩礼性质，现双方因故终止关系，应予返还，公平吗？合理吗？民事法律及其司法解释的最大弱点，就是从来不能穷尽每个个案的具体情况。存在即合理，彩礼于中国，自古及今，似乎理所当然，很多时代还都是婚姻成就的必经程序。彩礼作为婚姻的一种保证手段，“谁先终止关系谁受罚”的原则深入人心，但现行的法律却不承认和体现这个原则；还有，中国的传统思想向来认为男女发生关系是女方吃亏，男方要有相应补偿，如此看来，现行法律规定对人们传统情感的重视远远不够，对恋爱中自愿性行为这种表面平等，而实际损害不同的后果却视而不见，更勿论惩罚与补偿。

但作为法官，不能创造法律，只是法律的搬运工！

“我虽不懂法，但这种情况（虽未共同生活），男方占了便宜了（多次性关系），女方能退一半彩礼就算不错了，实际生活中男方期望值也不高。”这是上次一类似案件合议时霞姐的意见。

我觉得“不懂法”的陪审员霞姐的话，倒十分符合情理。

真像那个谁说的，谈恋爱就像打麻将，不认真没乐趣，太认真伤心伤身伤财啊。

庭开完的时候，已过饭点，曹、刘也都是刚结束，谁也不想下厨了，霞姐说：“乡里中午吃卤面，肯定做得多，走吧，我请客！”生活中的霞姐，也总是一副大姐的做派。

人无远虑，必有近忧

2014 年 4 月 28 日　星期一

未结案件 62 件，今上午一口气发了 5 份判决书！现在都是上午开庭下午写、下午开庭晚上写，次日发，尽是些工作以来创纪录的效率！

一个案件无论调解还是开庭，争取第一次就解决或有初步明确的处理方案，否则一放便易泯然众案之中，很难再排出专门的处理时间。

除此之外，还得为刘、曹的案子“把关”。克服签字拖拉的毛病，尽量随看随签，至迟不过当日。两人钻研法律，办案踏实高效，但文字功底与语言组织能力都有待提高，因此需细心推敲、改正，逐渐形成统一的文书风格。

修改文书、讨论案子主要集中在了中午，没一点休息时间。近来总觉眼前有一黑影，上星期六去看医生，竟是与眼底老化有关的“飞蚊症”，不可逆。

案多人少，工作很累，但大家积极性都很高，讨论起案子来可以不休息，不下班，但这种状态不可持续。不会休息就不会工作，尤其在工作压力陡增，人人未结案件空前之多的情况下，除尽力尽责外，要多想办法，改变思路，学人之长，相信困难总会过去。无谓的牢骚十分多余，没人会额外同情别人，只有战胜困难，渡过难关，证明自己具备独当一面的能力，别人才会投来钦佩的目光。何况，二妞哥说得好：“还有多着的人不能瞧你呢！”

提高效率，须多干少说，同时也必须坚持锻炼身体，坚持骑行。

今读《黄帝内经 · 素问 · 四气调神大论》，文中写道：“是故圣人不治已病治未病，不治已乱治未乱，此之谓也。夫病已成而后药之，乱已成而后治之，譬犹渴而穿井，斗而铸锥，不亦晚乎？”当前的执行难与涉法信访困局，之所以长期深陷不拔，实属久病之症，应从诉讼源头的“未病”抓起。若诉讼中都能做到事实清楚，适用法律正确，公正高效，案结事了，后顾之忧就会少许多。

生活与工作中哪一样不是如此呢？人无远虑，必有近忧！凡事预则立，不预则废，有个预判，订个计划，总是好的，免得临渴掘井，手忙脚乱。

共情的魅力：酒酣我欲狂

2014 年 5 月 6 日　星期二

立案庭转过来的案件，九成以上是已定好适用简易程序。不是案件简单，而是数量太多。为了杜绝超期案件，领导要求把几乎所有案件立成适用简易程序(现在想想六个月的期限都觉奢侈)；但只有一种案由例外，一律适用普通程序，那就是劳动争议纠纷案。

劳动争议是办案人员听都不想听的字眼，至少我是。整整一上午时间，经过同志们的不懈努力，终于把小刘主审的三件劳动争议案拿下，与当事人“共情”无限投入之后，一时难以自拔，瘫坐在沙发上，嘴巴有点麻木，再不想多说一句话，心里的感觉却是清风徐来，满满的成就感，或有点总是被模仿，从未被超越的豪气？

三名 40 多岁的妇女分别状告同一家纺织企业，要求继续履行劳动合同，恢复原工作岗位，且工资待遇不低于原岗位；支付因企业未安排工作而在家休息的几个月的工资。企业称，调整工作岗位是企业的权利，是原告自己离开的，原岗位现已另有他人，恢复原岗位不可能，没上班是原告造成的，企业不应补发工资。

原告三人，一副苦大仇深、反对任人宰割、弱者无奈求助法律的样子，还请了年轻能干的李律师。

被告代理人是企业的生产副总和会计，企业是私营的，现在是生产淡季，一副家大业大、奉陪到底的姿态。另外，企业老板冠有县级人大代表、某企业家联合会副会长、村党支部书记等多个头衔，这等区区小事，一般不会亲自到场，只远远静观其监督下的法院如何处理。今年初的县人大会上，分组讨论法院的工作报告时，一位赢了官司但对执行力度不满的企业代表大发牢骚,使院长十分尴尬,再三赔罪,并表示回头一定督促干警尽快处理。可以说,办理此类案件最让人提心吊胆,一不小心就会弄成领导督办案件。

小刘对调解本不抱多大希望,估计自他当法官以来尚未见过劳动争议能调解成的。因另一合议庭成员未到,也在忙着干别的活儿,小刘便让小李来找我。小李律师从会议室兼接待室出来,一脸苦笑,说其中一名原告与自己是亲戚,当初他劝说不要打官司,没把握,也赢不到哪去,但这名原告认为自己被无故换岗,工资待遇降低,太憋屈,硬要讨说法。意思是看能否先调解一下。

这是个契机!我嗅到了原告让步的味道。劳动争议案大部分的原告情绪过激、寸步不让。

本案被告亦有明显不妥。动因其实是董事长的女儿挑毛病换了三名原告,以便安排自己婆家那边的亲戚,后董事长虽不赞同女儿的做法,但是木已成舟,不好驳女儿及其婆家人的面子。

主动权在企业,只要想息事宁人,稍微让点利,怎么也能圆满解决。何况,作为本地一家响当当的企业,搞好与自己职工的关系,赚个好评,有百利而无一害。这么浅显的道理竟无人能懂吗?

当然不是,把自家企业从小做大的董事长就很懂。但通过副总了解到,董事长的女儿年轻气盛,她表面听父亲的话,背后经常自作主张,父亲对女儿的态度也总是宠多于教。

我与董事长通电话,首先称赞其为人中龙凤,企业做成了楷模,并表示欢迎其监督法庭工作,他也倒了一番早年创业不易的苦水,这点小事也不愿太张扬;其次沟通人缘的重要性,群众基础是企业的生命;最后指出家族企业最忌淡化规则、与职工争利等。通话时间不长,电话那头的董事长立即表示是自己原则不强,一时糊涂,应加强对家人的教育,并表示立即让女儿到法庭,一定配合法庭圆满处理此事。

尽管已经把董事长的话事先告诉了在场的双方,但当董事长的女儿真的在数十分钟后站到跟前并诚心地道歉时,三原告还是感到了吃惊和释怀,她们不敢相信一向傲气的老板女儿会低头认错。

接下来的情节是，按该企业最高岗位工资(电工工资)补偿三原告在家休息的几个月的损失；三日内找生产副总协商安排新岗位，待遇不低于原岗位；另补发因停工未领到的春节福利。

三名原告均撤诉。

女儿转达董事长的话："邀请庭长择日到厂里指导工作！"

小李律师对转机(对方态度变化)来得如此之快更是一头雾水，不住地夸赞道："早就听说你们法庭调解有方，今日一见果然名不虚传，真是没有你们调解不了的案子啊！"

三件限时六个月的案子竟然在第一次庭审前圆满结束，自然也无须担心"挂牌督办"，小刘喜出望外，立即自己动手打起了调解笔录。看来案件的难易也是相对的，难中有易，易中有难，全看"缘分"，不能机械地照搬某些程式啊。

书记员小葛电脑上打好的庭审开头也用不着了，她跟我闲开玩笑说："庭长，你不是曾说过，只要案件能调解了，不让吃饭也行吗，今天中午是不是不用吃饭了？"

"小丫头，你以为我傻呀？今天应该你刘哥请吃饭！"

几天没锻炼了，下午回来时间尚早，想骑行上山，但同伴们都没空，只好一个人。初想独行定很寂寥无趣，事实却不然：一路曲直随意，任思绪飘扬，满眼皆景，倒十分惬意！赋《独骑方山》一首，以抒怀：

我本孤独客，骑行见真容。
性情傲且直，由来不入众。
未酒我已酣，酒酣我欲狂。
胸中有沟壑，纵横皆文章！

三尺公堂忘了怕

2014 年 5 月 12 日　星期一

父亲在中医院住院已半月有余，治疗效果很明显，说话清楚多了，走路也不用扶了。这几天干脆下午输完液回家，一大早再去医院，每天能回回家，吃吃家里的饭，父亲挺高兴，也免了做子女的值夜之苦。近几天出院，想让父亲在家里住一段时间，他一个人在老家，住着我们从小长大的老房子，守着用了大半辈子的旧家具，有时候想想都愧疚，老说打算每星期回去一次，但真正做到了多少呢？

常讲修身齐家治国平天下，母亲去世了，父亲年龄大了，身体也不好，真得为这个“家”做些什么了，否则岂不是大事业没做成，小生活也没料理好，一塌糊涂吗？

又批量生产了四份判决书，心中轻松不少。近一段都是些沉淀下来的棘手案子，有的事实不清，岔事多，法律关系复杂，找法律依据，讨论多次没个头绪，颇让人皱眉心烦；有的临近界点(办案期限)，法无明文，全凭酌处；有的当事人胡搅蛮缠，言语过激；有的反复请托找人，说情过度……林林总总，不一而足。今天的四个就在其中，不管如何，有了结论，都是自己的作品，自己的心血啊！

一篇思路清晰、一气呵成的判决书，真的很有成就感：言简意赅，褒贬分明，抑恶扬善，正义凛然！！

寥寥数语，可以坐实证据；落笔不多，可以驳斥伪善！

支持和好，言如春风化雨；强令拆除，语必义正词严！

三尺公堂忘了怕。其实写判决书时会有诸多顾虑，甚至担惊受怕，但即使两手发抖，双脚打战，也得写下去，因为你是一名现阶段的法官。

顾虑多来自案件之外。比如笔误,久在河边走,哪有不湿鞋？败诉的当事人实在找不到自己的理由时,就专拿笔误说事,我就曾有原、被告名字写反的,落款日期差了一年的,任你怎么发裁定解释,人家就是不买账,四处告状,影响法院形象,被批责任心不强,疏忽大意,好像自己水平有多低,或故意似的。据说澳门某大学有专门研究内地法律文书中错误的专业,不知是否包括笔误。当然不管怎么说,随着办案条件的改善,笔误都应无限趋近于零。

更让人顾虑的还是人为的外部干预。小刘曾有个案子觉得没问题,判决书写得也顺当,邮寄后才发现忘了给之前打招呼的领导汇报。结果领导揪住我劈头盖脸一顿好批,逼问为何不能在下判前说一声,也好让请他说情的当事人在败诉前有心理准备或撤诉,又说我“把关”不严,轻视领导,真真的一地狼狈。更出格的是,去年院长在全院大会上拍桌子怒吼,骂人的话差点都出来了,原来是因为执行局某同志为外地申请人冻结某乡政府账户,乡党委书记到市长处告状,市长问院长,院长不知情遭批,导致法院工作被动,属于工作中的不讲政治,不顾大局。故当场宣布今后一律不得查封政府部门账户,特殊情况必须请示院长！会上虽未点名,但大家都知道是哪个兄弟干的,他肯定心情灰暗,再不敢冒昧“激进”了。

还有就是担心当事人“发飙”。不管如何释明,判决是法律的意志,代表着法院,但有的当事人就是认定判决是你写的,是你的意志,最后写着你的名字呢。相邻法院曾发生过民事判决宣判后,一方当事人在该院大门口喝农药身亡,造成其家属围堵法院大门、扯黑布条,最后经多方协调,主审法官以“对判决后果预料不足,做工作不够”被记过处分,法院暗中赔偿好多钱才完事。其他诸如一线法官被人身威胁伤害、语言恫吓的事,更是司空见惯,见怪不怪了。小刘说,有文章建议今后判决书上不署审判员姓名,只署法院名称和盖章,反正判决代表的是法院。大家听了齐觉有道理,但好像法官在判决书上署名是世界通例,针对现实状况作如此大的改变需要多“人性化”的改革呢？

唯善为宝

2014年5月20日　星期二

上午下班路上，接到主管领导电话："立即到院里九号审判庭，小曹出事了！"

今天我们俩都在院里开庭，几乎同时去的审判庭，我审的是件双方都住在城里的民间借贷案，因需做笔迹鉴定半路收场。小曹审的是件离婚案，女方娘家在同省很远的外地，双方婚后一年多时抱养一个女儿，现女方已离开夫家、双方分居近两年，第一次起诉被判不离；女方除了离婚没其他要求，但男方说女方离家时拿走了三四万块钱，不退还决不同意离婚。

我匆忙赶到时，看到法院大门口已堵满了围观的群众，一辆公安的警车也在，两名年轻的公安干警在与当事人讲道理（我一直想不通这种事法院为何总得麻烦公安，法院的法警没有这个功能吗?），小曹一手拈着的法官服上衣和穿着的裤子上，全是溅泼的粪便。看见我来，他忙说："庭长，当心脚下！"我才发现地上有更多的污秽粪便。

主管领导从院里走出来，沉着脸，嘟囔道："今天是要咋了，电梯里当事人差点动刀，开完庭院门口泼粪，都是咱基层法庭的事儿，总是强调要注意安全，就是不听！"

"现在就先别批评自己人了，我陪小曹去派出所做笔录了！"事情紧急，我也没有客气话。虽还未了解具体情况，但小曹最不愿意让这样的事发生是肯定的。法庭离院里较远，一般只有三两个人，与当事人也就一张办公桌的距离，几乎没有任何安保措施，法官及书记员们能保护自己的只有一张嘴（绝对不能动手）。出点事儿如果汇报吧，领导首先批评干警,再问是否有什么做得不妥的地方,好像事儿是办案者故意挑起来的,最后除了处理自己,对当事人很少有什么惩处。所以我向来主张多一事不如少一事,能自己处理到底的事儿尽量不汇报。但今天这事发生在院门口,也要批评我们吗？要小曹如何预防?

小曹说庭开完,原告签了字先走出审判庭,被告也签了字离开,但他匆忙的脚步告诉小曹他是追原告去了。出于好心,也担心出事(女方是外地人),小曹没来得及换下衣服就追出去。在法院大门口,被告的母亲和姐姐提着早已准备好的粪便泼向原告(真是处心积虑啊,法院附近好像没有传统的化粪池,不会是从她们25公里外的家中提来的吧)。小曹奋不顾身劝阻,结果被弄得全身皆污。

我与小曹坐公安的面包警车去派出所,同行的还有原告和她的一个亲戚。路上我感到特憋气,简直尊严尽失！在一大群围观者的视线下,办案法官被"同待遇"带走,是滋事的一方呢,还是应当带走调查的证人呢?

在派出所,叼着烟录笔录的年轻警察明确告诉我们:曹法官是证人。呵呵。

两页多的笔录,足足录了一个多小时,小曹签完字,捺手印。年轻警察最后可能注意到曹的法官身份了,一下放开了始终面无表情的脸,来了句"不好意思啊,规定",然后出去交给另一个大几岁的干警签字,大干警很随和,笑着说:"辅警不能签字,我来。我刚才问那俩女的了,没啥要求,情绪也稳定,对方是女的婆婆,弄不成个啥事儿啊!"我问为何对方不来,回答是趁围观的人多,跑没影儿了。走时,这位干警特意告诉我,来之前已调过了我们单位门口的监控,关键几步正好被大门旁边的杂货亭挡着,看不清。

警察不送回头客。只好打的先送小曹到小区门口,已是下午两点半多,尚未吃午饭,看着小曹那疲惫无奈、欲说无话的脸,一只手里仍拿着弄脏的法官服,我的心更灰了。

下午听说院长专门开了个党组会,问主管领导如何处理,主管领导说公安已做过笔录,回头问问争取把肇事者给行政拘留了。院长一听大恼,质问主管领导,这是什么性质?你们懂不懂?这够上刑事犯罪了!并当即指示由主管刑事的副院长具体落实。

院长是办刑案出身,对是否构成犯罪,最有发言权。

但我跟小曹说,我的观点是:对这些缠讼闹访行为,既然发生了,趁势判离,赶快让它过去。

因为,明天,我们还有更多的案子在等着。

“判离?”小曹似乎还没有从突发事件的惊恐中反应过来。

“怎么?别的治不了他,你还想顺着他胡来吗?”

“对,判离!”这下小曹思路清晰了,坚定地说。

后来听说,男方当过两年兵,复员后干啥啥不成,又患上很严重的血液病,彻底干不了活儿了。其母为人蛮横无理,动辄骂街,村上几任干部都不敢惹她。全家生活较贫困,是村上的低保户。

“人为善,福虽未至,祸已远离;人为恶,祸虽未至,福已远离。”古人诚不我欺也。

暗战

2014年5月28日　星期三

上午连某(女)诉王某(男)离婚案开庭。看似普通,实则不普通:年龄差距大,男43岁,女28岁。

一打电话通知王某,他第二天立马跑来,发型简单有个性,显得年轻;两眼放着对一切都不信任的光;说话有条理,市里话,明显不是装的,他也想尽量讲家乡话,但更别扭,好像回不来了;自称父母早逝,从小离家,生意做赔,经济拮据,在市里开了个理发店;双方是自谈的,生有两个儿子;一年前遭妻抛夫别子,无法联系,现自己一人带两孩子,啥也干不成。

王某以为一来法庭就能见到妻子,显然他很失望。于是详细地问我见连某没有,她是如何立案的,是否有她现在的电话等。在得到一连串不满意的回答后,又问我是哪里人,家住哪里等。我只得告诉他,他的妻子有代理律师贾某,是市里一律所的,其他的事要等开庭那天。

今天一早王某就来到法庭,但没有做任何开庭的准备,不像是来开庭的。倒像是来等人的,先急急地问妻子来了没有,然后静静地到外面等。

我处理了一堆其他事之后,已是十一点多,仍没看见连某的影子,只好给其律师打电话。律师在做其他事,我问他知不知道今天开庭,他说知道啊,但当事人联系不上,我去干什么?

我很无语,不,是很愤怒。贾律师听出了我的不满情绪,接着说,前几天对方当事人(即王某)找到所里,问连某的电话,他没给,说了一些调解的话,还把自己的电话留给他。未曾想昨天王某就找到所里威胁,说你可能不知道我以前是干啥的,纯黑道啊！谁替连某出庭谁就得残废一条腿！

回想王某放光的双眼、腔调冷冷的问话和今天狩猎般的不动声色,不禁后背发凉。

当王某问我家住哪里时,我不回答是不想让他为请托到处找人瞎折腾浪费时间,真是太善良了！

所谓叫狗不咬人,他这是不叫的那种吗?

律师说只见过连某一面,跟一个“奥迪男”一块去的,办手续,4000块代理费也是“奥迪男”出的。后来就全是通过另一个男的电话传话,开庭的事打了两次电话捎信说连某必须到庭,但至今没有回音。

连某诉状上称当年年龄小被骗结婚,常遭家暴,男方不务正业,吃喝嫖赌。可是到了开庭的时间,你怎么不来“控诉”而玩“潜水”呢?男方不务正业,你就能撇下两个年幼的儿子,一年多离家不归吗?夫妻之间有了矛盾,你不正视解决,而是游弋于其他男人之间吗?

王某自称对妻爱之切,找之急,独带两儿,生活困难,让人心生恻隐,但另一方面又方法粗暴,言语歹毒,其冷酷、伪善心理昭然若揭!这种人值得同情吗?敢同情吗?

让书记员小葛记录:原告经本院依法传唤,无正当理由拒不到庭参加诉讼,裁定本案按原告撤诉处理。

王某一脸迷茫:“这就完了?找妻的事儿咋说?”

“完了。”

其他的,跟本案有关吗?我和小葛都一脸冷漠。

天作孽,犹可恕;自作孽,不可活。我只能对自己所审理案子的公正性负责,至于你如何生活,自己做主吧!

端午方山行

2014年6月2日　星期一

今日端午节,北方人对此总不太敏感,直到说放一天假,才觉它也是个正儿八经的节日。

桐上周刚过了六周岁生日,昨天考了个“双百分”,喜不自胜的样子,于是中午顺便庆贺一下,小家伙也吃得理直气壮。但愿孩子能有个好成绩！同时孩子的才能和优秀是多方面的,成长也是个长期的“马拉松”,不唯一时一事。

近日在骑行圈与昵称“夏风”的微友聊得投机,后才知是同学“二冯”中的一冯。下午四人网约骑行方山,采摘野杏,消遣半日,“夏风”爽约,三人骑至方山,一路凉风习习,麦子尽熟,黄杏累累,蜂蝶戏舞。于是穿思源洞,摇杏子树,摘桑葚,躺农家门前石板上片刻稍眠,直至日落时分,惬意而返！也算假日一闲。作《端午方山行》:

悠悠长风骑不尽,
漫漫落日何敢闲！
麦田摇杏簌簌落,
思源洞中胆无边。
三人行,必有师;
骑不孤,必有邻。
我等豪气逾千里,
未止谈笑方山巅。
端午时节桑葚熟,
夏风不至岂能眠？

失落的诚信

2014年6月11日　星期三

保险公司的代位追偿权是指保险公司在保险责任限额范围内承担垫付责任后,相应取得的向事故责任人请求赔偿的权利。

这类案子以前不多,据说是保险公司一般不去行使追偿权,因此老百姓总认为只要是保险公司支付钱的就与自己无关了,其实不然。相信今后这样的案子会越来越多。

前天就有这样一个案子。

孔某见同学都有了属于自己的车,也要买一辆。其父母爱子心切,就用自家多年的积蓄和向已出嫁的女儿借来的钱凑足十来万元买了辆轿车。有了车,孔某就一边在驾校学习一边开车乱跑。2013年春节前出了事故,被认定应承担主责;对方两人受伤、车损,孔某赔偿了四万余元,保险公司在交强险范围内垫付了八万余元。

“交保险费不就是让保险的吗?保险公司支付了怎么还有要回去的道理?”老实巴交的孔父想不通,他们全家人都等着要答案。

“是的,有四种情况保险公司可以就其已垫付的款项追偿:驾驶人未取得驾驶资格的;驾驶人醉酒的;被保险机动车被盗抢期间肇事的;被保险人故意制造交通事故的。你儿子就错在无证驾驶上了。”正如课堂上的老师,对那些不懂法、真心求教的当事人向来是有问必答,答必倾其所有,且句句肺腑,毫无保留,唯恐对方不能理解和接受。

全家人立刻开始指责起孔某的不听话、粗心大意、爱虚荣和攀比来,孔某一直在互搓两手,低头不语。

原来,孔某父母自年轻时一直不能生育,直到五十多岁后才先后抱养了女儿和儿子。现老夫妻俩都已年近七十,身体不好,女儿已出嫁,儿子未婚,平时也不太听话。买车、出事故,不停地出钱,以种地为主要收入来源的年迈父母承受不了,这一急啥都说了,动情处涕泪横流。

在场的保险公司的高律师也了解到了这些情况。我转身对他说:"你看,法律虽然规定了保险公司的追偿权,但对追偿范围却没有明确规定,法院对应全额支持还是部分支持也存在着争议,高律师,能否在你的权限范围内做出让步啊?"

"没问题,他们家的困难情况我也听到了,只要有诚意,可以作最大让步!"看来小高被特别授权的权力不小。

又经几番讨价还价,最终双方达成协议:两日内孔某支付两万元了结此案,若逾期则仍按原诉求数额支付。高律师完成使命,孔某一家感激不尽。皆大欢喜。

不料今天高律师打来电话:孔某并未按约履行,且已不接电话。我打了几次电话孔某也不接。后设法与其姐姐联系上,她说自己也管不了,且听说法院对保险公司这种事儿不会太上心。

这年头还能相信谁?从 8 万降到 2 万,最终数字还是你先提出来的,出尔反尔,诚信何在?看来调解书中的违约、惩罚性条款还是十分必要的。

主管领导今天把我叫去,问"泼粪"那个离婚案判了没,我说判了,判离了。又问上诉了没,我说没。领导说这事就这样吧,跟小曹说声,别让他有啥想法。

小曹能有啥想法?有啥想法有啥用?

民事法官就像个垃圾筒,别人把矛盾倾倒进去后作分类处理,以保持环境的良性循环。不幸遇上个对现有纠纷不想扔又不得不扔,或不心甘情愿的主,扔进去再踹上几脚,"呸"两口,也太正常不过。只要垃圾筒表面没啥大碍,环保部门一般也不会就此事立案追究的。

何况,扔垃圾的地方往往位置偏僻,无监控设备,不好取证不是?

跟小曹说啥？估计跟我一样，也都快忘了。

静坐常思己过，闲谈莫论人非。沉住气，静下心，多些思考，少些废话。无论说话与做事，都需思路清晰，切中要害。多读书，法贤人，养自身正气。

父亲节

2014 年 6 月 15 日　星期日

读高中的大女儿借别人的手机给我发了条“父亲节快乐”的短信。惊喜之余，翻看日历，才知道父亲节真成了有登记的节日，也是个洋节。多是商家在吆喝、造势，什么“平安夜”“双十一”，花样翻新，无非是想在网络上多卖些东西而已，使人听此凋朱颜，打不起精神来。

上午回了趟老家，给老爸买了部操作简单的老年手机，以前的那个屏窄字小，看不清楚。老爸正在浇已上了架的长豆角，精神不错。中午一起吃饭。

下午回时，见冯在朋友圈发的游张泗沟诗。该村古民房建筑保留完整，历史气息浓厚，据说要入围省级古村落评选。冯是与县作协几位骚客去的，想是受感染技痒而作，实难卒读，遂不变其韵，稍作改动，成《和张泗沟韵》：

张泗沟前花满蹊，
心旌摇荡驱驰急。
千朵万朵犹惊叹，
戏蝶流连压枝低。
窑边甘薯满车载，
盈面槐花惹人迷。
拓路自古建功德，
央视莫为此事奇！（据称古村修路被央视报道）

冯该说明明我的诗，咋成这样了？谁没事骚的？呵呵。

渐升的温度

2014 年 6 月 23 日　星期一

今天第一次开大审判庭空调，据说小刘的办公室半月前就开了，门卫屈师傅则说还是受点热好啊，对身体好。

不行啊，上午的这个庭人太多，四名原告三名被告，旁听席上当事人的“亲友团”座无虚席，这几天的温度一如刚收完麦的新案子[①]，噌噌地往上蹿，热。简单算了一下，包括节假日，平均每五天收六件，每日结一件。而案多人少似乎已成全国法院的通病，院长也直言他那儿除了要人啥事都好说。只有想办法硬顶了，如此下去，到年底，我们合议庭收结数在全院不当第一都不行。小刘志在必得地说：不怕，那就试试咱们的能力极限呗！

奥特曼专门为怪兽而生，孙悟空一听有妖怪就兴奋，干啥都有上瘾的啊！

开庭期间，老有人把大审判庭的门推条缝往里张望，外面还有好几拨人和事等着，看来等得有点急了。里面的人更急：原告的又哭又诉，被告的委屈推诿，律师的冗长力争，证据的层出不穷，我的如坐针毡，空气那个闷啊，还有那个汗，空调呢？不管用吗？

但今天不管休庭多晚，都得把外面韩某的事解决了，因为昨天、前天也许还有上周，我都答应他和他母亲了，有了时间一定亲自陪他们去派出所跑一趟。

---

① 当地一般 6 月 1 日开始收麦，农收大忙数十日，这期间案子一般较少，收完麦子之后案子会突然增多。

前段时间,韩某被妻子诉至法庭要求离婚,经多次调解(书记员小葛做了大量有效的工作,看来未婚者调解离婚,也是可以的),双方达成离婚协议,女儿由韩某抚养,妻子每月支付抚养费 300 元。不过妻子有个条件,该抚养费必须打到女儿名下的账户上。问题来了,女儿现年 6 岁,不仅没有银行卡,而且由于父母关系不好等原因,至今连个户口都没有。没有就去报呗,简单!可出生证上孩子姓杜,与父母均不同姓。原来,韩某是其母再婚带来的,其继父姓杜,孩子出生时报的跟爷爷姓。

派出所户籍警说,孩子应当随父姓或母姓,出生证上非父、母姓,不能报户口。这可把韩某及其母亲急得团团转,且不说办银行卡,今年 9 月份孩子该上小学了,没户口咋办?

我跟韩某说随父姓或随母姓是原则,但特殊情况应该也能变通,你去找派出所的领导问问,是不是户籍内勤不懂?一来二去,韩某跑了数次未果,更急躁了!看着韩某娘俩近乎哀求的眼神,出于同情(也出于省事,每天接待他们还不如亲自跑一趟省事),便答应有时间一定亲自陪他们去找所长解决。这一答应,韩某娘俩粘上了,立马都瞪眼望着我,眼里放着信任的光。之后就天天都来,看我何时有空。

终于休庭了。一边叫韩某娘俩先去派出所等,一边匆匆应付完"老难缠"老段的咨询、胡副院长叔伯侄儿的执行移送,其他几个领应诉传票的和未预约看来也不太着急的"不速之客"就交给小葛去处理了。

"小孙(司机),动车,派出所,快点!"

"都几点了,人家不下班?"小孙有点迷茫,这可是吃饭的点啊。

直奔派出所二楼所长办公室,正好有两个人起身离开。一听自我介绍,所长马上从宽阔的办公桌后走出来,伸出大手抓住我,非常热情。虽然不认识,但都属于一个镇上的"七所八站",互相知道名字,有点惺惺相惜的味道。

说明来意,所长一蹙眉说:"这事我知道,不好弄。"我一听所长知道,怕他因面子而坚决不改初衷,赶紧谦卑地问:"听说有些情况下孩子能随祖父姓,有没有这个例外?”

所长没有回答,一把抓起桌上的宽屏手机,拨了个四位数小号,与局里户籍科一姐儿沟通。

所长口才好,说了好大会儿,七荤八素地开着玩笑,最后一句,逗得那头的姐儿都笑到电话外面了。

扔下电话,所长说:“这样吧,庭长今天亲自来了,这事马上办到底,让当事人直接找我。今天你一定要在这儿吃饭!”声音高得连站在门外的韩某娘俩都听到了。

然后说了些“来日方长”一类的客气话,分了,所长把我送到楼下上车。

中午,大家围成一桌,开着空调吃饭,屈师傅的手艺,又是大米饭加一锅菜,心里还满满地装着上午的事儿,郁闷,奇热。

小葛说:“今天事儿好多啊!”

我还在想所长的幽默,冷不丁接了句:“夏至过了,白天长,气温高,疯长的季节到了,事也多起来!”

两父争女的背后

2014 年 7 月 3 日　星期四

刚工作时,老庭长说,办案要进得去,出得来。但事实上,总有一些案子,让人揪心、黯然,出不来。

下午开庭的这起变更抚养关系纠纷案中,2011 年 10 月索某(男,外省人,至今仍在另一外省某市开出租车为业)与张某(女,本省外县人)协议离婚,约定长女由索某抚养,次女小会(3 岁)由张某抚养。张某 2013 年 2 月带着次女小会与周某(本地人)再婚,2014 年 3 月上班时遭遇车祸身亡。小会现随继父周某生活,上幼儿园。

最怕审这种案子,情节曲折离奇,结局让人唏嘘。张某首次婚姻不幸,再婚刚刚稳定又突遭不测身亡;女儿小会更是自小颠沛流离,命运多舛,真是生活如戏,变幻莫测!

张某尸骨未寒,索某这个前夫便与现在的丈夫周某争起女儿小会的抚养权。才六岁的孩子,命运又将面临怎样的风雨飘摇!更让人齿冷的是,根据双方的诉辩主张,双方争相抚养小会的目的明显是为了拿到更多赔偿金(因张某的死亡)!

索某说:"我是孩子的亲爹,亲妈没了,孩子由我抚养,天经地义。"

索某的律师说索某住在城市,各项条件好;而周某住在山区农村,不利于孩子成长。

周某反驳说:"你当初之所以离婚,都是因为你不务正业,吃喝嫖赌,对孩子不负责任。去年小会跟随其母亲去看望姐姐时,正好碰上你与别的女人鬼混,根本无暇顾及正读初中的大女儿,当时张某气得把电视机都砸了。

张某死后没几天，其娘家人与你勾结，从我处骗走孩子的户口本，不顾孩子已在本地上学的事实，把户口迁到千里之外的外省。

你从老家到外省打工，替人开出租车，租房居住，条件比我稳定吗？我虽居农村，但不是山区，收入固定，居有定所。关键在张某生前与其感情很好，与孩子关系融洽，此次意外事故，使我遭受重大打击，孩子已成情感寄托，誓与孩子共存，绝无让步可能！”

周某说到动情处，痛哭流涕，抽泣难止。

索某和律师说要张某父亲出庭作证，但张父在电话中一会儿说正在线杆上高空作业，一会儿说在法庭门口不敢进来，一会儿又怀疑法院的公正，直到最后也没见到人。

此时可怜的孩子呢？处境如何？心理如何？不管这两个男人如何言之凿凿，感天动地，他们首先所想的都不一定是孩子利益。

为了抚养费而争着养孩子，就像为了遗产而争着赡养老人一样，最终损害和失去的，是孩子的未来。

孩子啊，愿你健康成长！赶快长成一株无须俯仰任何人脸色的茁壮大树吧！

人情似纸张张薄，世事如棋局局新。
莫论张家伤心事，隔壁阿婶泪沾襟。

挑战体力极限

2014 年 7 月 7 日　星期一

今日调休,赴少波邀共七人骑赴北窑罗姐寨(后方知七人中有上周市体委山地车赛中的青年组季军、老年组亚军和第八名),单程 56 公里,一路上坡,尤其是最后的水折窑至北窑一坡,腹空体乏,筋疲力尽,推行已难,又遇霏霏之雨,步履维艰,几乎虚脱。而少波等五人已先一小时到达目的地,方知体力之不如人远矣!

下午找了朋友拴保,打听是否有车下山,未能如愿。只得又骑下山,果然速度很快,只用两小时三十分钟。去用六小时,往返在外共十三小时。

少波总结,"你现在是 40 公里水平。"

回想整日行程,心中亦释然,一日骑行挑战了自己的体力极限,毅力尚佳:去时第一个至关王郊,回时第一个到体育场!来去雄心勃勃,坦然面对,克服困难,互相砥砺,是一经历、一境界。

途中与少波畅言,"今日骑行意义甚远:75 年前抗日战争全面爆发;22 年前咱高考首日,正意气风发时"。少波听后笑说:"第二个事儿就别提了,后来做梦都是没考好的梦!"

晚上,累,心潮澎湃,积句以记之:

七月七日阴霾天,七雄相约南窑山。
初行限速三十码,名头身手果不凡。
倭寇之耻不能忘,大考首日廿二年。
忆昔教人血脉张,弱旅奋起先入关。

刘秀御井尚一半，脚下狂速意在远。
最后一坡真如铁，弯陡崖直何敢闲？
恐高不敢低处望，霏霏淫雨迈步难。
他有体魄我有志，岂能不及罗寨巅？

虚假诉讼

2014 年 7 月 16 日　星期三

上午审理了刘某起诉的三件民间借贷案，当事人均系同村人，数额不大，争议不小，时间久远，利息奇高，共同借款人、担保人好几个。上半年，这几个人交叉互为原、被告的案子已有数起(用书记员小张的话说，都不像是啥好人)。经庭审调查，真实情况是，为了转嫁债务，同村几个年轻人互相利用，采用哄骗、欺诈等手段形成一系列的字据(比如请吃个饭、洗个澡就能哄骗到担保人的签名)。但最终债务仍在这几个人中间，此时他们的关系已经“剪不断，理还乱”，自己也表述不清楚了。故这些案子没有能调解结案的，只有严格适用证据规则，加上足够的内心确认作出判决了。可以肯定的是，同村邻里之间那种积极向上、互帮互助的情味正越变越淡。看着喝同一条河水长大因争议而变形的脸，痛感世风日下、人心不古！

近日，上级发文再三强调注意防止虚假诉讼，的确应引起重视。传统的想法是谁都不会没事儿打官司，何况还得预交诉讼费。但是，随着经济发展，人们的法律意识不断提高，思想观念也在发生着前所未有的变化，利用法律，甚至借助法律进行伪装欺诈的也不在少数，而以法律正义之名行更加居心叵测之私的尤其危险。

前段时间小曹审理的一起确认合同有效纠纷，便有虚假诉讼之嫌。被告是一家纺织企业，租赁某村委会的土地搞生产。后因经营不善，债台高筑，便在原地原厂原设备的基础上变更注册登记，企业名称及法定代表人均加以变更(实际仍由同一老板唐某经营)。后仍无回天之力，被迫停产，部分设备被法院查封拍卖，部分厂房被债权人占用。情急之下,唐某以该企业的名义与其朋友冯某签订合同,确认因该企业欠冯某钱款,故将该企业拥有的土地使用权(从村委会租赁的十几亩)作价 100 万元转让给冯某。冯某据此向法院起诉,要求确认该合同有效。经审理发现,双方无任何实质性纠纷,只要求确认该合同的有效性。该案原告事先在上级市政府托了关系,直接跟院长打的招呼。前几天,院长亲自交代主管领导本案要从快办理。了解案情后,我和小曹一起向主管领导进行了汇报,并分析了案件的由来与法律依据。经沟通讨论,我们一致认为本案有逃避债务的嫌疑,当事人双方本无纠纷,只是借助法律转移土地使用权。主管领导说,既然有领导跟院长打招呼,咱们还是得配合一下,先做做原告的工作。我们做原告工作的第二天,院长便叫了主管领导去说事(当事人可能关系真硬)。不过,这次院长被主管领导说服,确认本案不属于法院受理范围,但碍于领导说情,指示将本案暂时放一放,等院长亲自汇报后再进行处理。在审限届满前几日,终于得到该案批示,准许原告撤回起诉。就这件案子而言,法院如果确认了合同效力,那就是帮该企业合法地转移了财产、逃避了债务,且势必导致执行方面的冲突。当然,对这种本无纠纷而“创造”出来的纠纷,拒之门外,才是最明智之选。

坚持锻炼：我乐故我在

2014 年 7 月 29 日　星期二

前日骑行北窑后，一直坚持骑行较近的方山，单程 11 公里，一个半小时左右，去时上坡回时下坡，线路很经典。或早或晚，或月明之夜，时间也好安排。现在感觉身轻了不少，腿部有力，少沉坠感，肺活量提高不少，速度亦比以前快很多，今天未变档骑至山上，自己着实有些惊讶。另最大收获是心情的放松和愉悦！

欣喜之余，遂作一诗：

方山新雨后，我与同伴游。
浓岱展新景，浅姿分外柔。
昨经沧海水，今乘晏河舟。
君且弄惬意，何来蹙眉头？

冰冻三尺：叔侄怨

2014 年 8 月 6 日　星期三

上午的一个庭是吴某诉其叔叔(四叔)停止侵权,拆除楼梯和一间厕所,全部建筑后退一米,给自己留下滴水风道。根据原告提供的 1983 年的土地使用权证书,原告的宅基地实际少了一米,而被告的则多出一米。

吴某 30 多岁,外表齐楚,说话面带微笑,自称全家在省城,本人从事技术性工作。其父弟兄四个,排行老大,去世多年。前段时间回来翻盖老家旧房,有此争议。

吴某到法庭多时,其四叔方匆匆走进来,穿着邋遢,一脸胡茬,但仔细分辨,从眼睛与耳廓上看,他们还是蛮有叔侄相的。后面还跟进来一个人,和被告年龄相仿,穿着讲究,自称证人、代理人。

我问咋回事儿。

后面那人激动地大声说:“分家时我啥都知道,我不说假话,当证人也不偏向任何人;老四不会说,我给他代理。”说完一屁股跟四叔坐到被告席上。

我看了眼吴某求证,吴某轻蔑地笑了一下说:“二叔。”

明白了,今天这是二叔帮四叔对抗大侄子,又一出复杂的家庭大戏!

“代理人和证人不能同时当,你选择一个。”我解释说,深知这类家庭实剧,说话稍有不慎,极易瞬间引发冲突,因为他们都太了解对方和剧情,他们能从细微言词中感受到法官的审判取向与公正程度。

“代理人。”二叔好像早有准备,也好像懂点法律,最起码有文化。

此时的四叔坐在他旁边，专注地听他说话，好像有二哥在啥都放心了。

“双方是否同意调解？”尽管不抱啥希望，我还是按程序问。

“同意。”吴某不温不火。

“调解最好，每人让50公分，留一米滴水不就完了？都是一家人，有啥不能说？亮（吴某小名），不是二叔说你，你们平时也不在家住，这事儿有必要弄这么大？”二叔声音仍很高，貌似胸有成竹，语气斩钉截铁，不容置疑。

吴某不以为然，不理，看着我。

“被告，代理人的话能代表你的意见吗？”

“能！”四叔很有力地说。

“原告，你同意上述调解意见吗？”

“同意。”吴某平静地说。

我不敢相信自己的耳朵，就这么简单吗？还是都慑于二叔出场的威严？

“二孩儿的事咋说？”四叔也听清了侄儿同意和解的声音，赶忙低声问道。

“还用说？这事儿解决了，二孩儿的事也就不说了，咱自家事自己处理，反正都有错！”二叔冲着身边的四叔厉声说。

“那不行。”吴某头缓缓一扭，收起了笑容。

“我弟弟为这事被四叔家二孩儿捅成轻伤，已报了案，不是二孩儿一跑就能了的，这事儿我管不了！”吴某显然一码归一码的态度。

“这事儿就是你的事，你咋管不了？只要你说句话，不就没事儿了？”二叔紧逼侄儿。

“那不行！捅了人一跑了之，还不谁想咋就咋了？”吴某仍然法不容情。

“亮，杀人不过头点地，也别太得理不饶人了，事儿都是有原因的，你还不知道？再说了，老宅分家一分为二，为啥你家院大？你四叔家院小？那是因为你爸是老大，成家早，当家儿（强势的意思），他说啥我们干啥。你爸翻盖房时你四叔在外地，你爸多占了地方，他说就这吧，等老四盖房直接贴着我的房,别留滴水了。没想到土地登记却把你爸多占的登记成你的了。”二叔一听侄儿拒绝自己就急了,马上立场分明,也顾不得刚进来时“不偏向任何人”的承诺,把当年对大哥的不满都晒出来了。

“那是你们老一辈儿的事,我不知道,也不想知道。”吴某似乎早有准备。

“那我也不同意让！凭啥我后退？两家的宅基地应该一样大！让人家评评理!”四叔爆发了,说话时胡茬都在抖。

案件中双方真正的分歧往往隐藏得很深,有时需要作充分发掘。不了解双方矛盾的真正原因,就甭想处理好这个案子,更勿论成功促成和解。

每逢此时,总想起并会给当事人讲那个六尺巷的故事。“千里来书只为墙,让他三尺又何妨？万里长城今犹在,不见当年秦始皇。”然而生活中,不是谁都有文华殿大学士张英的格局和气度。为了三尺滴水兄弟反目,恶言相向,甚至操刃以对,酿成宿仇者,不就在眼前吗?

庭总会开完,判决的法槌也很快会落下。但我想法律的任务不仅是判输赢,决善恶,还有化干戈,定纷争。

每每想到这一层,并努力去做了,且做成功了,都会为自己的职业感到无上自豪!

我想,也正是这种自豪带来的尊荣感,让自己仍至今驱驰在法律的道路上吧!

跨省续冻

2014年8月19日　星期二

今天陪小曹到S省L市的一家工商银行冻结存款。

上半年曹已去过两次,一次是和小刘一起去的;一次则因我和小刘都没空,勉强找了个其他庭的人陪去的。现在这个人人都因案件很忙的时代,去外地出差找人陪是不容易的。一来谁都不闲,二来这个人须有执行公务证——这个证是省高院发的,把关严,全院也就那么几个人有;我们庭三人都有,算是队容整壮的了。

司机小孙也怵了,想想也是,单程300多公里,拐拐弯,来回700多公里。为了能一天打来回,到那儿办完事,停都不敢停就返回,饭都是在服务区吃的,小孙也30窜头了,吃不消啊。据说去年还跑过两次。

为了早回,就得早走。天亮得早,四点半起,几人碰了头,按小孙的老规矩:吃早餐(这个点儿真吃不下啊),买矿泉水(一上高速就不停了),加油,上厕所,奔高速入口。

该案是家住S省L市的原告起诉三名被告,其中一名被告是L市的,两名被告是我们这儿的。应原告申请依法冻结L市的被告的银行存款两笔共计五万元,按法律规定,第一次冻结时间最长六个月,到期如不续冻,银行系统将会自动解除冻结,而续冻时间每次只有三个月。该案在实际审理中恰恰遭遇中止情形;中止恢复后,L市的被告又提出管辖权异议申请,被裁定驳回后不服又提起上诉;上诉被裁定维持,小曹接着审;缺席审判后,L市的被告再上诉。我说快把卷宗向中院呈走,卷一走咱可就不用管了。未曾想就是躲不过,中院明确表示:上诉的卷虽呈过来了，但涉及冻结的事儿还是一审法院去办理，这事没有书面规定，一直就这么操作的。

牢骚归牢骚，办还得抓紧去办，否则耽误的可都是自己的时间！路上，我问小曹想没想过和银行商量一下，续冻六个月时间，别二审在三个月内审不完还得再跑，小曹说试试吧。我又给执行局的几个老同志打电话咨询，有人说行有人说不行。

小孙仗着路熟鼓着劲猛跑，很多时候速度都超 140 公里，关着车窗说话都听不清楚，但为了赶时间大家都憋着一股侥幸劲，少说话。整个高速路上只停了一个服务区，上厕所，让司机抖抖腿。高速路跨越三个省，警车在本省路段免收费，出了省是要收费的，其他两省各收了一次，共 45 元。

谢天谢地，一路顺利，跑了将近 4 个小时就到了，刚好 11 点。一下车几乎是跑着去银行的。接待人员一听是外地法院的，十分热情，一直领我们到窗口，还说了几句你们辛苦之类的话。窗口穿制服的小姑娘接过手续立刻办起来。

小曹伸头说：“续冻，能不能六个月？路太远。”

小姑娘说：“冻结不就是六个月吗？”

小曹一下子噎住，夹生的普通话竟说不出来了。

小姑娘愣了下，好像意识到了什么，迅速翻出了下面的纸，拿起来从里面上楼了。

“问多了。”小曹无奈地苦笑。

因为许多业务新手很可能不会注意法院冻结与续冻的区别。

一会儿，小姑娘下来，微笑着说：“不好意思，主管说了，公安、检察都可以续冻六个月，但你们法院只能续冻三个月，好像是你们的上级有专门规定。”

哎呀，果然！小曹真多嘴！

就是因为这个“可爱”的规定啊！真是普天之下莫非王土，上级啥时把这个规定也对这儿的主管说了？

又是续冻三个月！

回来的路上,大家说了很多话,各自的心里话,小曹甚至还提起自己未结婚时关系密切的女同事,两人都喜欢庄心妍、冷漠的那首《梦缠绵》。

哈,车载上有,小孙煽情地放了一路。

到县城,天已黑了,到小孙熟悉的一家路边饭馆报了四个小菜,三瓶啤酒,又谈了会儿车上的余话,各自回家。

社会法官何书记

2014 年 8 月 28 日　星期四

前几天，有位距离法庭路途较远的老汉孙某步行(不会骑车)来反映，说村里批给自己的宅基地要动工，但紧挨地基有本家(述称本家嫂子太不讲理)以前种的四棵树，就是不刨，派出所、土地所、乡政府都说不归他们管，要求法院处理。

别说现在法庭已不负责立案(一年前已统一归立案庭)，就是以前管立案，立这类案子也是慎之又慎(往往证据欠缺，冲突较大)，何况现在每天要审的案子都自顾不暇，哪有时间花在这类咨询上？但看着老人到处乱跑、求助无门的眼神，还是给他介绍了社会法官之一——老何。

社会法官是社会法庭的法官。社会法庭已试运行几年了，收案范围广，程序简单，不收费，主要目的是化解矛盾，减少诉讼，方法主要是调解。这种利用社会资源解决纠纷的多元机制，不同的地方有不同的名称，如××会所、调解室、社会法庭等。

老何 60 多岁，原是村上的书记，年轻时当过多年的兵。说话有水平，办事公正，责任心更是没得说，我们都尊称他为何书记。用他的话说，当社会法官不为挣每月 400 元的工资，是为了发挥点余热，为群众办些实事。倒也是，何书记一儿一女都有正式工作，自己也有退休工资，还种着几亩地，在农村也是有头脸的人，经济上也不差。

今天一早，我们来到法庭，就见挂着“社会法庭”牌子的办公室里外都站满了人，出于好奇，我特意在何书记办公室门口探了个头，看他如何“审案”。

看来他们已开始说了几个回合,何书记正站着对一个老年妇女为首的几个人掷地有声地说(说实话让我立即联想到电影里村头古钟下老村主任开会的场景):“做人不能不说理,这算个啥事儿?说到底不过是想要俩钱,你们说要一万五,你是棵金树?银树?要搁以前,这是集体的地,谁让你栽树的?无条件拔了!还是本家呢,以后你家就没个事儿了?”

看见我,何书记停顿一下打招呼说:“庭长来了。”

“哦,没事,你们说。”答应了一声,不等众人回头看,赶快上楼了。说实话,我不敢听下去,这哪里是调解?这分明是划分了是非,无情地批评,未审先判呐,我敢说吗?现在听了一句我是连听也不敢了,真担心当事人怀疑何书记屁股坐歪而找我没完!

但担心的却没有来,我才上几个台阶,就听那位妇女乞求般说:“何书记,你说个理儿,说个数儿,听你的!”

“不会吧?啥情况何书记?魅力不减当年啊!”

没过几分钟,我正准备一个离婚案的庭前调解,何书记腾腾地走上来,笑着说:“庭长,老孙出八百块钱,本家同意刨树了。现在该咋办哩?”

我不无嫉妒地说:“何书记,效率很高啊!要是怕双方变卦,让他们简单达个协议,你再让年轻人帮你记个笔录,不就行了?”

睡前,我天真地想:诉讼不就是解决纠纷吗?为什么非要那么烦琐地立案,机械地开庭,再简单的分歧都要写个判决,最后还要装啊订啊的……

戏里面不就是县太爷惊堂木一拍,就决了么?多快啊。

点赞,何书记!

留守儿童·中秋之思

2014 年 9 月 8 日　星期一

昨天，应院党组安排，与刘、曹分别到辖区内三个联中学校联系聘任法制副校长的事，同时统计并看望留守儿童。三个学校的校长分别叫了几个留守学生代表，看着孩子们那乱蓬蓬的头发，脏脏的衣袖，心里忍不住酸楚上涌！这几年，由于经济发展的不平衡，各种人群的留守，成了全国性话题。今天不解决这个问题，明天必将产生诸多社会问题！尽自己的一分力吧。

又一个传统的月明之夜，中秋。

也是我的生日。

母亲生前老说："我儿有福啊，正好赶上吃月饼！"吃月饼有福吗？不，妈妈，没有了您，什么都不好吃，现在的月饼一点都不好吃！

《诗经》云："父兮生我，母兮鞠我。抚我畜我，长我育我，顾我复我，出入腹我。"可能就我一个儿子的缘故，母亲对我偏爱有加，甚至觉得她的一生都是为了我。如果说母亲只是我生活中的一部分，而我绝对是母亲生命中的全部。

母亲自幼丧父，生逢荒年，有天灾，有人祸，从小随姥姥四处飘零，如一株无根之草，如一片失茎之叶，饥无以果腹，寒无以当衣，恐惧无以为靠，受人欺负，受人歧视，踉跄为步，半世拮据。及至成家，又为儿女琐事忧心，虑轻虑重，患得患失，无一刻心闲。迨儿女俱已成年，却积劳成疾，一病而终！终年 65 岁！

每想至此，竟成心头永远的遗憾，永远的痛楚！母亲少年漂泊不定的经历，形成她胆小、敏感、狭隘而易怒的性格，这也是最恨母亲不能改变的地方,也是至今仍坚定地认为是她不能如姥姥一般高寿的原因。

母亲不在的头七,同村本家的一位姥姥过世,享年 96 岁,心中产生巨大落差,我还未从失去母亲的悲痛中醒来,抖着手有感而发,书一挽联:

高寿须胸襟,一生唯淡定;
百年自有度,羡煞后来人。

当时有几个孩子边看边从头到尾地读,然后一脸迷茫地望着我,也许是没看明白,也许是他们从没见过送花圈亲自写挽联的。

母亲啊,倘若您胸怀宽广些,遇事淡定些,何愁无百年高寿?何愁让儿女多尽些孝心?何愁不能补偿些您曾经的孤苦无依?

中午,大女儿订了蛋糕,妻子也送上柔情蜜意的礼物,但最让人终生难忘的,还是小时候妈妈煮鸡蛋的生日!

晚读朋友圈文章《卑微的母亲》,心潮澎湃,久久不能平静,遂落笔:

卑微更有舍得志,
富贵却无恕人心。
愧听母亲生平事,
常使儿女泪满襟!

拟感成句,似仍难以释怀。

监狱科长

2014 年 9 月 16 日　星期二

今天一桩离婚案要到 J 市某监狱开庭，单程 100 公里多点。出发前书记员小张再次检查案卷、空白手续、笔记本电脑、介绍信、证件，甚至笔、印泥等，我和小曹检查各自的证件。小张喜欢出差，很兴奋，还没走就问司机小孙车载音乐有什么歌曲。小孙逗她说："多着哩，来回都不带重样儿的噢！"

一路上大家说说笑笑，像出笼的鸟飞向自由的天空。话题多样而热烈，以至大半路根本没人想起歌曲的事儿。

路上走了两个小时，到监狱门口已经十点多，原告坐长途大巴也是刚到。

在大门口出示了证件，做了简单的书面登记，大家就都进去了。直奔办公区，找到刑罚执行科，科长是个 G 姓女同志，40 来岁，瘦瘦白白的，很专业干练，很包揽活儿的样子；同办公室的另外两位男同事，自始至终没理我们一句，一副事不关己的样子。地上是一摊卷宗，是那两位男同志的活儿吧，我想。

小张在前面(路上就排好的，她普通话好，问事儿多说)一提到关键词法院、离婚，科长马上说："实在对不起，今天恐怕让你们白跑了。新进犯人，卷宗手续一大堆，要一个一个对，麻烦得很！"

小张答不上来，回头看我，我忙说："时间还早，我们等等吧！"我想，新进犯人十个？二十个？能有一百个？核对一下能用多长时间？何况我们找的又不是新犯人，除了进门冲突点，不影响啥吧？

"不行啊，十一点半就开饭了，不能提人。你们下次来吧，离婚案急啥?”看来科长今天是决心不开张了。

原告站在我身后,急促地挪了两下步子,脸都憋红了,不知咋说合适。

“G科长,我们路远,来一趟不容易,她还有小孩儿,更不容易。能不能下午来?”兴奋了一路,不能就这么结束!我想退而求其次,突出地叫了她的姓,多想让她注意一下我也姓G,通融通融啊!

“那你们来看看吧!”科长快速地瞄了一眼原告,不知道说的啥意思。

“谢谢!谢谢!”小张肯定以为“看看”是“可以”的意思。

中午每人10元的标准,在一家超市五楼吃的小吃,尽是些凉皮、麻辣烫、香辣面之类的,多是七八元一份,小张、小孙吃得最过瘾。吃完饭回到监狱办公楼左前侧的小亭子里,亭子建在两条小河上,上午路过时看起来很不错,谁知蚊子超多,大家挠了一个中午的胳膊和脚踝。

下午三点准时到刑罚科,科长和两个男同事都在,好像一切已就绪,地上也没了卷宗。门边的长沙发下一双凉拖鞋没有踢进去,一定是有人中午没走,我最讨厌办公室里看见鞋,于是就离那个沙发远远的。

科长在一个本子上细细地登记了我们每个人的证件(包括原告的身份证),然后开始问原告为何离婚,被告再有两年多就出来了,能否和好等等。我们几个无语地互相看着,我当时就想监狱的离婚案为何不交刑罚科办理?能省很多人手和步骤,尤其是能再有个负责任的科长。

突然科长转向我问:“你们今天是开庭还是干啥?”

这个问题很犀利。如果你回答是,她会问你通知了吗(开庭至少是要提前三天通知的)?如果回答只是送手续,她会说那由管教干部代送吧。以前上过当的。

“不是。今天送开庭手续,顺便给双方作个调解。”我低调奉告,感觉法院和监狱真不是一家的。

科长拉起桌上竖着的对讲机,一按说:“提出三监区的×××,法院来办离婚的,对,先问问他是否同意调解离婚,他只要说不同意,今天只送个手续就完了。”管的事儿可真多！刑罚科应该不是犯人的法定监护人吧?!

又等了十多分钟，科长接了个对讲机，起身把证件还给我们，她自己也拿一份材料，亲自领我们往里走。

到监区门口，科长一刷卡，门开了，她拉着门，让我们一个一个地进。然后，一位武警收了我们的证件，每人发一张卡，存包、手机等。又推拉过了几道门(小曹一路给小张讲门的玄机，小张很好奇，她试推了两次门，都推不开，太重)，才到了狱里边，被告早在一位管教的看护下隔着铁栅栏等在接见室。

一进门，我们刚在被告对面坐下，科长就依着门口说:“看你同不同意离婚，你不同意他们发个手续就走了。”

我的个天，能不能少说两句呀?

“科长，能不能让我们单独和被告谈谈?”

“没啥用，人家刚在电话中就说不同意。”

“就十分钟，行吗?”我真有点恼了，露出了撵她的意思。

“好，好，二十分钟也行，我先出去，你们谈。”科长终于感觉到了自己存在的多余。

调解很快，两人咱爸咱妈咱孩子从前现在以后的说了一大堆，又说又哭，到底，还是离了。

出来时，科长在走廊里跟一个同事还没说完话，看我们出来，忙问结果。

“离了？他同意?”科长姐姐看来是真不同意离婚啊。

“那我们走吧。我们还是老本家呐！你们今天走哪路来的啊？回时咋回啊?”科长好像一下放松了，话题大变。

我怎么会和你同姓？我想改姓。

路上，大家有说有笑。

“咱放个歌歇会儿吧？行不行?”我想起音乐的事了。

自豪·制约

2014 年 9 月 18 日　星期四

昔日大学校长、学长来讲课，在市里传统的一流宾馆内最大的地下礼堂进行，整个政法系统人员都来听，场面宏大。大学校长来小县城授课，还带着自己的数十名博士生，名头之巨，分量之重，令人肃然。校长是我毕业后的校长，并不熟悉，但毕竟是大学母校，内心还是满满的自豪。再想到前些时候，有一次中午看“今日说法”栏目，特邀嘉宾竟是大学同班同学，深感岁月之速，变化之大，进取的人一直在进取，麻木者却总在原地停滞，人我已位移了很远很远。

除此之外，却也无话可写，随着年龄的增加，生活的鞭笞，原来的躁动不安早已变得心如止水，杨柳依依，或叫无痛而不呻吟吧。

事实上，感觉自己的日子也不错，挺踏实。也许自己在知识、学历、事业方面都不会再有大的成就，但琐碎的日子却真而实在，具体的工作忙碌而有意义，幸福是一种感觉，感觉没有对错，从这个角度讲，不羡慕任何地方，不攀比任何人，只想过好自己的每一天：重复，却在进步；琐碎，却有意义；渺小，却是接地气的自己！

院里又给法庭送来了一些衣柜、档案柜，每人办公室都摆着两套。但或许是有啥不稀罕啥，谁都不以为意。其实法庭最需要的多次申请也来不了，比如说配个打孔机，二楼改建简易卫生间，增加饮水设备、当事人等待座椅、车棚等等。一直强调要提高审判效率，也确实为提高效率增添了不少新设施，但为什么不问问最基层的法官们在办案中最需要什么呢？老是强调要提高办案效率，却为何一直摆脱不了制约办案的环境呢？

就说张、葛这些小姑娘书记员，还在用最传统的勾锥打卷孔，不影响工作效率吗？在家里只怕连她们的妈妈也不一定会使用这老式物件了。

办公室外面没有等待的椅子，当事人通常就得站着，站着与坐着的心情可有区别，你懂的。

办公室的二楼没有厕所，很多时候整整一个上午被当事人围着，令人不忍稍离，那你就得稍忍再离，忍着忍着一个上午就过去了。当然你要不想太难挨，尽量少喝水是肯定的。

不行，这两天得去做个彩超，查查前列腺有问题没有……

“五小”法庭

2014年9月25日　星期四

今天上午调解一桩70余万元的供货欠款案。原告是两个外地人，被告是当地一家规模不小的知名公司。原告到庭的是律师，被告到庭的是一位副总和职工。

被告没有赖账的意思，面对原告只提供了一份曾经的对账单(后又有多次来往)，并无其他直接证据的情况，只是辩称起诉的数额有误，与公司记账不符，另解释说因环保查得严暂歇业，要求延期还款。原告方律师经电话请示后也不坚持，同意按被告会计计账数额为准。

接下来是关于利息和具体还款方式的调解，按说应该很顺利，但因双方都是只有代理人到庭，每一细小环节都需电话“请旨”，步履维艰！整个过程就是双方代理人在打电话，不慌不忙，都不愿担当的样子，不知事先干啥了，没一点准备？让人看着就来气，恨不得一把将双方当事人从电话里揪出来。本身早点弄完还可以写点东西(有两调一判几天了还没弄出来，监狱那个原告方已催了两次了)，你看这……

最后，我实在急了，正色道：“就差违约利息从哪个月开始算了，说来说去双方就差两月，快定吧，十二点准时下班，说不完就另定时间(要不过饭点了，中午没做饭，乡政府搭伙)。”

律师是省城的，路途较远，说着不知何方的夹生普通话，本身就交流不畅，但这句他一准听清了，因为双方随后一会儿就谈妥收工了。

打打笔录，签签字，还是到了十二点半多。

自前一阵子开始，省法院强调建“五小”法庭，即小食堂、小宿舍、小菜园、小图书室、小活动室，一时法庭厨房地位雄起，购新碗新筷、新灶具，人均月标准伙食费 80 元，听说今后还要求庭长会做饭。我们雇用家政专门清除了厨房的油渍，还买了两册炒菜的书。

我跟书记员小张开玩笑说：“那可好，你们办案我做饭。有人来找我，九点之前就说我在洗碗，十点之前就说我在买菜，十一点之前就说我在做饭，十二点之前就说我在摆桌准备开饭！”

小张也反应快，说：“那就让当事人十二点以后来找你！”

小刘接话快：“十二点以后庭长不是又开始洗碗了吗？”

大笑。

啥都是刚开始一新鲜，最初看着新厨具都想试两把，抢着弄汤做饭，时间一长，大家忙着办案，估计也都发现自己手艺实在一般，遂没了兴趣。这不，这几天竟断炊了！

别搞那么多宣传，别弄那么高调，大家都默不作声做些实实际际的工作，整个系统的地位和形象才能变好。

下午正写东西，妻从驾校考场打来电话，说考过场地了，且所抽三项均满分通过，高兴得像个孩子。开始我说了些鄙视她的话，但细想自去年驾考整顿，考证再不像以前，能托关系、作弊，甚至交钱不用去那么简单了。几个月来冒着烈日去练车的辛苦，尤其是几次场地考未过，其中两次抽到公认难度系数最高的连续障碍（据说通过概率极小），三次遇到考车太破（后靠不稳，离合有病，前窗摇不下，听不到指令等，每急欲哭），同学者尽叹时运不济，造化弄人。历历在目，颇为感叹，于是停笔，发短信以贺：

烈日炎炎似火烧，三考场地惹心焦。
练车唯恐排队晚，寝食不安难自饶。
两抽压饼运不济，三遇劣车怨气高。
今此一去尽折桂，劫波度尽是楚翘！

这次，妻可没说我神经，回了两个字：呵呵。未知何解。

子在川上，古城不败

2014 年 10 月 1 日　星期三

国庆假期首日，约高中同学少波等人骑行长岭水库。一大早出发，天气宜人，因为人多，有女骑手、新手，领队要求大家速度不能太快，保持 20 码左右。

中午 AA 制，有人生日，请喝啤酒，都很高兴。

饭后分头活动，少波余勇可贾，提议去登 5 公里外的齐县城。

齐县城不是城，是当地莲花村旁边山头上的一座石头房子。房子不稀奇，稀奇的是，它是二十世纪六七十年代由该村村民齐县一人所建，用于放牛羊、种庄稼的人避雨。即使在那个到处发扬愚公精神的时代，这仍然让人们惊叹和感佩，当地人调侃般地给了它一个大气的名字：齐县城。

山不高，路难行。房子一般，故事感人。在这个世界上，总有一些人，透着英雄的气度，彪炳青史；总有一些事，带着震撼的精神，回荡千古。

围着石头房子转了几圈，近看是满眼高低的荒坡蒿草，遥望是古老平坦的侯兆之川，红日西下，阳光斜照，让人顿感天地造化的神秘力量，自然循环，周而复始，不可违逆。遂体会到"逝者如斯夫，不舍昼夜"的境界来，一切都那么令人自感渺小和无奈，只有执着追求的精神亘古不馁。

情思飞扬的少波一会儿弄了首诗，发在手机上：

巍峨壮观莲花顶，

巧手齐县筑座城。

人去城空遍荒芜,
俯瞰大川悠悠情。

遂接韵:

未见齐县见空城,
荒芜自是千古情;
造化最忌遇伪巧,
沧海桑田原峥嵘。

相视一笑,自得其乐,下山。

楚河原本一场戏，汉界由来不分明

2014 年 10 月 9 日　星期四

老平性格倔强,脾气暴躁。他早年丧妻,女儿已出嫁,与成年但未婚的儿子一起生活。前几年因脑梗落下后遗症,一着急就不住地摇头。

去年开始,经人介绍,老平在邻村的一家几十号人的企业做饭。遇到了也是个性突出、脾气不好的老板老陈。

两人有个共同爱好,就是下象棋。俗话说棋如其人,因为棋两人发生了无数激烈的“对碰”。双方都是当地棋中高手,为了显示水平,每盘赌注 20 元。老平倔而慢,老陈急而速。一次,断杀到最后,两人所剩棋子都没啥杀伤力了,理论上应该是和棋,老陈求和说不如重摆,被老平拒绝,求和数次,数次遭拒,老陈心头窝火,无心周旋,一个昏招竟白送了一子,结果老平胜。老平随口说:“我说呢,在俺村还没人能下(胜)过我呢!”老陈一听火了:“啥啊你,那要看你在哪里了!”于是谁也不服谁,棋子都扔水里了,不欢而散。第二天,老陈见厨房未关门,出于安全考虑,就让人问谁没关门,老平以为是针对自己,就当众气呼呼地说:“关啥门,能丢了啥东西?”下午因业务繁忙,老陈让老平去大门口帮下忙,老平又不客气地说:“我是来做饭的,不是个看门的!”

老陈说:“不服管理,你想干啥?”

老平没好气地说:“想干啥？老子早不想干了!”

老陈说:“不干快走!”

老平说:“工资给我!”

老陈说:“半路不干,工资不发。”

老平说:“工资一分钱都不能少!”

老陈说:“你想干啥?闹事吗?”

其时客人正多,引人围观,两人都下不了台,恰好老陈儿子经过,对老平就是几脚……

接下来,老平告派出所处理太慢,“包庇”老陈;告法院不立案(索要工资无证据)。

几经周折,现老平起诉老陈索要数个月的工资款 8400 元,但无任何证据。老陈说欠工资不否认,但没有这么多。

真是又好气又好笑的两个人!

我对老平说:“你没有任何证据,凭什么要工资?”

老平说:“那不怕,他不会不承认,不承认我也有证人。”一副棋场上常胜将军信心满满的语气。

我对老陈说:“你不欠人家工资,人家咋会告你?”

老陈说:“不是不欠,没那么多,别管他,这次非看看他有多大本事。”

不是冤家不聚头,看来谁都了解谁的棋路啊。

实际上,通过分别深入了解,互相十分了解的两人都已心生悔意,只是谁都不愿先弃子认输而已。因而不约而同地选择不与对方见面,嘴上说是不能看对方,看见就来气!

看透了双方的心思,我明确表示,若要不见面除非调解,调解不成就得开庭,开庭双方就必须见面。还真有效,双方又奇迹般一致地“弃卒保帅”,放弃原先强硬的态度,均作出不同程度的让步。

最后,老陈让人拿来 7000 元钱现金,老平也算心甘情愿地接受了。

“楚河汉界”之争,就此收场。

兄友弟恭自古义，特立独行未必行

2014年10月15日　星期三

老太太今年82岁，身体硬朗，共有两儿四女，老伴去世多年，如今在老二(次子)家生活，自己独立吃住，平时爱跑山转庙拜菩萨。

前几天她把六个子女起诉了，要求各子女按月支付赡养费，并各承担1/6的医疗费用。

今天开庭，老大(长子)和小女儿未到。小女儿工作离不开，由其二姐代理。一般的赡养案起诉都是有针对性的，本案中老太太针对的是大儿子。据老人诉称，自老伴二十年前去世至今，长子就没赡养过她，她一直住次子家。为此，次子和姐妹们都与长子关系紧张，或干脆就互不来往，长子向来“特立独行”。

赡养案主角缺席，不行。让书记员小葛给老大打电话，老大接起电话，便说是忘了，但路也不远，马上就到。

于是让其他人都先到一楼会议室等着，老大来了，我得先会会他，过过招，摸摸他的底儿。

老大50多岁，高个子、干瘦，一进门就又解释说忘了开庭，还讲了些大而空的道理，给人感觉是虚虚的，不实在。听他讲了十来分钟，也没啥新意，该出击了。

“你愿意赡养你母亲吗?”我果断打断他的话，这句话的答案一般不会是否定，想让他顺我的思路走。

“当然了，自己的老人嘛，再说老人能活几年……”老大匆忙回答。

“那你同意每月支付多少赡养费?”不等他说完，我继续追问。

“多少都行，让我妈说呗!”

“我刚才问过老人了,她要求每月 100 元。行吗?”其实老人说的是 60 至 80 元。

“行啊,我妈说啥都行。”他也只有这句了。

“医疗费你们几个均摊,写调解吧?”

“不过我爹去世前的医疗费是我一个人出的,该咋说?”从老大狡黠的目光里看出,是要节外生枝呢。

“总共多少钱?”我追问。

“400 多吧。”他低声说。

“你说咋办?”

“如果抚养费能少点,就算了;如果不能少,那得说说。”老大露出了本来意图。

这是什么道理?有你这么当儿子的吗?十几年前 400 元的账还要算算?心里这么评价,可还得忍忍:“那我出去问问。”

老人说,前段经村干部说过,老大说出 60 元,今天愿出 80 元也算来到法院低了头了,同意。

我哄老大说,你妈勉强同意了 80 元,你可别再说了。他果然不吭声了。小葛一会儿就写好了调解笔录和协议。

签完字,我把他们叫到一块,语重心长说了些劝孝的话,并让子女们分别表了态,老人也很感动,说了些希望子女团结的话,眼泪都出来了。

中午,法庭对面卖电车的老徐来找我,先是客气了一番,然后理直气壮地说:他与上午那老大是连襟,事儿他都清楚。当年两个儿子有协议,一人负责一个老人,老大负责他爹,妈该老二负责,只是协议当时未签字,问我有何高招能不让老大再出钱。

我一听火冒三丈,不客气地说:“他家的事儿已经到底了,若真为他们着想,希望亲戚们都不要再掺和这事儿了,好不好?”

“这事儿恐怕到不了底。”老徐一听没戏,也说了句不客气话,走了。

下午果然事儿来了,一上班老大和他老婆(上午就听说他老婆不讲理)就来找我,他老婆一进门就开始叨叨:上午的协议不能算数,老大不该再出钱,等等。

“请问你是谁?”我明知故问。

“她是我家的[①],想跟你们说说。”老大笑着说,看得出是想让老婆把上午的局面扳回来。

“老人起诉他儿子赡养,跟你有啥关系?”我提高了声音。

“咋没关系?我是他家人,他出钱就是我出钱,你得给我说说上午的事儿。”

“上午协议已签字了,不能更改,也没有必要跟你解释。妻子只有协助丈夫赡养父母的义务,没有叫你直接赡养。如果协助你也不愿意,那就只能和他离婚,离了婚你啥义务都没有了!”第一次用这种决绝的冰冷语气跟当事人说话。

“那就是,那你别问了。”老大一听话说得如此难听,怕生别的娄子,马上打断了老婆,老婆似乎还没太听懂,但不说话了。

“协议签了得执行啊,不执行就等于跟法院结仇了!”我瞪着老大说。

“知道,知道。”老大彻底软了。

“犬马皆能有养,不敬,何有别乎?”生活中,不是所有人都能改变的。有些人固守成见,没有同情心,听不进建议;或是看似圆滑,实则可悲可怜。只能用强制力,告诉他们必须遵守的规则。

---

① 本地方言,老婆的意思。

闹讼成功：可怜人的可恨处

2014 年 10 月 23 日 星期四

上午负某带着 8 岁的儿子来办公室大吵大闹，质问法院为何给他的前妻立案。还说前妻不是要抚养次子吗？今天必须交给她。说完呵斥孩子坐地上哭，他自己则躺在办公室门口的地上。

负某兄弟姊妹多，自幼家境不好，又有间歇性精神病史。二十年前不好找老婆，后经人介绍好不容易花钱娶了来自边远省份的前妻，生育两个儿子。前妻身体也不好，穷、病、没文化，困扰着这个家，行而不远。前几年前妻起诉离婚时为达到目的，经调解把两儿子都给了负某抚养，自己则"净身出户"。离婚后前妻一直未回娘家（自述娘家也没有亲人了），也没有再嫁，而是在附近打工维持生计。这两年，随着年龄增加，尤其是听说负某和长子都在外地干活，长年不回，次子放在其姐姐家，大冬天还穿着露脚趾头的窟窿鞋时，怜子心切，说啥要把次子要回来——起诉要求变更抚养关系。

书记员小张、小葛跑了几次送手续，负某家里都没人，后来送到了邻村的负某姐姐家，是她通知了远在邻省打工的弟弟。

考虑到这个家庭的实际困难状况，之前就向负某的姐姐、两个哥哥做了很多调解、说服工作。今天负某不期而至，且无理取闹，不听劝阻，我也能理解；看着他小儿子的乱头发、脏衣服，这个季节还穿着露脚凉鞋（一看就是物质上缺少关爱的孩子，更别论精神层面了），心里总涌起酸楚。于是与小张反复说服负某、做工作，说今天又不是开庭，有理要到开庭说，你也不一定会输官司，这样对孩子影响不好等。可负某就是不听，我行我素，愈演愈烈。

说实话,对于他今天的闹,我心里十分平静,也从没有向上级汇报施以惩处的打算。同时也能明显感觉到,贠某至少目前精神非常正常,思路清晰,目的明确,只是心理狭隘,在给法庭施加压力。后来又要求我出具次子归他抚养的书面证明,逼着小儿子向我索要,装疯卖傻,让人哭笑不得,一时竟无计可施。

贠某闹了半天,见效果不佳,突然站起来说:“今天就把小孩交给你们,我不要了!”说完就往楼下急跑,不料被路过的执行局(自“十一”过后开始为期三个月的驻乡执行,二十个执行局的同志吃住在法庭)小陈一把抱住,动弹不得(小陈可是法警出身啊)。

我担心出啥不测,硬拦也不是个办法,便故意冲楼下喊:“放开他,让他走,等会儿立马把小孩给他妈送去!”

小陈本来也不知道咋回事儿,连忙松了手。贠某急走到门口,果然又转身回来了。

直到过了中午,贠某的大哥过来,才勉强把他弄走。

我思考再三,做了一个也许是错误的决定。

下午把贠某的前妻叫来,把上午的事说给她听,劝她为了孩子能好好成长,有个健康的心理,平静的环境,暂不变更抚养。她落了很多泪,诉了很多苦,最终,撤诉了。

当她在撤诉申请书上颤巍巍地写下名字的一刻,我仿佛看见了孩子因委屈而哭得变形的小脏脸,离开了妈妈,他有开心的时候吗?可目前这种情况,变更抚养合适吗?变更得了吗?只能说贠某和儿子的哭闹成功了吧。真的很抓狂!

天下尽是可怜人。可怜的家庭,可怜的父母,可怜的孩子!可怜在穷困上,病痛上,当然,还包括思想。法官在诊断并试图修复这些社会关系时,发现病症,却无力修复,是最无奈的事。

掀墙非我意·读书真性情

2014 年 11 月 5 日　星期三

上个月有起周某诉其邻居的排除妨害案。其邻居用砖把双方的风道口垒了 1 米多高，但辩称是怕孩子们进去玩（攀墙）不安全，并说既然周某不乐意，那回去掀了就是了。

70 多岁的周某可不这么想，他猜想邻居垒风道主要是出于迷信，可能是在调整利己而害人的风水。但邻居当面这么轻易答应掀了，也就没啥说的了，撤了诉。

回去没两天，周某又跑来法庭"严重"地说："不行，邻居没有掀，还出去打工了。不能再相信他，你们得给我掀了。"

电话联系其邻居，说是打工走得急，回来一定掀。如果等不及，让周某自己掀也行。

周某一听忙摆手，"说那可不行，我可不动人家的东西，还是你们去好，法院不是为民办事的吗？"

肯定是，就去吧。上午我带小曹、小张去了，小孙开的车。到那里一看，是 1.5 米左右的单墙，水泥垒的。先与邻居的妻子作了沟通：同意掀。为避免矛盾和意外，我们交代她掀墙时不要出门。周某不在家，也没有工具，小孙一咬牙，抬脚把墙踹翻了，又上前补了几脚，掀到底了。

路边已聚了不少人，有人说：这老头啥人？左邻右舍都对不住他吗？法院这事儿也来管，咋不管管他干的坏事？

我对小孙说，别听闲话，快撤吧！

晚上回老家赴宴，小学同学的儿子结婚。说是小学同学，名副其实，他们有好几个根本没读过初中！不过这两年，农村的日子相当不错，当老板的，当村干部的，开着好车跑来跑去不知干啥的都有，总之表面上风生水起：抽着名烟，喝着好酒，洗着桑拿浴，唱着 KTV，把我们两个上班的同学衬得寒酸不少。办喜宴的这位同学前几年开煤场挣了不少钱，今天摆了十多桌专门请同学朋友，上的是苏烟和 108 元一瓶的当地名酒。

因在法院上班，我一坐下，便过来几个做生意的同学，东一句西一句问些法律方面的事，当然也少不了问挣多少工资（我都不好意思说挣 3000 多，只说有饭吃吧），直到开席。

席间，一位从小要好的同学问我有啥爱好，老话题，让我纠结了多年，因为我真不知道自己爱好什么。今天便随口说是看书，马上有位同学说你读的肯定是《周易》（可能他以为这个最“实用”），我说正在读 1959 年版的《史记》，也不知他们听懂了没有，反正没一个人有反应，当时就后悔说了。

说这干什么呢？是抬高自己，贬低别人吗？还是出于虚荣？现在读书早成了非主流，还有谁把读书作为爱好的（读也是读一些功利性的书）？不过回答打麻将、斗地主，我真的不会啊！

过时了吗？书呆子吗？我倒也不怕他们耻笑。从开始读经典时的举步维艰，一路坎坷，到现在的顺水行舟，如履平地；从字面到文化精髓，从厚重到升华，自己经历了多大的成长与充实！

在从右到左的竖版文字中，体会着史的沧桑与悲壮，睿智与雄浑；感知着它千百年来循环不息的温度。曾几何时浮躁不安的心渐趋平静，“道家为体，百家为用。”目睹着先哲前贤们为整个社会发展开出一副副的“良方”，跨越千年，惊心动魄，却收获着平静，这是多大的收获啊？意欲何求？复欲何求？

天下同归而殊途，一致而百虑。实非虚言也。

艰难的送达

2014年11月20日　星期四

民事案件中的送达是件很不容易的活儿，同时又有严格的程序要求，绝对考验办案人的能力和智商。

现在不知是人们对警车反感，还是怕话多得罪人，反正在村里问路，答案多是不知道，甚至故意指错，委婉一点的说自己不是本地人。往往只好把警车停在村头，档案袋放怀里揣着，再徒步进村敲门问路。

明知理亏的侯某纯属故意躲避、耍赖，给他打电话他总说在外地，答应回头一定来，但就是不照面。今天都找到他家、他本人了，他却说不是，害得我们又去外面打听了几圈，最后又回到他家，他竟讪讪地说："我以为你们找的不是我。"

脸何以堪？有意思吗？这种人这村里还会有第二个吗？真不知咋想的！

欠款的秦某家住一条长胡同里，我们刚到胡同口，就被三四条大小不一的狗围着叫。书记员小葛怕狗，回头想跑，被我及时制止，理由是"叫狗不咬人"（我心里认为这不一定是真理，绝对不宜扩散），并告诉她人越跑狗越追的道理（这试过，是真的）。喊了几声没人答应，只得硬着头皮往里走，进到秦某家院子里，其中一条狗紧跟着狂吠，我对小葛苦笑说："你看，这就是急功近利的媚主心态！"小葛顾不得接话，眼睛直瞟着狗。

我高声对已跨出门外的秦某妻子说："你就不能呵斥下你家狗吗？"

她才很随意地冲狗骂了两声，并说："不用怕，从来不咬人。"

在听了我们的身份和来意后,秦某的妻子脸色陡变:“这事不要来我家,老秦是替李庄家(指她女儿女婿)借的钱,我闺女早和他离婚了。传票也别搁这儿,我不要!你们走!”不由分说就往外轰我们,幸亏司机小孙手快,一举手机拍了两张无声照片,示了个眼神,我们便不再解释,放下手续走了,她家的狗配合主人似的又疯狂地叫着追到胡同口。

这样拍照片的留置送达都成常态了。

领导说,有些法院为了有效解决送达难题,在搞集中送达,很受办案人员拥护,我们也可以考虑试行。可惜至今没有推行这项改革,可能具体操作有一定难度,也可能因为制约法院工作的外部条件实在太多,并非“立等可取”,比如人员、经费,都不是你我或者本单位领导说了能算的。

但随着案件的日益增多,审判效率的日益提高,民事送达这桩占比重很大的工作终究要面对、解决,回避不得。

注定上审委会的庭审

2014 年 11 月 26 日　星期三

何某等四人所诉的人身损害赔偿案，庭审从上午九点半一直开到下午两点多才结束。

四名原告三名被告八个代理人，其中外地律师两人；原告是一家四口，为失去的亲人主张权利，被告是村委会、镇政府、知名国企在当地的一家生产企业，为各自的利益和责任而抗辩。下面还有近二十名旁听人员（当然是双方的亲友和一起来的领导、职工），一时间审判庭内温度骤升，人满为患。

审判庭原、被告席上的椅子不够，让门卫屈师傅去找了几个方凳。

人多，先交代法庭纪律（旁听席上听众好像对不准发言、鼓掌、拍照特别不理解，只好一遍遍地解释）。在随后核对诉讼参加人时，原告的一名外地代理人，貌似专业律师（说话和外表），但递交的却是公民代理手续，按新民诉法解释的规定，公民代理需要有单位推荐信。他的推荐单位是村委会，作为被告之一的村委会一听不乐意了，马上提出反对，说书记、村主任、治安主任今天都在这儿，谁给出的推荐信？他是哪里人？真稀了罕了！

凡事有果必有因，也用不着过于惊奇。推荐信上有村委会公章，还不像是假的，至于谁盖的，不是你就是他，反正不是咱法庭盖的。让村委会商量一下能不能保留调查追究权，先暂不说这个事儿？律师们对其执业所的公函好像很重视，能不提交尽量不提交，简单的调解案有的甚至要求不署名，看来律师函不比法院的介绍信，不仅重要，而且值钱。

何某在村边桥上晒粮食,其长子驾无证机动车在桥上调头不慎落入河水中死亡。人祸?桥祸?还是车无制动之祸?落水后是溺亡还是受撞击而亡?责任在河道的所有人?管理人?还是污水的排放人?事实与法律,逐一举证辩论,诸此等等,不敢稍漏。

案子最后肯定是要上审委会的,但审委会是标准的坐堂问案,坐而论道,全靠听汇报,并不充分了解案情,委员们多是领导,有些也不熟悉民事业务,轮到他们发表意见时,案情有时都还没弄清楚。因此,复杂疑难案件上审委会,只是个程序上的依赖,别指望它能解决你办案中的疑惑,遇上个较真的委员,不给你添活儿找麻烦,就算不错了。每想到此,总有势单力孤之感,法官之难,非只因工作量之大,而是有了难题无路可循,单靠个人解决。既然办案责任制,经审委会讨论定的案,理应由审委会集体负责。另外,能不能找些代表法院水平的法官来讨论,而不总是行政领导?司法改革,审委会亦应是首当其冲吧。

此类案件庭审,总是力争一次开完,以确保庭审思路不间断,举证不乱序,也避免当事人及其代理人来回奔波之累。因此,每当这时候,只要台上的人(合议庭及书记人员)能坚持(不饿),台下的人(当事人及其代理人)绝对无异议。

开完庭,签好字,已是三点来钟,一身疲惫,满脸倦容,唯独没了食欲。下午通知的当事人已经等在外面,听说我们还是上午时间,未吃午饭时,都是一脸的不可思议。

我请客去法庭后面街上简单吃个饭(也只能简单了),有几家已经打烊,走进一家开着门的饭馆,五六位厨师正围坐在大厅吃饭,问能不能做几碗面条,回答是可以。

面条做得快,吃得也快,大家感觉面条还不错。吃到一半的时候,小孙突然用筷子指着碗里一个黑东西说:“这是个啥?”小葛已快吃完了,斜瞟了一眼说:“大料呗。”小孙夹在嘴里咬了咬,立刻吐到桌面上,再扒开来一看:“烟头。”

我无力地叫服务员,付账。快走!

有种爱叫放手

2014 年 12 月 3 日　星期三

上午调解刘某(男)与刘某(女)的离婚案。刘某(男)是大学生,分配在当地某大型煤矿工作,外形俊朗,工作优秀。其成长环境特殊,父母均系盲人,至今生活在老家,只有其一个儿子;刘某(女)全家在该矿工作,其父及叔叔是矿上的中层干部,自幼家境殷实。

2012 年双方结婚后,生育一子。因双方生活经历不同,观念有别,婚后矛盾纷至沓来,接连升级,互不信任,一场冲突之后,双方分居至今。

双方均非本地人,是依据实际居住地原则起诉的。来到法庭,都讲着一口流利的普通话,思路清晰,不吵不闹,据理而争,真是素质高了连冲突都层次分明。

毕竟是离婚,子女抚养、大项财产分割等方面还是患得患失、不忍割舍的,意见差距还不小。于是结合他们的实际情况进行沟通,从个人抱负、创业过程的艰辛,到勤奋工作、孝敬父母、抚养孩子的责任,以及自己的经历和对生活的看法,引导他们化解相互之间积累的怨气和分歧。

功夫不负有心人,沟通效果非常好,充分赢得了两名年轻人的信任,甚至到了可以把处理具体纠纷的决定权交给法庭的地步。最后双方协议离婚,他们再三表示感谢,我也出于真诚和经验忠告他们:不仅现在好合好散,而且要在今后的孩子抚养中力争保持和气,对双方及孩子都有好处等。亲属们也感动不已。感情的事,既然不能执子之手,与子偕老,那么为爱而放子之手,祝对方幸福不也是一种境界么?

今天的调解,可谓全身心投入,说到动情处,或慷慨激昂,或语重心长,或引经据典,或论及自身,这也是我能给予当事人最无私最有用的东西了,虽累,但有价值。

一名优秀的法官,首先要有能覆盖当事人的视野和知识,才能使其信服,掌握其思路,从而驾驭住沟通的氛围;其次须有一颗善良平和的心,以善为宝,生活中有很多矛盾纠纷,不是都能通过法律解决的,但只要有善良,有包容,有静气,再硬的态度都会被融化。

一名优秀的法官,是治疗心理疾病的医生,是矛盾分歧的愈合师,是祛除社会不和谐音符的处置者,是正义善良的标杆。

《史记·滑稽列传》载:"传曰:美言可以市尊,美行可以加人。君子相送以言,小人相送以财。"

下午下班回得晚了,妻发微信:

情切切,
意绵绵,
归来梳妆明镜前。
思君盼君君可知?
不愿枉为流泪泉。

一惊,这是新婚后,常住法庭时(那时路远无车,常住法庭),妻发的一条调侃短信(汉显PP机,可洋气,年轻人不懂的)。

二惊,今天是结婚十七周年纪念日,说好晚上出去吃饭的,光顾着别人离婚的事儿,把自己结婚纪念的事儿忘了个干净!

路上给妻买了束鲜花,回想这么多年来,妻除了自己的事,还得支持我工作,照顾教育孩子,忙碌家务等,绝属不易!不管如何,风雨兼程都过来了,日子比以前强了,各自思想也成熟了不少,遂于鲜花卡上附辞:

进取步步高,
今比昔日殊;
艰难且为乐,
无愧儿女母!

新婚后一人在法庭的那个晚上，正写判决，看到妻的诗，无限开怀，我回的下阕是：

月弯弯，
水潺潺，
曲径通幽涧顶前。
君恩若有松柏志，
妾情愿为君魂断。

回想那种纯洁、思念，现在还不由为之动情。

每个人的内心深处，是不是都有一种难以抑制的激情和归属呢？

年底压力·心正无邪

2014年12月10日 星期三

中午庭里开了个会,传达省院要求,今年全年结案到年底截止,不提前。要求大家加把劲,在最后20天时间里将能结的案尽量结掉。快到年底了,还有很多未结案。尽管我们合议庭的收案、结案数量都领先,排名靠前,但压力还是很大:收案多积案就多,而年底肯定是要算结案率的(尽管已强调多次不搞办案指标考核了);结案多判决就多,判决多上诉就多,而改判、发还率也是年底案件质量的考核指标之一。另外还有各项宣传任务、庭审直播数量等,虽不求第一,但能补的还是得抓紧补补,毕竟大家哪一项都不愿落后。

院长开会说过几次,现在案多人少,哪儿都需要人(原话是:你跟我要人,我也没有人),各庭在急缺人手的情况下,可以先自行物色人员,尽量挑选年轻、有一定文凭,愿意干法院工作的,身份待定(社会法官、法官助理或临时书记员之类吧),工资再说。当前的办案环境和待遇可不像前几年,说句话哪都能找到人,现在这人还真不好找。

前几天终于托人拐弯介绍了一个,姓王,二十五六岁,大学学的美术专业,与法律不沾边,约好今天来见面。正值用人之际,也就别太多讲究了吧。何况也没个名分和待遇,只要能来就行,到时候每个审判员配备一名书记员,那是怎样一种奢望啊!那就再不用像现在,开庭记录、送达法律手续三个人还得互相预约书记员!

下午父亲过来,我下班陪他去洗了个澡,帮他搓澡的时候在想:小时候父亲是否也是这样给儿子"服务"的?想着想着不觉笑出声来。说实话,能为老爸洗洗搓搓,心里总是踏实又兴奋。之后又理了个发,老爸一下子精神了不少,说说笑笑,爷俩都很高兴。心中暗誓,今后争取做到一周回家看他一次,至少每两周陪他洗个澡。

吃过晚饭,老爸坚持要走,说是怕明天耽误我们上班,我只得开车送他回家。

回到家,从车上拿出熟人送的一段刮了皮的无患子[①],放在老爸床头柜子上说,咱也避避邪吧!

老爸说有啥邪呀,只要心不邪,就没有邪。

父亲一直就是这样一个心底宽、无所谓、不畏惧、不怕邪的人。

不过因为是儿子送的东西,他还是笑着让放那儿了。我看了看,觉得刮了皮光秃秃的不好看,就在上面写了几句话,我想这样父亲就更珍惜它了:

身硬正义师,
志坚乾坤留。
无欲敌百邪,
鬼见此物愁!

① 俗称鬼见愁,据说其物件能避邪。

痛苦的代位

2014 年 12 月 16 日　星期二

上午开了四个庭，原告都是同一个人。其中，两个案子被告缺席，一个案子中途调解，一个案子先调后吵，未果。

原告魏某是作为其母亲继承人起诉的。一下子起诉这么多案子，令人不解，于是要求其提供其他继承人的书面意见等材料。有一次是其妻子过来送材料，跟我们谈了事情的原委。

原来，魏某的母亲是个文盲，但很有能力，社会活动较多。生活中与其父关系紧张，容易生气。两个月前，其母竟死于家中，其父被刑拘。在翻看其母遗物时才发现竟有许多欠条(还有在其他法庭、外地法院起诉的)。面对突然而来的变故，魏某脑中一团浆糊，不知是该悲还是该恨(其母之死不明不白)，也曾放出过要自寻短见的狠话。

了解其不幸的事实特殊性后，我们通知各被告集中在同一天开庭，以方便原告，使其不用多次面对痛苦。

欠条均纸张窄小，内容简单，甚至有缺字、别字，数额小的几千、大的数万，我们十分惊诧于一个普通农村妇女的人脉！且系大字不识几个的文盲！

小王业务虽不熟，但多一个人打下手，找找东西、打打电话之类的，还算顺利。两个被告缺席的判决书很快就写好了，其中一份是小王在书记员小葛的指导下写的，就是打字有点慢。

第三个案子的被告是家小饭馆的老板，做正经生意，对借款的事实不否认，但说款原不是他借的，是他雇用的厨师借的，该厨师爱赌博，也借了多次，魏某母亲不放心，非让老板打欠条才肯借。现在出这事儿,厨师也不在他这儿干了,让魏某看能不能别要利息了。魏某说如果他今天把钱拿来,行。接着事就到底了。

第四个案子的被告是一对夫妻,是男方和他父亲来的,男方说这钱是老婆借、用的,而他老婆早跟人跑了,现在城里与人同居。开始也同意调解,然后先争取不还利息的事(他听到上个案子不用给利息了),谈了半天他只愿意出一半的借款本金。后来听说若找不到女方,五万元钱可能要他一人先连带清偿时,他不干了,说他只承担一半,要么法院去把他老婆找来。他父亲也跟着起劲,与原告高一声低一声地辩论,最后把他父亲连哄带劝逐出法庭,才算把庭开完。

四个案子一上午开完了庭,还直接拿到一个案款,省了很多事,但魏某走时,脸上却没一丝笑容。

中午,小王勤快地去厨房做饭,烩菜大米,还不错。吃饭时还给我们每个人盛饭,给小葛盛得最用心,最后和她坐到一块吃饭。我说:“这几天小王一来,力量大了,下午送手续是不是就不用我去了?”小葛兴奋地说:“下午您就静心写文书吧,送个手续的事儿,我和小王去,肯定完成任务!”小王咽了口饭,也接着说:“没事,应该没事。”又交代了些说话方式、进家先敲门或喊人、不可粗心大意等注意事项。

下午几个手续,他们全送到了,都顺利,很快就回来了。

下班回家时,我表扬他俩:“送达效率不错啊!”

小葛一脸自豪地说:“那当然!”

小王笑笑没吭。

司机小孙醋醋地说:“男女搭配,干活不累呀!”

一会儿又补一句:“庭长以后就歇歇吧!”并随手拧了下开关,铿锵有力的“凤凰传奇”,瞬间充斥了整个车厢……

凋零·年终

2014 年 12 月 31 日　星期三

岁月匆匆过，
转头万事空。
夏日未及盛，
入秋亦凋零。

这几天院里最震撼的莫过于一个同事的英年早殁，39 岁！以前听说法官累死总觉遥远，现在真的横陈眼前了！

惺惺相惜，兔死狐悲。新闻听说总觉假，绝知此事在身边，这是老天警醒的节奏吗？39 岁，一个顽心刚泯能量正旺的年龄，一段老需养少须抚的当口，一朵芯蕊半放未及全盛的鲜花，就这样逢秋而凋了吗？让人不由想起上半年因病去世的执行局副局长，平时身体结实，能吃能喝，在距离退休还有两年的时候，一病不起，大家去医院看他时，已是骨瘦如柴，蜷曲在病床上的被子里，渺小可怜，静若无物，三日之后竟永别人世，令人唏嘘！

法官不死，只是凋零！

逝者长已矣！生者当自强吧！

又到一年之终。截至今天下午五点，全年收结案终止。查看电脑上的数据，我庭在全院 17 个合议庭中不出预料地收案、结案数量双第一，全院有九人结案超百件，我庭三人均过百！占全院结案过百人数的 1/3。最大的收获：无愧于我们英雄的"三国"(院里已有多人对我们的组合赞叹了)！

下午开会，三人相视会心一笑，算是对自己、对全庭一年工作的满意和自我肯定。不过,据说今年办案再多也不会有任何的物质奖励,今后过节也不允许再发放任何形式的福利了。全庭未结案 60 多件,基本正常,因为除了有公告的、鉴定的、开庭期限不到的,能结的基本都结了。仍然还是宣传方面任务完成得不好,视频直播件数也不够。其他的调撤率、上诉率、发改率、信访数扣分等,也没有去算,反正也都是案件办理的副产品,谁也不会能调不调;涉法信访的,让审管办的人去统计吧。一年到头,趁开会让心里也清静会儿(这个时间不会超过这个会议的,不是还有 60 多件追着吗),想点别的。

县法院搬迁新址。新办公楼楼层多,条件优越,领导在办公楼的最高层里给每个基层法庭安排了一个小办公室,里面有两个沙发,一个小方形茶几,没有办公桌椅,没有局域网。会上领导说是为了避免基层法庭的同志在院里办公,以院为庭。

会后,书记员小葛说报社公告部的查询电话终于打通了,说是款已收到,但未见公告,要求另发,还说以后用微信拍个照片传过来就行了,不用传真。我去,不早说,一个多月了呀!估计又是院办破传真机惹的祸,上次就听说那谁发的也说是没收到;报社独门生意可能也确实太忙,否则就不能照汇款电话回一个?回头还是联合向主管领导反映一下,尽量用上墙公告,省钱、省时、合法、效果好(村干部、邻居、亲戚看到会千方百计捎信,而报纸公告则形同闭门裁判,无人知之)。

年底了,院里年轻人好事不断,喜宴接二连三。小张、小葛均未脱单,似也不太着急,一声叹息。

晚上是听跨年钟声的时间,带孩子们到最热闹的步行街广场上玩游戏,逛街,还喝了杯热奶茶,直到孩子们尽兴,方回。

程序的“逾越”

2015 年 1 月 5 日　星期一

陈某、童某、王某平时均靠贩运石子、砂赚钱，用自己的车，低价买进，加上油钱、人工费、资源税款等高价卖出，每天挣个二三百，生意好的时候也能挣五六百。但最怕欠账，一欠可是连本带利，一天好几车，就是好几万元。

邻村的崔某承包了村中学的盖房工程，用料多，找到三人运送石子、砂，承诺一天一算账，可结果还是被欠了一天未结，每人一万多元。收货单是崔某的会计出具的。之后直到工程结束，工程款已全部结清，崔某就是不还账。三人在电话不接、上门无人的情况下起诉了崔某和会计。

崔某家老是没人，会计老婆倒是在家，但通知到一个被告也不能开庭啊，已经害得书记员跑了几趟了。这类人最可恨，欠别人钱却不着急，还这儿欠点那儿欠点，数额都不大，违法成本低，到最后大不了也就是还钱。公告吧，费时费钱，而且也不符合公告条件。简易程序的案子都拖两个多月了，难道要变普通程序吗？三原告每次来都哭笑不得，也快没了耐心，嘟囔说：“怪不得崔某说弄到法院也咋不了他！”

真是怒了！昨天我亲自带着小葛、小王送本案的手续。照例还是只找到会计老婆(跟小葛见过好几次了，都成熟人了)，我亲手把六份起诉状、应诉通知书及传票等往她家桌上一扔，绷着脸说(现在送手续很少这样了，大多是好话说尽式)：

“我们也来了好几次了，你也知道啥事。今天把六份手续送给你，三份你丈夫的，三份崔某的，请你务必代交，明天开庭，不到就缺席判决！小王，把传票上的开庭时间改到明天上午九点。”

“我丈夫在外地打工，崔某家也没人，你们不能放这儿！”她一看这次状况不一样，急了。

“咋不能放这儿？你有义务替你丈夫代收。而崔某是你本家、邻居，你最知道他去哪儿了，你负责通知他！”我有备而来，语气坚定，没一点商量余地。

“我家的我收，崔某的我不管。他要是不去还怨我了？”她让了一步，前几次可不是这样的。

“不行！你丈夫本来就是给崔某干活儿的，两人的手续都由你负责转交，到时不去就缺席判决！小葛，拍照片入卷。”根本没有让会计老婆签字的指望，小葛手快，一举手对着我和她拍了两张。

“这么说崔某不去还要判俺了？你们也知道这可全是他的事！”会计老婆激动地说，她肯定以为这句非常占理。

“崔某不到，当然就得判你丈夫一个人。你知不知道欠条都是你丈夫打的？咋知道谁是老板？反正喝酒找提瓶人！好了，咱们走！”我感觉真是替三原告出了气，相信他们每次来要账，绝不敢说这么硬气的话。

会计老婆噎住了，她还想说什么，想留我们，但不知从何说起，只是无奈地做了个不自然的手势。

出门径直上车，小葛胆怯地说：“过了吧？是不是不太合法？”

“哪有那么多合法的？将来你就明白了。下一个你俩送，我不去了。”余怒未消，角色一下转换不过来，没解释更多。

今天上午九点，会计没到，会计妻子也没到，出乎所有人预料的重磅新闻：来者竟然是一向家中街门紧闭的崔某！

双方一见面，崔某满脸堆笑：“你们太急，啥时说不给你们了？上下两庄的，就准备这次回来全清了。我嫂（会计老婆）打电话跟反了样，硬逼着我昨晚打的回来，白花了几百块钱！瞧，还不如请大家吃个饭呢！”

案子结束后，三名原告憨厚地感谢说：“不是你，这事可真不好弄啊！俺那儿几个村谁不知道，老崔的头可不是好剃的。”

回想突破程序的成功奇袭，心中不由暗暗地“坏笑”。

法律的程序是为了让法律更公正，而不是束缚住法律的手脚。

何况，“凡战者，以正合，以奇胜”，生活中有些人，不讲规矩，不守规则，你就得抓住他们的弱点，由不预之途，出其不意，出奇制胜。

今天，真的好有成就感，不只为调解了三个案子！

霸气的欠款者

2015年1月14日　星期三

现在我们总结出一个套路：新收案子一到，先由书记员打电话通知，电话不通或人不来再用其他方法。我总结这叫“抛笼头”，抛得好他立马会跑来，或你不让他来都不行，但要抛得准、稳，掌握好火候。

有一类电话，不是不通，是通而不接，给人无限遐想。

被告冯某就是通而不接类，书记员小葛跟我说过好几次了。冯某就住在法庭所在地的村子，但若没确切信息，在五六千口人的村里乱打听肯定事倍功半。于是我向法庭邻居卖电器的大刘探询。

大刘想了半天，又问问具体事儿，恍然说：“你说是冯老五吧，你们去吧，肯定正在家睡。”我说都几点了还睡觉，大刘鄙视地说：“不睡觉弄啥？光老婆打跑好几个，现在是一人吃饱，全家不饥。晚上赌一夜，白天不睡觉，他可成仙了？”

“这人可有钱①？”我问。

“他要有钱谁都有钱了，啥都不干有啥钱？有也是骗来的，前几年在县城混，这两年不知咋又回来了。也算个小名人。”做实体生意的大刘很看不上他的样子。

遂让葛、王去找，果然逮住了他。不过，不到十分钟，他竟跑来法庭。一手抓着半盒软中华香烟和打火机，一手拿着个大屏电话。上身穿一大红鸡心领毛衣，凸着个肚子，趿拉个棉拖鞋，瞪着一双惺忪的熊猫眼，黝黑的脸上露着霸气，进门便把传票扔到桌上，问：

① 方言，富有之意。

“你们给我送这啥意思?”

“你看看呗,有人起诉你呀。”听过大刘的介绍,我也对这些外强中干者很不感冒,但表面还得哄着点。

“这小娘们,现在长本事了她!我咋欠她钱,叫她把欠条拿来!”冯老五果然是“道儿”上的人,一脸怒气,满嘴脏话,俨然原告诬告了他似的。

“那不要紧呀,到开庭没欠条,这案不就结了?”我安慰他。他没啥说,自己点了支烟,横横地走了。

下午原告来领传票,面相姣好,穿着得体,声音柔顺,一看就是个城里人。七万五,怎么会借给这样个人?想想这两人站一块儿都觉得别扭。

“你跟被告是如何认识的?”发罢手续,顺便问。

“他当时在城里租房住,老在一起打麻将。开始觉得这人说话、办事不错,后来发现他不行。”

“你们有什么特殊关系没有?”不该呀,除非是坠入情网的女人才会这么有眼无珠!

“没有。那时他和一女人同居,大家都知道那不是他老婆。”她望着我,郑重其事地说。

“你丈夫知道吗?”

“不知道,欠条是打给我弟的。”她的声音更低了。

天哪,她疯了吗?要么财迷心窍(借条上好像没有利息),要么是幼稚过头?

当今社会,许多人信仰缺失,没有追求,终日沉迷牌局,表面衣着光鲜,实则内心空虚,不学习,不懂法,交友不慎,盲目信任,人数还不在少数。看来,物质扶贫的同时进行全社会的精神扶贫、信仰支撑也是当务之急,没有精神文明(富裕)为前提的物质发达只会导致世风日下,物欲横流。

大寒·推电车

2015 年 1 月 20 日　星期二

魏某在集市上卖水果,其夫在税务部门上班,是家中独子。夫妻俩偏与老少辈弟兄都比较多的何某家"磕"上了,一连几年闹别扭。俗话说仇人相见分外眼红,一天,魏某丈夫喝了点酒骑着电车在路上碰到何某的三儿子,为谁先瞪了谁一眼发生肢体冲突,结果何某三儿子的眼镜被摔坏,魏某丈夫的皮衣被扯坏,何某三儿子把魏某丈夫的电车推走。

第一季,魏某起诉何家老三返还电车,2014 年 7、8 月份小刘判决支持。

第二季,何家老三起诉魏某丈夫赔偿眼镜(收据价 2300 元),由我办理。

魏何两家的家族势力对比确实悬殊,从说话方式上就能看出。魏家是据理力争,何家是无所谓,即使官司输了,还有其他事儿,反正有的是人力和时间,第一季你赢的电车也绝对别想弄走。

这类案子,判决后案结事不了,只会越判事儿越多,第二季就是第一季衍生出来的,第一季中就应该一并解决第二季中的问题。现在魏某申请执行几月了,没一点动静,魏某心如火燎。

今天叫双方来调解,两季的问题一并解决。魏某在小张的办公室;何某在我的办公室,事情的主动权在他手中(第二季原告的爹,有势力),上兵伐谋,我得首先对他进行突破。

何某 50 多岁,长脸,大个,穿着朴素,悠闲地抽着烟。

"好福气啊,老何。"我对他笑说。

“有啥福气?”老何不为所动,但露出了曾经沧海、历经世事的表情。

“你看,仨儿,都成家了,完成了任务,你也不老,光剩享福了。”我盯着他,十分诚意地说。

“操不完的心啊,儿多,我这辈子盖了三个院儿,那真不容易。我和老伴又在村边盖座房养鸡,与儿们都不沾,清静。按说也不错,你看又有这事儿了。”我的话说到老何心坎里了。

“这是个啥事儿?输了能咋?电车输了不是也没给她,何况你家人多,还怕她?”我仍很认真,还故意压低了声音,似怕那边的魏某听到。

“怕是不怕,不过不太好,孩子们没个轻重,都挨着住,说不定哪天就出个大事。家家有本难念的经,孩儿们也不好管,不听话!电车早晚能不给人家?有啥意思?人家在街上说我们靠人多欺负她哩!我们家人多不假,不过我这个人最讲理,从不欺负人。年轻时在外边很多事我宁肯吃亏!这次事可不怨俺……”真是一家不知一家,和尚不知道家,老何打开话匣子,说开了。原来也有苦处。以静待动,我只听他说,不接话。

“这事儿总得有个结束,不知上次判那么快。俺也只好再起诉了。这次一定得想法弄到底啊!”老何露出了他的真实想法。

“没啥好法啊,你不还她电车,起诉她,咋弄呢?”我很为难的样子。

“我们还了她电车,她又要起诉皮衣,都成了她的理,不就俺傻了?”老何的担心更加明确。

“这次把电车、皮衣、眼镜的事一起都解决了。”我接老何的话。

“那就对了,早这样说早就到底了!上个案子为啥老说打锅说锅,打盆说盆,一码是一码?还有啥主体不对称,不能反诉。”老何像是在告小刘的状,其实听小刘说上次调解不成,主要是因为老何态度太强硬。

“你把最低要求说一下,我试试,说不成还是你们的事儿。”我牵住了老何的思路,不慌不忙地说。

“儿的眼镜真摔坏了,他说他的衣服坏了,都不说了。但他多少得意思意思,赔 100 元也算赔了。”他像很怕说不成。

“我去试试,如果说成了,电车得还人家,这你当家不当家?”乘胜追击,直逼老何最底线。

“这我当家,孩儿们都不敢说啥,我保证!说吧,说吧!”

我走到小张屋,又从魏某家的角度分析了利弊,最后说:“三个事一起说,你赔他 500 元眼镜钱(100 元是绝对摆不平老何的,虽然他那样说),把电车推走,其他互不追究,行不行?”

“我同意,得跟我家人(丈夫)说一声,他心眼小。”魏某说完就给丈夫打电话,不料电话那头 300 吧?200 吧?打了十来分钟都不松口。我接过电话让他马上来一趟。

几分钟时间,魏某丈夫穿着制服来了,胖乎乎的,进门就笑:“庭长啊,我跟所长说了,今天中午正准备请你吃饭呢!”

“好啊,你们所长我认识,你带钱了没有,可别弄虚的!”看得出这位上班的丈夫可没做小生意的妻子实在,我故意接着他话说。

“看你说的话,当然不虚了!”说着顺手从胸前口袋里掏出四五张百元钞。

我上前一步,快速从他手里夺过钱,说:“这不妥了,500 元钱至于这么费事?就当你中午请客了。”一看正好 500 元。

“这不行,不行!请你客我愿意出 1000 元,这事不一样,我皮衣好几千都不说了,还赔他眼镜?”好家伙,急得泪都快出来了。

我故意一愣,又不可思议地看他一眼。他似乎看出来我不可能再退给他,也似乎是怕落笑柄,补一句:“最多 400 元。”我立即抽出一张还给他说:“给。”他倒有点不好意思接了。

又回到老何那儿,说:“给我个面子,就 400 元吧,到底。”

老何也感觉到了我在那边的不容易,说:“中,给面子,就这吧!”

“那咱去推电车?”兵贵胜,不贵久,久则生变。

“那急啥?都快晌午了,改日吧!”老何抽口烟,慢慢地说。

“你看,这是过河拆桥啊。我还想今天事儿到底了,凭你的脾气,肯定要请我喝两口呢？何况现在把这钱给你儿送去，他也不会让我空回吧？”已是十一点多了，我说的也不像虚话。

“去，去，现在就去，给俺儿打电话，让他准备菜！”老何赶快改口。

让老何先行，我们开车随后。不料小孙刚打着车，刑庭的几个同事来电说下乡路过，那就是让陪饭呗，来者是客，是我从老庭长那里学来对待同事的礼节，陪。让他们先到法庭稍等，马上回来。

前几天的雪刚融化，村里的路面泥泞，警车怕滑不敢进，停在了路口，我和老何步行进村，像掀了身上衣服般寒冷。他把我领到三儿子家，何某果然准备了两个菜，还开了一瓶白酒。我不愿喝，老何说绝对不行，推让不过，也不想浪费时间，就端过一杯一饮而尽说：“真有事，赶快推车。”老何这才起身领我又走了好远，到另一个院子里，打开门，掀开一条床单，露出了一辆大半新的脚踏式电动车。

推出门外，简单掸掸灰尘，一打火，竟然还有电（趴这儿八个多月了）！我带着老何出了胡同，让他下来步行。然后径直骑往魏某家。魏某两口子正在家焦急地等着，一见我立即展开了笑脸。

出门，看见桌子上的一袋零食，才感觉饿起来。

但能把这对“宿敌”邻居的矛盾最终调解成功，一下子了结两个案子，避免冲突进一步加深，饿得值啊。

死亡婚姻的坚守者

2015 年 1 月 29 日　星期四

今天安排的开庭只有一件,是件离婚案。立案两个多月了,手续一直送不了。女方是被告,诉状上没有电话。问男方说是他离家好几年了,没联系过,不知道。两位书记员去了几次,老是大门紧闭。向邻居打听说可能去上班了,有位邻居在听说男方起诉离婚后说:他还有脸要离婚? 上周再去送,街门开着,左右不见人,书记员小王给我打电话问能否直接放她家里。我说不合适,再等等,再问问。过了个把小时,小王又打电话说找到男方母亲家了,他母亲上了年纪,身体也不太好,说管不了儿子的事。女方家还是没人,天快中午了,我说就放她家里吧,放在醒目的地方,同时告诉男方母亲一声。

九点多了,只有原告在等着,被告没有来,原告问了几次咋办,我安慰他再等等。

我登录办案系统(每日必登),看看有没有过来的新收案件、临近超期或已结未点结案件,以及系统提醒的其他程序性工作。

老李又来了,照例是悄无声息地进门。老李早年丧妻,只有一个女儿。女儿身体不好,嫁在同村,因双方感情差,婚后一直闹矛盾,上周被判离婚。老李说,判后男方又到家里生事,还殴打了老李。我劝他说尽量别生气,能忍就忍忍,至少等过了上诉期再说履行判决的事,被打的事可去派出所报案。老李拖着沉重的步子走了,真是无奈人!

老冯带着一份加盟合同来咨询能否立案。老冯是远近闻名的法律代理人,爱学习,懂法律,有热情,收费低,比某些有证律师负责任多了,特别敬业。随着社会经济的发展,新类型案也层出不穷,上次就遇到一起快递加盟纠纷案,案由竟然是租赁合同纠纷(估计是想与承包攀扯),与案情相距甚远,但最高院新颁布的案由中没有加盟合同纠纷。老冯的合同不长,一页零三行,却内容抽象,文字抵牾,歧义难定,合同当事人又不在,我说我看不懂,还是让当事人自己来解释。

电工老郭(常来送电费条)叼支烟进来。我说电费不是刚交了吗?老郭一瞪眼说我就只能来说电费?今天我也来咨询个事儿。我忙说可以可以,你坐。原来,别人欠老郭亲戚一笔款,钱不多,想问问能不能不起诉,由法庭通知对方还钱。这事儿好办,找社会法庭,先诉前调解。他问啥是社会法庭,我说就是找何书记(社会法官,与老郭同村)啊,不过他今天不在。老郭恍然大悟地"哦"了一声,起身告辞。

门卫屈师傅上来问上次的煤气费和拉茅粪钱给报了没,我说忘跟你说了,今后不给现金,会计会直接打到你工资本上。

辖区镇里管信访的王副书记打电话问我能否去一下,涉法信访的张某在那儿,一起做做工作。我说有庭要开,等结束行不行,王书记说行,多迟都等你,中午伙房报饭。

等了这么久仍未见被告,看来离婚案的女方不会来了。小葛问咋办,我说这个案子缺席审判不合适,且女方也没签回执,让男方等,咱去找她。司机都熟门熟路了,直接开到她家门前。一抬头,好气派的门楼啊!但大门紧锁。小葛看出了我的惊奇,说你看院里面。我一看里面只有两间不知何年代的破瓦房,其余空荡荡的。小葛又说你还没进去看呢,房里啥都没有,床放在门楼下面,床上堆着被子。走进邻居家问情况,邻居只笑不答,说她不太出门,不了解。再去男方母亲家,就挨在男方家后边。

一进门就看见一个五六岁男孩,小葛反应快,忙问,"你妈呢?"孩子说,"在这儿呢",说完就把我们往屋里领。从里屋出来一妇女,感觉肯定是我们要找的当事人,便直接问收到传票了吗,今天为啥不去。她说收到了,但不知去了该说啥。我问她是否同意离婚,她泪马上下来了,说不知道。我坐在脏兮兮的沙发上,耐心地与她聊了半小时。她自幼随离婚改嫁的母亲生活,婚后生了两个儿子,曾决心不让孩子们重蹈自己的经历,好好过日子。谁知怕什么来什么,丈夫回家越来越少,近两年根本不回家,也不给钱,连长子上大学、门前修路盖门楼都是自己一人承担。现在纺织厂上班,三班倒,一月挣两千多。

她和我同岁,满脸愁容,缺了颗侧门牙,长头发乱蓬蓬的,双手粗糙,不敢与人直视。五岁的小儿子在一旁看着,始终也没个笑脸,见妈妈流泪,赶快去拿了块纸递上。于是我鼓励她为孩子计,为自己的未来计,不要自卑,更不要封闭自己,要振作起来,并建议她咨询婚姻心理方面的专家。她一定是听进了我的话,说考虑考虑,并留了电话。正说话间,男方打电话来催问,我没好气地说你先回吧,回头听通知。

数年来她就这样狼狈地坚守着死亡的婚姻,面对街坊邻居异样的目光,一人供养两个儿子,甚至还要照顾年迈的婆婆,真不知道需要多少勇气。

问世间情为何物?总叫可怜人无助垂泪!!

赶到王书记那儿,已是十二点多,信访人及村支书也在。王书记思路敏捷,简单地概括了案情,他和村支书都认为法院原判决片面有误。我说是否可以镇或村里的名义出个书面东西,建议法院再审,他们基本同意。

午饭与小葛、小孙都在伙房吃的捞面,一荤一素两份卤(菜)。

稍事休息,下午两点半开始写判决书,一不小心就快四点了,赶紧叫小孙动车去市里车管所,上午就说好下班前去的,已不早了。猜想人家肯定早九晚五,于是寻捷径,奔高速,驱驰 60 公里而至。

市车管所大厅很多人,到问询台一问,果然还有十分钟下班。不由暗自庆幸!好在法院业务单独在二楼,匆匆上楼,出示介绍信、证件,穿制服的清秀的女工作人员看了一眼便说:A 证查不了。

我和小葛心那个灰啊,悔啊,恨不得抽自己,咋就没动动脑子呢?

纷纷纭纭,斗乱而不可乱也!未战而庙算胜者,得算多也;未战而庙算不胜者,得算少也。多算胜,少算不胜,而况于无算乎!此之谓也。

工作的思考：邪之所凑，其气必虚

2015年2月6日　星期五

今日又批量生产了四份判决,心中轻快不少。不过不敢有丝毫放松,春节临近,人们大多不想让纠纷过年,催结案的很多,有不少棘手的在排队。这几天把案子全部拿出来分分类,分出轻重缓急,涉及婚姻家庭、邻里矛盾的,年前尽力全部结案,年前可是调解此类案件的好时机。其他年前不能结的,要提前把当事人叫来做好工作,让他们有个思想准备,免得到腊月二十八九了,工作电话还响个不停,弄得年不年节不节的。

工作,即使是加班,也要努力找方法,提效率,有规律,以静待动,举重若轻。工作不是拼命,须保持冷静、明智、清醒,思路才能时刻明晰,语言才能逻辑清楚,工作也才能有条不紊。

挂号排队看病,总担心挨到自己时医生思维混乱,或角色转换不过来。当事人对法官何尝没有这种忧虑?现在每天接待的当事人不少,我老是想起排队就医的情状。于是努力尝试:

第一,高效。瞬间识别当事人来访目的,有针对性、预见性地解答,勿多赘语,且忌发言玄远,或漫无目的。社会节奏快,当事人也不是以打官司为职业,他们来到法院也不想过多浪费时间。

第二,观点明确,即以正气为本,法律立足。清孙文胤的《丹台玉案·中风门》中言:"夫人似乎无恙而卒然中风者,岂一朝一夕之故哉?盖内必先腐也,而后虫生之;土必先溃也,而后水决之;木必先枯也,而后风摧之。"认为凡病生如万物机理,必有其因。而后他又说:"《经》曰:'邪之所凑,其气必虚。'风岂能以自中乎人?亦人之自受乎风耳。

使其内气充足，精神完固，则荣卫调和，腠理缄密，虽有风，将安入乎？"从哲学的角度，把病因归为气虚引来的邪气，非常有道理。那么诉讼之因可否也从气虚所致的邪气寻找？大多诉讼双方当事人均有不同程度对法律、秩序、良知、利益等规范的认识偏颇、盲区或忽视，而这种心理状态不是一朝一夕形成的，是长期不注意自身修养的提升而导致的"气虚"（如对某件事情的偏执性观点），甚至是邪气附体。

因此，法官对当事人而言，就应当是蓝天白云，理想版图；应当是国学经典，导师圣人。法官应当立足法律，言必正气；高山仰止，景行行止；树道德标杆，设法律禁地。立论明确，祛除一些人身上黏附的邪气、暧昧气，使他们了解高雅境界的平和与轻松。

犹如孔子关于治理社会的最佳方案。

子曰："为政以德，譬如北辰，居其所而众星拱之。"

第三，保护隐私。人都要面子，都护短，这层纸不能轻易戳穿。病不讳医，当事人愿意对法官讲的，不一定愿意让别人听。所以接待尽量单独进行，不要一大堆人围着说事，否则会让许多人吞吞吐吐，欲言又止。排队按时间先后为原则，但也应按程度分开，先简后繁。

第四，尊重对方，平等相待；不急不躁，善良为本。受到尊重的人才会尊重别人，遵守秩序。同样，他在你面前感受到了平等，接下来才能相信你的公平公正，听从你的建议。我始终认为，善良的人品是民事法官最硬的底牌和护身符，万恶从善而化，但善亦不是一味地软弱与退让，它决不能退过法律的底线。

政府的诚信

2015 年 2 月 12 日　星期四

今天开了三个庭。

其中两个是刘某、段某分别诉本村村委会返还宅基地款案。十三四年前的事儿，村委会给村民批宅基地收的款，一个五千，一个一万，但村干部几经调整，至今宅基地未批下来。据说两个案子的原告镇政府、市信访局都去过了，村里也同意退，但就是不落实。有很多镇政府、村委会欠个人款项的案件，实在不明白这类事儿，为什么政府自己就处理不了，非要打官司。人无信不立，镇政府、村委会无信，危及的是群众对整个国家、社会的信任。

村主任来了，50 多岁，烟瘾很大，嘴里一直叼着烟(为了维护一村之长的面子，也没有过多阻止他)。很实在的一个人，问啥答啥。

开庭前，我问他原告所诉是否属实，他说属实；又问能否落实一下把钱给退了，他说不能。再问为什么，他说拿啥退，村里没钱。两原告无奈地看看我，好像说问题就在这儿。简单，判吧。

但还得按程序走完，尽管属于对案件全部事实没有争议的简易类。每遇此，我就想：这类事儿，程序上能否更简化一些？但新民诉法规定的小额诉讼尚没有具体操作性规定，目前还是只能按部就班。开了两个庭，一小时左右，原告刘某在庭审中称呼村主任“李叔”，看来村主任的个人威信还是不错的。

另一个是民间借贷案，有四名被告。原告郭某是位老师，平时把积蓄拿来放贷赚个利息，借条打得都很与众不同：上面是借条，下面大半页是有关借贷的法律条文(他说是用于威慑借款人，真是用心良苦);基本上都有担保人,约定的利息也不高,月利率 1.5%左右。郭老师已起诉过几起了,都熟悉了。我曾劝他别再放贷款了,风险高,他说都是以前的事,现在不弄了,太费精力。今天四名被告只来了主债务人,三个担保人都没来,直接缺席开庭。债务人对借款事实没有任何异议,但因为做生意赔了,没钱还。

双方对案件事实没有争议,自然好处理,不过是些事务性工作,但送达过程占了很大的精力,更须注意程序性问题。

这三个案子年前必须结案,判决书加班写出来,不能拖。

已是腊月二十四,年味渐浓。法庭的春节值班已排好,下午要在会上强调:安全问题不能忽视,值班必须在岗。

大女儿打算报考她自小喜欢的播音和主持艺术类。我虽不喜欢,但几经商议,终于下了决心支持她。今天光培训班学费一次性就交了近万元,真不是个小数额,还要每周末开车送到市里上课。为了孩子的未来,家长们这些付出都心甘情愿。同去的家长们说:“没当过高三学生家长,不是真正的家长啊!”

能量无限,高三家长!点赞!

非假日的除夕

2015 年 2 月 18 日　星期三

按规定，今年除夕不是假期。上午院里还在集中开会，大家都觉得不可思议，微信上有人调侃说要给国家假日办打电话，证明他们是否在上班，还有人开玩笑说要通知当事人来开庭，既然不放假，我们就真工作。的确，除夕上班太不符合传统了，即使上班，有来办事的吗？除夕放假也是顺应民意，方便群众的一部分啊。

中午匆匆把父亲接来，吃个团圆饭。下午又是上坟、包饺子一大堆事，开车跑了几个来回。明天早上还得早早起来回老家，给街坊长辈们拜年。

孩子们最高兴，闹个不停，才不管大人忙不忙呢！在他们身上我看到了自己小时候的影子。

后半晌，拜年微信便开始批量爆发，无论有没有意思，收到吉祥的话语，心里还是热乎乎的。自己的原则是尽量少主动发（大家多么需要安静地过年啊），但逢收必回（毕竟发的人也期待回应）。

其间，看到一位朋友发的朋友圈图片并附前日明月诗，知她全家在上海过年，非常轻松自在。照片似曾相识，诗意悠闲静雅，回想大学读书时大把时光虚度，竟勾起自己一片感慨，于是点赞之余遂附评论：

不到十五月不全，
人过四十方止闲。
书到用时方恨少，

白驹过隙思华年。
沪上锦绣何其多，
君且听我惜时言：
曾为沧海遨游客，
至今不敢近桑田！

上班首日

2015年2月26日　星期四

第一天上班，有点被人从梦中叫醒的感觉，两眼惺忪，几无状态。不想开柜看那些卷宗，心想它们一定落满灰尘；不想通知当事人，他们会不会觉得还在过年期间？然而转念再想，只是区区七日，眼睛一闭一眨就过来了，不是吗？

卷宗没有灰尘，当事人也早已来电，大家都穿了不一样的衣服，像换了一个人，更加耀眼，都又长了一岁，新的一年开始了！

三个人共把六十多个案子一百多个当事人带到了农历年这边，意味着得立刻开始投入工作。小曹已在元宵节前定了三个庭，尽管每年年初，学习、教育、警示活动会比较多，但也不能等着吧。

下午下班，约与延成骑行白云寺，速度很快，来去才用两个多小时。一路上两人天南海北，古今中外，高谈阔论，任意发挥，好不畅快。以前一直以为他是个偏理科性格，言语不多，且文凭一般，工作亦不精进。今日一游，颠覆了我所有的成见，其远见卓识，在我之上。

司马迁曰："相马失之瘦，相士失之贫。"此之谓乎？

及时的勘验

2015 年 3 月 9 日　星期一

上午对一件排除妨害纠纷案进行调解。原告吴某某诉同村被告吴某及另两名被告丁某、王某,要求被告吴某返还自己所有的煤沫 200 吨。

此类案往往十调九空,很难成功。我归纳的原因有:(1) 该类纠纷非一朝一夕形成,多为积怨成仇,双方斗气的成分占比重大;(2) 涉及大宗财产、不动产或长远利益,双方重视程度高,难以妥协;(3) 面子问题。双方居住距离近,纠纷人人皆知,一旦让步,形同理亏,怕为人所耻笑。

但各案又有自身特点。今天的案情是:

原告对被告吴某说:“你煤场堆放的那 200 吨煤沫是我的,开门让我拉走呗!”

吴某说:“那不行,丁、王欠我的煤场租赁费还没还清。”

原告说:“他俩欠你租赁费跟我有啥关系? 咱俩是同村,还是本家,煤是我的,你又不是不知道?”

吴某说:“丁、王租赁我煤场期间你放的煤,他俩走了,欠我租赁费,所以你的煤不能拉,谁知你们啥关系? 何况那里还有我的煤。”

丁、王说:“我们走时就跟吴某说清楚煤是吴某某的,我们因生意不好临走欠吴某一些租赁费,但吴某至今还扣着我们一辆机动车,我们还有些煤底留在吴某煤场里,算下来也不欠多少。”

这四个人原来关系不错,常在一块打打牌,喝喝酒,比跟你我肯定好,后来因各自利益产生不同意见,尤其是同村的二吴,听说话口气,表面是各说各理,其实他们才是矛盾的中心。

有些事情当事人最明白是非曲直、解决之道,但基于种种原因,最后非要法官来主持公道。法官如果不能明察秋毫之末,或偏听偏信,或纠结于细微,或深陷言语(字面)纠缠,那就上当了,最后处理的结果可能连胜诉的一方都不服。

本案中原、被告对煤的所有权属无异议,至于吴某与丁、王的租赁费纠纷则是另外一个法律关系;问题在于200吨煤沫如何确定,从2013年放到现在肯定会少不会多。我叫来刘、曹共同分析,刘说最好搞鉴定,由相关部门确定数量;曹说可把煤堆成圆锥形或方形,找尺子丈量后套数学公式计算。我一向佩服二人的钻研精神和办案能力,总能很快想到解决问题的路径。但在这个案上我总觉得他们的方案不是最佳:鉴定时间久,自量误差大,欠客观。

心中斟酌再三,对四名当事人说:“为了进一步了解案情,我们到现场看看,现在就去!”不知为什么,我话音刚落,吴某十分紧张,天并不太冷,他的手却在抖。

到了吴某的煤场,他的紧张仍未消减,我指着一大堆煤问是否是原告的,他说是;我指着另一堆又问这是否是原告的,他又说是。我回头问旁边的原告说你这两堆煤一共有多少?他说我拉来200吨。我又问现在有多少?他说就算200吨吧,一年多了肯定不会变多。我立即让书记员小张做勘验笔录:经现场勘验,位于X处吴某的煤场西南角有吴某某的煤两堆共200吨。另交代吴某在案结前妥善保管,不得自行处理。并让四名当事人签字。

走出煤场,我一直在想,如果吴某不认可某一堆煤是原告的,或原告不认可是200吨,勘验很可能没了价值。但事实上他们都认可,我想这其中有我提出勘验就及时兑现的功劳,也有双方当事人熟人熟地很难撒谎的原因。

我似乎悟出了吴某紧张的缘由。

重回法庭后,我私下对吴某说:“调解吧,让原告把煤拉走,你与丁、王的事另外打官司。”

他盯着我看了看,说:“不,不行,你让原告与丁、王打官司。”

我说:“官司打下去可能会对你不利,好好考虑下吧。”

他认真地想了想说:“那不好,为什么?”

“那开庭后说吧。”我平静地说。

人心似铁,官法如炉。我明白了:之前你说不让拉我不明白,若开过庭你再说一个“不”试试!判你立即拉走!

基层法庭办刑案

2015年3月17日 星期二

老吕今年75岁,身体结实,这一段时间天天往法庭跑:不是自己打官司,而是代理别人打官司,不是为了挣钱,而是因为这五件借款案的款都是经由他手借出去的。

委托老吕向外借款的也都不是别人,分别是他的孙子、儿媳、外甥女等,数额从一两万到五六万不等,这些钱全都借给了同村开办企业的仝某夫妇。仝妻去年罹患恶性肿瘤,仝某经营不善,企业效益一落千丈。

心急如焚的老吕几经催促还款无果,只好诉诸法律。老吕办事认真,自称只想办好事,不想落埋怨。跑了好几趟办齐了五件案子的代理手续,今天只等仝某夫妇了。但仝某夫妇如老吕所想般没来(仝某不管事,仝妻有重病)。考虑到具体情况,我只好给仝某打电话,电话是仝妻接的,有气无力,说一会儿就到。结果来的是仝某的父亲老仝,啥手续也没有。

老仝76岁,比老吕还大一岁,二人自小是同学,就是这个原因老吕才把那么多钱借给他家的企业。于是特事特办,主持两老头开始说事吧。老骥伏枥,诚信可嘉。情况都属实,就差偿还方式了,老仝说如相信我的话能否延期到今年五一前,老吕一拍胸脯说行,相信你!五件案子全说好了。

大好成果不能泡汤,立即派书记员小葛、小王带着委托手续与老仝回家,让其儿子儿媳签授权委托书。先进行实际调解,后到家里补签委托书,于办案程序有些颠倒,但真是方便当事人到家了,两老头都十分满意,如沐春风。

院里司法体制改革在进一步推进,从现在开始,要挑出年龄、文凭符合条件的十几个民事法官同时兼办刑事案件,据说是为办好刑事案作人才准备。庭里的曹、刘都在列。尽管是试验,大家还是有些突然,毕竟刑、民办案程序、思路、方式各不相同。好在这些同志所办的刑事案件是和刑庭的同志们组成合议庭,并由刑庭把关指导,本人所在庭不用管。窃以为,司法改革应先有顶层设计,然后稳步推行扩大,而不是由下面为改而改,到处乱改,导致同案不同判,损害司法权威。

在民事案件日益增加的情况下,这种试验难免让办案的同志精力分散,而且必定减弱所在法庭的办案力量。据说从今年五一开始,全国范围实行立案登记制度,届时民事案件必有一定程度激增,谁知道会怎么样呢?

退休干部撤诉记

2015 年 3 月 24 日　星期二

上午李某过来，又是一番长时间疏导交流。他本是某镇退休干部，虽然职务级别不高，但用他的话讲那时干部顶用，自己又受领导重视，也算显赫一时吧。李 60 多岁，但相貌堂堂，气宇轩昂，站有站相，坐有坐相，说话有条有理（我一直很佩服一些老干部，从外表看就很有领导气质）。

李某一进门，照例先握手，然后看一周，找一个合适的位置坐下。他是在职时受领导指派，负责某乡办企业工作，其间为该企业垫付了一些周转资金，后该企业倒闭，领导换了几茬，李某手中的六万余元的欠条一直拖到现在也没着落。

其实本案起诉后，我曾亲自把相关法律手续送给现任镇党委书记（当然是叫镇长签的字），书记也很上心，说他不清楚，但答应尽快落实。三天后，书记给我电话说，经了解时任领导和老干部，欠李某的钱早已解决过，是用乡里的一辆小汽车抵的账，但不知何故，欠条未收回，可能跟当年财务不健全有关。

今天李某先与我谈基层工作不容易，我也借此大倒苦水；再谈他们上班时的风光，事儿少，干部说话算数等；又谈他退休后的清闲、爱好，他说自己喜欢书法、画画，我这才想起他的字写得非常好，遒劲有力，行云流水。我开玩笑说回头把你签的字留下来，可作为书法观赏啊！他忙谦虚地说不好不好，但看出来很开心，夸我年龄不大，但说话随和，没架子，办实事，接地气，该提拔等。

投机若此，开始说案。先是心理上的“共情”，替他叫屈，鸣不平

(遵照领导要求去工作,涉及个人利益却没人管了等);后说这是多年前的事儿(十五六年前),手续都不正规,时移世异,不好处理,现在退休了,生活自在,何必为几万块钱劳心费神,与自己工作过的单位和现任领导闹得不愉快?李某见我站在他的角度分析得有理,也很诚恳地讲:你说个法儿,我听你的意见。

我直接建议他撤诉。

他愣了愣后,竟然同意了。

直到现在我也不知道自己的建议对不对。但可以肯定,李某撤诉的原因一半是基于自己的真诚相待。而真诚的来源和保障,首先就是不急不躁,不火不怒。急则无智,怒则易错。正如《孙子兵法》所言:

"主不可以怒而兴师,将不可以愠而致战。合于利而动,不合于利而止。"

"昔之善战者,先为不可胜,以待敌之可胜。不可胜在己,可胜在敌。"

"知己知彼,百战不殆。"

对这样已退休的老干部、老党员,生活或以前的工作中有遗留问题,党委政府的现任领导不应一推了之,动辄让他们走所谓法律程序。由于他们当年的工作位置原因,导致一些手续不完善,或很难形成证据链条,毕竟法律是一条冰冷的路。他们退休了,年龄大了,更需要解释,更需要组织的关怀,如果现任领导哪怕一般干部能认真了解一下事情原委,跟他们耐心分析一下症结现状,他们都会通情达理,甚至主动作出自我牺牲。

不要低估老干部的党性和政治觉悟,我们都会变老,如果我们真的不想到那时也常被忽视的话。

下午还调和了一件离婚案。女方在县城上班,男方疑神疑鬼,各种找事儿。女方提出离婚,但一说便泪流不止,看得出十分顾及对两个子女的影响。今天当着双方的面,把男方劈头盖脸地批了一顿,男方再三保证改正错误,好好过日子,女方在泪流满面的数落中默许。最后两人满怀感激地回家了。

我总跟庭里人讲,能调解和好一件离婚案,便是又成功做了一桩媒,功德无量(婚姻最初是两个人的事,但离婚涉及的人和利益则更多更复杂)。

可惜,据估算,100 件诉讼婚案中最后能真正调解和好的难有 5 件。如此观之,功德寥寥,尚须努力。

无奈的借调·富贵如浮云

2015 年 3 月 26 日　星期四

接主管领导通知，小刘被上级政法部门借调，时间两个月，今天就走。他所承办的所有未结刑、民案件留在庭里另指派人办理。

借调这种事儿，向来是不会提前商量的，就算是提前说，也断不会采纳你的意见，顶多只是劝几句要服从组织安排，系临时抽调，克服困难等。抽调时间一般也不会那么准，啥时回来只能看结果，保不定干得好不回来也有可能。因此，小刘被借调是领导对其工作的肯定，也是他个人上升发展的好机会。毕竟在一块工作一年了，相处很好，突然一走，心里真有点空。小刘说要求今上午十点之前必须报到，庭里拿了东西就得走。也没有啥合适的送别方式了，路上买了西瓜，大家吃吃，说几句分别的话吧。

小曹、小葛、小张、小孙还有老屈，东一句西一句说着临行前的一些玩笑话，心里都挺留恋，挺难受，反正我是这样，幸亏有吃西瓜的话题挡着。小刘也很激动，临上车，与每个人都握了手，回头又与我握了一次。

我们的"鼎"，从此只剩两足矣。

送走小刘，我和小王去找一个打电话一直叫不来的当事人，是一对小夫妻，欠人家两万元，事儿不复杂，电话通知老说在外地打工。我们打听到这家门前已是上午十一点多了，朝街的高大门楼下的小门开着，门口停放着一辆破自行车。进院后仍没人应。好大的院子，像个小工厂，院子里有个大锅台，上面的大铁锅直径之大，前所未见，令人惊诧。

过了一会儿,走进一位60来岁带两个孩子的妇女,我们一说来意,她便发起牢骚。说法院又来了,日子真没法过了,过几天她也要出走,不在家给他们看孩子。原来她的儿子儿媳为躲债离家,把三个年幼的孩子扔给了她这个奶奶。过年都不回来,更严重的是,孩子们的爷爷也打工离家,一直未回,风传与人私奔了。没一个人往家拿钱,她看着三个孩子,地都种不了。她一边说着一边频繁去看看厨房的饭,我说,“那没办法,传票只能给你”。她签了字,拒绝捺手印,欲哭无泪的样子。

出门走到院中,我问大锅的事。她自嘲似地大声说:“我们家以前哪是这样儿,可以(富)得很呀!远近闻名的杀锅(屠宰大型牲畜的生意),你们看看俺这院儿(指院子大)!”

人生如戏,福祸无常。相传汉文帝时邓通被赐蜀严道铜山,自铸钱币,一时“邓氏钱”遍天下。及至景帝时尽没其家,一簪不得著身,其媳长公主可怜他,也只能“假衣食”,终不得名一钱,寄死人家。从富甲天下到不名一文,何其速也!

愚人节

2015 年 4 月 1 日　星期三

总有一些案件,充满戾气和负能量,让人在颓废的情绪中久久不能自拔。

上午第一个案子是原告周某诉被告李某欠款 1000 元。周某 50 来岁,李某不到 30 岁,两年前李某因事借周某 5000 元。后分两次还了 4000 元,剩下 1000 元赖着不还。起诉后周某遭李某威胁多次,几欲撤诉。书记员送应诉、传票时李某也是出言不逊。今天开庭时间过了李某仍未露面,我觉得案子标的小,被告能来最好,说说就结了。于是给他打电话。

"开庭？我咋不知道？有人通知我吗?"李某轻蔑地说。

"上次给你送的手续,你没签字,就是通知开庭的,不是给你留家里了吗?"我耐着性子说。

"啥？我没签字你们凭什么说通知到我了？不就千把块钱吗？你们管那闲事干吗？就这吧。"说完想挂电话。

"我们已依法通知了你,如果不来,将依法缺席开庭判决!"只能释明相告了。

"看着办吧,也别瞎管!"李某恶狠狠地说。

是啊,1000 元是不多,耍赖耍横的人根本不当回事。可法院要经历送达、缺席开庭、缺席判决、再送达,程序一样不能少,不比那些标的大的案子省一点点事,还得当心当事人"死嗑"程序合法问题,今天要不是小王拍了留置送达时的照片,只怕缺席开庭也弄不成。判了又如何？只怕还要经过执行程序,又是一番通知送达、捉迷藏,到最后(难以预料的多长时间)执行人员站面前了,跑不了了,他从口袋里一把掏出1000元,可能还会说上句俏皮话:“诺,不就这事儿,给,到底了。案件办得不错啊(没让他找到毛病)。”违法成本太低,只怕是早晚需要解决的问题。而我们目前能做的,除了尽量提高办案效率,在法定范围内缩短流程外,还能做些什么呢？我们没创造法律的权力,只能以最完善的程序对付恶意违法者,哪怕标的再小。

兵法云:“故用兵之法,无恃其不来,恃吾有以待也;无恃其不攻,恃吾有所不可攻也。

故善战者,立于不败之地,而不失敌之败也。是故胜兵先胜而后求战,败兵先战而后求胜。”

小王,照片拍得好！但兵法之意,你这个美术生可懂？

第二个案子是李某(女)诉刘某(男)离婚案。刘某年长李某七岁,两人自由恋爱结婚,婚生子女两个(确切地说是领结婚证前后各生了一个)。两人有一个共同爱好:赌博,最终负债累累。要不是离婚,两年来他们没有见过面,亲戚朋友也很难见到他们。据说,女方现与他人同居,男方四海为家,了无踪迹。

夫妻本是同林鸟,债务多时各自飞吗？只可怜了两个孩子！

人常说盗亦有道,赌博者拿主意快,只三言两语,双方就达成了协议。也是啊,两个眼中只有钱、不讲感情的赌徒,有钱享乐,没钱离婚:孩子一人一个,抚养费各自自理;债务各自偿还,没有财产。

还有啥？完了。

真把生活当成了儿戏,随编随演,临场发挥,一切都闹着玩儿似的。

一整天都被这两个案情笼罩。回来躺到床上,打开手机想换换心情,猛然间看到郭姐(关系很好的邻居)女儿发的朋友圈:照片上女孩举着一支测孕试条,下配文字:终于中枪了。

天哪,郭姐就这一个女儿,二十五六了没个对象,前几天还跟我们叨叨说媒的事,现在……她妈要是知道……我不敢想。

思虑半天,决定冷处理,先不给郭姐打电话,安慰孩子重要！又思虑半天,想出了一句自认为最简洁又避免刺激的措辞:无论发生什么,亲人都是你坚强的后盾！一闭眼,发了过去!

一秒钟,也许两秒钟,反正眼睛还没有睁开,微信回来了:“叔,今天是4月1日。愚人节快乐!”

我的那个气……

原来中枪的是我……

也好,今天就算是我这个愚人的节日吧,重新起来,我得喝口,舒缓舒缓刚才的紧张。

名分

2015 年 4 月 6 日　星期一

一个好消息，小王在免费“锻炼”了半年之后，今天终于宣布成为“临时”书记员，有了正式名分。他挺高兴，我们也高兴，小葛说这可得祝贺一下。小王几个月来好几次差点坚持不下来，今天总算有个说法，庭里的力量变大了。院里的目标是每一名办案法官配一名书记员，貌似真的实现了。

一上班开了个短会，要求大家团结协作，积极工作，并重点交代小王：虽已干了几个月，但今后要更加严格要求自己，学习法律，提高打字速度，尤其是要注意案件保密等。

上午让小葛、小王去送两份判决书。一份是秦某与牛某的离婚案的，判决不准离婚。案件多，节奏快，没有特殊情况，首次起诉离婚的现在几乎都以判不离为原则了，反正也错不到哪儿去。何况像他们这种小小年纪，生有子女，要求离婚一方没有个正当理由，另一方又坚持不离的，判不离是最佳方案了。但感觉他们肯定是和好不了的，这样判算是对不离一方的感情安慰吧。另一份是借款案的，被告欠债很多，随你如何发传票都不会来的那种。第一次上门找他时，就因为不认识，都打听到他本人了，他竟然说不是，等转了一圈再回来，他早跑没影了，属于躲一会儿是一会儿的人。不过现在连司机小孙都记住了他家的门，也认识他，好送多了。

上午接待了五六拨人，有补送结算银行卡的，有要求复印儿子前些年离婚判决书的，有问执行啥时到位的，有替女儿问如何离婚的。一般情况下，上午时间是自由安排不了的。直到下午才把上次剩的半截判决书写完收工。

独行侠(同学网名)在印象里是个粗人,做生意赚了不少钱,没文化,喝酒可以,喝多了酒唱歌也行,但论斯文说不了几句话肯定露馅儿。不知咋的,最近发现他老在微信圈发些诗作,有的还真像他自己写的,好似有感而发,让人纳闷。今天他竟然发了崔护的《题都城南庄》,不知是春天的风把他又吹年轻了,还是陷入了某种难以自拔的情愫中。于是发了个戏接诗韵《戏接独行侠发〈题都城南庄〉诗韵》:

此门为我开,
香气萦我怀。
紫艳惊我目,
痴痴笑我呆!

一会儿,他憋不住气了,回复:比着小孩的书写着耍呢,别笑啊。因为知道他太多事儿,接诗便是其中一节,哈哈。

“炮儿案”[①]

2015年4月14日　星期二

今天一次性来了32件“炮儿案”，系32名退休职工分别起诉原企业(属集体企业，早已停产，不存在)和所属镇政府的劳动争议案。劳动争议纠纷与一般民事纠纷不同，适用法律和程序也有别，相对比较复杂，且像这种人数众多的同类型案，极易引发群体性涉法信访事件。以前法庭的同志跟院领导多次建议过把这类案集中归一个庭处理，有助于审判的专业化，也更能统一处理标准，但直到现在案子还是在按属地原则分，没办法，只有迎难而上了。

小刘若在，每人大约10件；如今两个人，每人16件。加上小刘留下的30多件案子也由两人分摊，我和小曹的未结案每人都达到了六七十件，电脑上的未结案一翻好几页不见底，真是头都大了！现在的工作状态前所未有，司改以来组成的标准合议庭，本以为会稳定很长时间，没想一年刚到就遭拆散，目前是三个人的活儿要由两个人完成，所有历史都不是简单的循环，我们所处时代有可能就是改革最艰难的阶段！好在小曹也不是个轻易喊累、锱铢必较的人，还有三个年轻的书记员呢，就这样吧。以无所畏惧的勇气，切勿掉以轻心，发挥每个人潜力的时候到了，奔跑吧！

让小葛做同龄人牛某(女)的工作。因为她起诉离婚后，态度一直摇摆不定，早想和她深入谈谈，总找不出时间，交给小葛时说：“以后这类简单点的，就交给你了啊，从今天开始，必须拿下！”小葛低声说了

① 当地方言，指被告相同的同类型案件，又称“批案”。

句:“我行吗?”但似乎又理解了我坚定语气后面的难处,又补了句:“好,试试!”招呼上当事人就走了。

让小王与同龄人张某交流。张某起诉索要七八百块钱,但没有欠条,说是通过信用卡刷出来的,上次捋了半天,我都没有理解其中玄机。有人跟我讲现在的年轻人都这样消费,我的消费观念真过时了。我对小王说:“你去详细问问为什么不直接借几百块钱而非要用什么信用卡刷?”小王笑笑说:“是这样,回来具体说吧,我先去办!”看来也是常用信用卡的主儿。

一下分走两拨人,屋里宽松不少,当然还包括心情。叫来小曹,把32件案子直接签字分了,并决定为了节省时间今后不再填写收结案件登记本(小刘、小曹早就建议我不再填写这个东西,说办案系统上啥都有。我总是习惯信任纸质的记录,看来放弃陈规的时候也到了)。两人把诉状大致一览,不仅被告一样,要求的内容也基本相同,32名原告有两位共同的外省律师(据说是原告担心本地律师与法院串通一气)。为提高效率,初步商量组成同一个合议庭,32件案子合并开庭审理,争取一次成功,且在发手续时就把合并开庭通知书同时送达等。

我又把60多件未结案用笔作了书面分类:待送达的,待开庭的,待写文书的,需二次开庭的,需外出调查的,公告、鉴定类的,小刘留下的期限较紧的,密密麻麻的两大张。

十一点半多时,小葛、小王先后面带微笑走进来,交代给他们的案子竟然都撤诉了!看来只要放手,个个潜力无穷啊!

于是表扬他们说:“不错啊,都长本事了。”

小葛说:“那是,跟庭长学的嘛!”

小王谦虚地说:“那个事本来就简单。”

我接着说:“该干啥了?写裁定啊。咱今后可是谁调、撤的案谁负责写文书啊!听清楚了没有?”

“嗯,明白了。”小葛噘嘴做个鬼脸走了。小王应了声“试试吧”也走了。

突然间,我觉得力量成倍增加了,俨然“猪猪侠”一下变身成“铁拳虎”,有了无穷的法力,面前的案子也觉得没那么大压力了。

下午开两个庭。

离婚案的当事人都四十岁了。女方要求离婚,理由是无婚生子女,男方经常打她。男方不同意离婚,说根本没有生过大气,本来感情很好,后因女方嫌弃男方,与他人同居,才要求离婚的。我问女方同居是否属实,她说是在他家当保姆。真是假话也不会讲,有给健康同龄异性当保姆的吗?休庭调解时与女方同来的妇女(自称是雇主的弟媳)说:若男方同意离婚,愿补偿其1.5万元。男方的弟弟说:不行,至少3万元。多事的亲友团又把婚姻、感情变成了可讨价还价的经济纠纷。最终因双方互不让步调解未果。

庭后决定判决不准离婚。我问小王想不想试试这个简单的判决书,有模版。小王说“行”,拿去了。

借贷案标的近60万,两名被告是夫妻,均缺席。问原告何以会分数十次借给他们这么多钱,原告说两名被告中的男的原在某派出所上班,自称做大生意,且当时说话算数,很讲信用,谁知就突然跑路了!双方约定月利率1.5%,证据来源合法,内容客观真实,支持吧。“这个小葛你试试?”小葛伸伸舌头说,“还是让我先整卷吧,都一大堆了”。这丫头!

大学同学

2015 年 4 月 25 日　星期六

大学同学武千里自驾来游,已是近二十年未见,自是“不亦乐乎”,用了全部身心来招待。毕竟随着岁月流逝,大学的时光离我们越来越远,连大学这个字眼也越来越模糊了。距上次大学同学来玩也已有三年了,有时想是这里经济欠发达、景色不诱人,还是我这个主人不雅呢?回想毕业以来,来这里的同学、校友也就四次?五次?

人生总有些人,在某一阶段相处之后就再不相见,或很少再见。于是有了怀念,感叹。偶尔会想他们在干什么呢?还是以前的一身坏毛病吗?

同学武也是大学毕业就到基层法院工作,一条道上走到今的,与我有些许类似。说是“些许”,因为只是“基层”二字相同,其他境况只怕没有什么可比性。须知我国地域太广,差之东西,谬以千里,毫不夸张。席间还是找机会交流些工作上的问题。他说自去年下半年开始到立案庭了,以前在法庭时也是忙得不分昼夜,一年结三百多件案子很平常。一位办案法官配备书记员、助审各一人,书记员不用订卷(统一雇用社会劳动)。其所在法院辖区人口四五十万,每年审执共收案1.8 万件左右,审执各半。我们这儿人口八十万,去年收案刚过万,他们多了一个助审,结案是我们的三倍,看来差距真不小,或者说我们潜力还很大?回头给庭里同志们说说。

带武到最具自然风光代表性的景区转了一日,傍晚又到最具人文气息的景点一游。他感觉很不错,县城的建筑比想象中要好得多。至此,我倒同情起他来,就像我能说“夹生”的英语,讲英语的人却听不懂我的方言一样。

临行喝了不少酒,武说明年就毕业二十年了,我们再聚吧。话毕颇感岁月之速,学生往事不由涌上心头。回仿词《满庭芳·二十年记》一首以慰惆怅之意。

远山浓黛,
高天苍茫,
啸声长断苏门。
再拜前贤,
且聊饮清樽。
多少少年旧事,
空回首乱云纷纷。
韭山外,
雉声偶起,
流水绕共城。

轻狂,
华政园,
楼板促响,
才女步急,
韬奋楼南草坪孑影无存。
一别何时见也,
心头只留余恨,
伤情处,
太行望断,
沪上已黄昏。

追索代理费

2015 年 5 月 6 日　星期三

上午开庭审理一起追偿 10 万元代理费的案件,庭审中原告又增加诉讼请求到近 30 万元。被告则反诉要求退还已付的 1 万元代理费。

原、被告系亲戚关系,又曾为一门之徒(武术)。原告去年为被告代理了一起 200 余万元的经济纠纷,双方书面约定了某年月日前先行支付代理费用 10 万元,案结后再按案件标的百分比支付其他代理费。有详细条款约定,有双方明确的签字指印,且注明是双手指印。我还从未见过如此详细的代理合同,好像一开始就是为打官司做准备似的。

当然,如此价格不菲的代理费前提是打赢官司。官司最后经两审审理,被告被判赔 200 余万元,算赢吗?双方各执一词。

今天官司中被告的代理人是位女律师,言语犀利,直言对方无律师身份,无权作为有偿诉讼代理人,更无权收取代理费用,已经收取的应当返还。原告则称自己收取的是劳务费,何况已实际付出了劳动,被告理应按协议支付。

看着庭上唇枪舌剑的双方,我在想,我国的法律实在是有限的契约自由和神圣,许多出于双方自愿的合同都受到法律意志干涉,一不小心合同便会无效(《合同法》实施后好多了)。今天的纠纷就受到这种合同被干涉的诅咒,否则争议会轻易被解决。同样,合同越易被干涉,经济交往中就越易被不诚信者钻空子利用。

原告身份是农民,平时爱学习法律(无律师资格),常为亲戚朋友、同村邻居代理些案子,但新的民诉法解释出台后,对代理人有了新要求,吃法律饭的日子怕是越来越难过了。

事急求人时信誓旦旦,许以厚愿,事毕之后东绕西躲,不肯兑现,亦属小人行径。

古语云:“贼是小人,智过君子。”看看身边,你就明白了。

我也是第一次处理这种事,如何判决？兵之情主速,一定的。

立案登记制在“五一”后正式实行。提高办案效率,少说无用的废话,找方法,循捷径,才能面对压力无压力,举重若轻吧。

承包土地无出路，诉集体不如靠集体

2015 年 5 月 11 日　星期一

上午车快开到法庭的时候，原告的律师就打电话问到了没，他们已经等在法庭了。土地承包经营权纠纷与劳动争议纠纷，同属法庭审理中的“硬案”，涉及法律专业性强，事实和法律关系复杂。也许书记员小王望而生畏，今天就只预定了这一个庭。被告是某村委会，上次给书记送手续时听说原告为此事已多次信访，县里交办到乡里，乡长也参与过调解，都解决不了。

最怕这：案子本来就纠缠不清，一方还有上访经历。

一到庭里，便看到原告和他的女律师站在院里，律师背了个大包；原告个子不高，一脸老实，也不像很难缠的人。两人都绷个脸，猜想是来的时间不短了，连忙招呼他们上楼坐。被告方还没到。

还有几拨人。老李问女儿被判离婚后，男方不履行判决不把孩子交女方实际抚养咋办，我没有简单回答说可以申请强制执行，因为法院执行确实也不容易；另外，女方与老父亲就两个人，经不起事儿，养孩子也极不方便，就劝他能不能为孩子利益考虑，暂不实际抚养。老李接触过几次，比较信任我，他说回去再和女儿商量商量。50 多岁的韩某来问上周立的离婚案啥时开庭。她说丈夫十几年前就离家出走了，她已把儿子养大成家，现在得离婚，免得治了家产丈夫再回来要分。我说这可能得公告，她说公告就公告。显然咨询过了。还有一位年轻人来找我，说他是某大型企业的进煤主管，因进煤的人中途换煤，以次充好被抓，自已被企业罚款十万元，问能否起诉偷换煤的人，等等。用了大约数十分钟解答并把他们先后送走。

被告的书记、村主任都来了。先确认他们是否携带法人证明、组织机构代码证书，回答说都带了。两个很有责任心的村干部。接着问双方是否同意调解，双方都回答同意，但语气里都带着不确定。连正准备庭审笔录的小王也不抱希望吧，他头也不抬地在打开庭首部。原告的律师已把笔记本电脑拿出来打开，做好了细说的架势。

原告与同村的孙某分别承包村上的空闲地，相邻。双方共用通道。后因原告与孙某发生矛盾，孙某儿子把靠近自家承包地一侧的通道挡住。原告无路可走，又不想与孙某公开矛盾，就把村委会起诉了，要求解决通道问题，无论用哪种方法，只要有通道就行。村主任说，你们闹别扭双方都有责任，没路走不应起诉村委会；你信访时乡、村干部下了很大功夫调解，虽还没说成，但一直没放弃。现在你起诉了，我们啥也不说了，只有应诉。

律师连忙说："原告承包地时与村委会有合同，现没有通道，村委会理应解决。"

我打圆场："原告的承包地没通道，又不能修地铁、搭高架桥，总得想法解决。"

村主任说："没起诉前，我们一直在积极协调，现起诉了，由法院解决，我们不再处理。"

因送手续时已听了书记的案情介绍，听了双方陈述，我马上明白了案情的争议焦点，也有了一个大胆的思路。

我把原告叫出到外边说："矛盾其实是你与孙某之间的，现在起诉村委会，不仅失去了有力的调解人，而且有树敌之嫌。律师只是帮你打官司，你也不能全听她的。地是村委会的，两位村干部说话不遮不掩，最终解决实际问题还要依靠他们。我的观点是你撤诉让村干部继续协调。"

原告瞪大了眼，但很显然，说到他心里去了。他说考虑考虑。

回到法庭，原告与律师小声学说刚才的话。他没说完，律师就说："能不能这样，被告先去调解，调解成功了我方就撤诉？"

我立即说："原告不听村干部劝说把被告起诉了，被告的干部会有积极性再去调解吗?另外,虽是你们双方在打官司,其实还有一双眼睛盯得更紧,那就是孙某家人!他对诉讼的关心一点不亚于今天在场的人。试想有诉讼在,他会放松警惕,诚心调解吗?虽没有与你们任何一方提前沟通,但凭我的判断,本案原告先撤诉,等于先示弱,这会让各方放下心来,然后被告方继续努力协调,可能更易促成成功解决纠纷。"

律师说:"撤诉了,村干部不管咋办?"

我一听有希望了,高声说:"他们不管再起诉!法庭不是流动摊贩,今天在这儿明天就走了。撤了诉还能再起诉,最多就是损失了50元诉讼费!"

原告说:"诉讼费不是个啥事儿。"

书记也激动地站起来说:"如果能撤诉,晚上我就给孙某的儿子打电话联系调解!"书记的话把谈判进程推到了新高度。

律师说:"调解好了,能否有个书面的东西?"

我对原告说:"若能有,更好;若没有,只要孙某答应让走,你走就行了,时间长了,啥都是个约定俗成,今天律师为你的事很负责,希望将来律师还为你把好关。"看出来原告很信任律师,我赶快也送律师两顶高帽子。

原告看看律师说:"就这样吧。"

我回头对书记、村主任开玩笑说:"你们可不能辜负法庭的信任,撤了诉真就不管了呀!"

书记紧紧握住我的手,说:"庭长放心,一定好好协调!"

我顺手撕下一张纸,递给律师,说:"写吧。"

送走他们,小王催快去吃饭,说一会儿又要没饭了。路上小王高兴地说:"太爽了,这种案子我们也能说到底,我开始一直以为不行呢!"

到镇政府伙房,赶快拿出碗洗洗盛饭,厨师老朱喊:"不用洗了,真没有了,你们今天也太迟了。"司机小孙本来就不爱吃伙房的饭,放下碗就走。

莫怪法律无情物，追根溯源也动人

2015年5月20日　星期三

原告某公司诉被告司机王某运输合同案。原告称，经本公司业务员联系，由被告负责运送机器设备并代为收取货款。后被告将货物丢失，现要求被告归还货物或赔偿货款5万元。

被告辩称自己只是货物运输合同的实际承运人，收货方是高某。因与原告公司业务员有经济纠纷，高某将机器强行卸下并扣留，被告阻挡不了。另外，被告运货时在原告提供的一张白纸上签了个名，其他承诺都是原告擅自补写的，自己不应承担收款责任。要求追加高某为当事人。

被告王某六十来岁，接到传票后声泪俱下，说自己中了圈套，货物并没有丢失，而是因矛盾被强行扣留，自己也曾阻拦，但未成功。不过，高某给他出具了详细的卸货说明。

于是，法庭追加了外地的高某为第三人（办案实践中，极少依被告申请追加当事人），这让被告感激涕零，因为他问了多人，都说对法庭是否会依他的申请追加第三人没把握。

最担心第三人不到庭（若不到庭仍查不清事实），但今天高某早早到了。高某不到三十岁，很精干的样子，一点都不隐瞒事实过程，对扣留原告机器设备不持异议。

这令老实的被告王某激动得热泪盈眶，说："看看，我没说假话吧，货物怎么会是丢了呢？人家小高就是说实话。"

机器设备找到了，并没有丢，原告公司的代理人也无话可说。

接下来，高某说扣货原因是原告公司业务员欠其提成款，还说之前已支付过原告预付款 5000 元等。

针对本案的具体情况,在各方充分陈述后,我给他们提出调解建议(有时候双方谁都不愿先说出解决方案来):高某返还原告机器设备,拉货运费由原告负责;原告返还高某预付款并放弃对王某的请求,且承担诉讼费。

各方欣然接受。王某激动地说:"要不是法庭考虑实际情况,并下功夫查明了事实,我可真要受冤枉了!"

原则上,法院一般不会依被告申请追加被告,因为一来原告未诉,不告不理;二来被告可能是故意推诿,易导致连续追加。当然在办案实务中也不能死抱程式,就案办案,所谓法官有必要有义务有一双犀利的眼睛,看得到针尖毫毛,辨得出是非曲直,理得清蛛丝马迹。法官就像社会的医生,面对无奈、弱势,只会一味陈述病情,无法自愈的求助者,法官若能抓住关键,切入症结,离解决他们的纠纷也就不远了。

无法补正的亲情·秸秆禁烧

2015 年 5 月 28 日　星期四

昨天,小王发现一份已经生效的赡养案判决书案号打错了,必须改过来。今天下午下了个补正裁定(以后须得认真,文书出来后应一字一字地念,不能丝毫大意)。该赡养案是父亲起诉两个女儿的(起诉女儿的比较少见啊),两个女儿以父亲年轻时与母亲离婚为由,拒绝赡养;可其父病重,生命垂危,亦无其他子女,想见见两个女儿,女儿们也拒绝见面。

给被告送去裁定时得知,其父亲已于判决后不久离世,最终也未得见到两个女儿。听了令人叹息。

上午缺席开庭审理崔某诉尚某合伙欠款案。双方合伙开歌吧,后生意不好,崔某退出,经结算,尚某向其出具了五万元欠条。事实清楚,证据确凿,被告无故未到,依法开庭吧,快审快结。

又进入秸秆禁烧时期,中心工作大于天。镇政府办公室通知,收麦在即,天干气燥,防火防烟重于一切,所有镇村干部、机关站所各有任务,各司其职,出了事谁的责任谁负,务必重视。法庭的任务是:负责 K 村的禁烧督查。今天与村书记联系,他说这几天还不要紧,还没大范围收割,不过长着的麦子也会着火,也不敢大意,并说这几天村里干部们都操心着呢。我说了些客气话,说禁烧主要还是依靠你们,你们多辛苦点,有啥需要随时联系。说实话,接到这样的任务,心里总战战兢兢,像是干违法的事,至少是用不合法的方法去阻止不合法的事,看看这些标语:“点火一堆,罚款十万”“焚烧秸秆就是纵火犯”“点火就是犯罪”,实在不忍卒视,更无法用合情合理的话给群众一个解释。在人们文化知识提高，尤其是法律意识已达到一定水平的今天，还用这些吓唬、谎言般的口号搞宣传，除有愚民之嫌外，只能自毁形象。

不过，这几年乡镇政府理解法庭工作忙，不是大事尽量不安排任务，既然安排，就是当前的中心工作，当务之急，须认真配合。

总之，自求多福吧：丰收，无风，无火，无烟！

小鲜烹，则大国治

2015 年 6 月 5 日　星期五

上一“炮儿案”尚未结束，又来 22 件劳动争议案，是一家大型煤矿企业的职工起诉该企业的，要求补发加班工资、误餐补助、未休年休假补偿等。涉及群体性利益，人数多，问题杂，谁弄都头痛。而且，此类案件诉讼的同时，往往伴随着信访，有时甚至是信访的结果，是领导“建议”的结果。主管领导直接指示：此案关系国企利益，开庭后直接去上级法院汇报请示意见。其实这种“请示”没什么作用，上级法院一般不会给什么明确答复，不过是吞吞吐吐地表达“个人意见”而已，更不会对案件负责，请示过的案件仍遭改判、发还也屡见不鲜。不用说，我和小曹，每人 11 件，各自负责，那肯定是硬道理。

未结案达到了超纪录的 85 件，虽然有“炮儿案”的成分，但决不能掉以轻心，要抓紧结案，不能放松。还有许多院里临时通知的行政任务，政治学习等也要积极参与，以保持“斗志”。随着今年“五一”实行立案登记制，立案审查标准放宽，案件陡增，在不增人员的情况下，最起码近期超负荷工作将成常态，庭里人数虽不多，但时间久了，也难免有避重就轻、推诿掣肘的情形出现。有必要经常开会说说，输些正能量，并尽量均衡工作量；注意量才而用，使各尽所能，才尽所用，都需方法和技巧。

不禁感叹《红楼梦》中凤姐的确是个爱管理、善管理的天才，刚接过贾珍托付无人料理事务的宁国府管事对牌，便即刻理出其脏乱差“风俗”的头绪来：

“头一件是人口混杂，遗失东西；第二件，事无专执，临期推诿；第三件，需用过费，滥支冒领；第四件，任无大小，苦乐不均；第五件，家人豪纵，有脸者不服铃束，无脸者不能上进。”

真可谓一针见血！管理天才！在行政、企事业单位的管理中，铺张浪费、忙闲不均、人浮于事、进退不畅等现象，也不外乎这几种原因。只有认清、看透了，才能从最基本的事情入手，对症下药。

老子曰：“治大国，若烹小鲜。”而管小家亦如治大国。

两线作战

2015年6月10日　星期三

上午一到庭里,便是面对满院子的人。也是习惯了,并不像先前那么紧张。只是一下车,厕所都顾不得去,就径直开始干活。小王把他了解较多的离婚案双方叫走了,一下少了十来个人。另一个借贷案的五个人来到我的办公室。简直都成惯例了,庭前先调解,每人一个,效率高。

我评价小王有个最大的优点:亲和力。这正是民事调解居中人的必要气质,也是取得双方信任的前提。今天的这对小夫妻一来就紧缠着小王,看都不看我(手续是小王送的,他们真不认识我),后面还跟着双方亲友团数十人,小王看不出一点紧张,无知者无畏,但也真心让人佩服。

跟我进来的人刚坐下。六十多岁的被告操着沉重地方口音开始吵:“今天来干啥?我啥也不知道。就给了我一个这(传票)。”

涉及程序问题。但这种情况很少发生,除非小王真的迷糊了。小王也在忙,我暂不想打扰他。连忙给了被告诉状和借条复印件,说:“别急别急,你先坐下来看看。”

我一杯水还没倒好,被告又吵起来:“这是谁写的,不是我写的,可以笔迹鉴定。”

“是你老婆写的,钱是给了她了,鉴定就鉴定。叫你老婆来。”原告也是年近七十,针锋相对,毫不畏让。

被告老婆也是本案被告之一,但没来。

接下来,双方开始抢着陈述纠纷发生的缘由,好像谁先说谁有理似的。其间愤怒的脏话也出来了,我连哄带压,才让这两个大龄当事人“充分”说完。

原来,20 世纪 90 年代,原告的亲戚与被告合作做生意,后合作失败,不了了之。对其间发生的多种经济往来、财物出入,双方各执一词。今天这张借条就是原告 1998 年把钱投进企业,被告妻子出具的。将近二十年的时间里,双方没有少吵闹,还打过官司,申请过执行。

经过双方一番激辩式的陈述,我听出了被告方的心虚。于是把他叫到另一个房间。本想就近到小王屋里站着说两句,谁知一进去,小王便说:“你们去对面屋吧,我给你们开门。”人家这儿锣鼓正酣,不想被打扰呢!肯定是要出成效了呗!

到另一屋坐下,先安抚被告的情绪,劝他不要着急,然后说:“以前的经济纠纷现在也说不清楚,说也没用。你现在最大的被动就是有一张借条在原告手里,不如直接针对这张借条说事儿。你说不是你写的,但是否是你妻子写的?鉴定费就得几千块钱,谁输谁出,不要轻易去鉴定吧?”

“不鉴定了,借条是推不翻。但事儿多,解决了这个,明天说不定又出来一个借条。”被告和我单独说话时,变了口吻,声音低多了。

“刚才你出去时我个别问过原告,他明确说没有其他借条了。但不包括你儿子欠的几百元。”我肯定地说。

“那就好说了,今天这借条是 6 万元,但里面包括 1 万元的利息,以前已经支付过几次利息。现在最多再还一半。”被告露出了诚意。

我立即肯定了他的诚意,然后向原告转达被告意见,并听取原告意见。

原告方几个人万没料到刚才还大吵大闹的被告态度转变如此之快,脸色也缓和多了。但表示要求被告返还 5 万元本金,再少点也行。

心里有了底,回到被告处,说两好搁一好,原告也愿意作让步,但金额还有差距。我综合双方意见提个了建议:被告返还四万三千元,诉讼费由原告承担。

被告立即同意说:“分期。”

我说："我去试试看。"

原告同意让步，也同意被告分期一年还款，毕竟借条经过这么多年了，也不那么理直气壮。

这个结果也出乎我的预料，兴奋地去叫小王。小王屋里已经没有当事人了。小王自豪地说："让他们走了，撤诉了。"

"你现在厉害啊，都跑我前面了。快来写，我这也好了。"我是真心表扬小王。

每当这个时候，恨不得立即把调解笔录和协议写出来，但经验表明，再快也得十来分钟。这时我问被告："我现在写笔录，你去把你妻子叫来签字(同村离法庭不远)，同时把你们的身份证拿来。"被告爽快地答应着走了。

已经十二点了。他一走，我和小王同时担心：他要是不回来了咋办？

半个小时后，被告和妻子急急地进来了。他妻子吵道："不同意，不同意，他把俺家坑坏了，不给他这钱。"

我看到他低着头讪笑，便猜是他们演的双簧(因为之前我问他是否当家，他明确说当所有家)，目的是想变卦。

我直接说："时候不早了，已经调解一晌了，我的嗓子都说哑了。你们也别让我太为难，我只说一句，四万一千元，行不行？行了我去说，不行就算了。"

被告妻子还想说不行，被告赶快接过话说："行，行，说说试试吧。"

又回到原告所在的屋，讲明被告妻子已来，想变卦，减两千元行不行。原告说你们调解也不容易，就这吧。

赶紧把双方叫到一起，签字，宣读协议。互相说了句客气话结束。

吃过午饭回来，已近下午一点。小王说："今天成效不错，顺利解决两个。"

我说："那是，以后我们要是都两线作战的话，效率会更高啊。"小王真的进步了很多。工作，要敢于放手；被人信任，才有责任感，有激情。呵呵，所做虽微不足道，但配合好，有默契，工作的成就感里也有股英雄气,让人亢奋。

正可谓:“遥想公瑾当年,小乔初嫁了,雄姿英发。羽扇纶巾,谈笑间,樯橹灰飞烟灭。”

下午写了一份调解书、一份准予撤诉裁定书、一份公告,电话通知了几个新案子的当事人。其间一对夫妇来咨询,儿子订婚后因矛盾终止关系,要求退还彩礼三万元的事儿。说得太细了,至少花了半个小时,不觉已到四点多钟,又该赶快往院里发约好的手续了。现在最浪费不起的是时间。

让审理者裁判

2015 年 6 月 19 日　星期五

又梳理一下,未结案 60 件。今儿一个上午发了 5 份判决书,早上写好上午发,尽是些工作以来创纪录的。但也确实不想与人诉说,尤其是不愿和领导们说。因为要人是不可能的,哪都缺人。另外,总觉得我和小曹还没有穷尽潜力,只要提供便利的办案条件,减少办案以外的各种任务,还是能够顶得住、拿得下的。办案多了快了,调解、撤诉的自然就少了。今年也是判疯了,判决的特别多,上诉的也多。预计今年判决的数量会是以往数年的总和。好在暂时还没有发还、改判的,但将来不可能没有。

小曹主审的一件民间借贷案,前后上了四次审委会。第一次,院长支持合议庭少数人意见,常务副院长支持多数人意见,各执一词,谁也说服不了谁,争论得面红耳赤(以前好像没见过如此争执,都是一团和气的多),其他人东一句西一句的像看热闹,有些人的发言更是毫无依据,不负责任,中间不停地穿插着玩笑,更像个搅局者。表决时竟然四比四平,真有些气愤,难道没人负责单双数的问题?院长非常生气,要求每个委员写一份书面意见存卷,下次讨论。第二次,除了院长和另两个委员写了书面意见外,其他人不是说“忘了”,就是说“一下写不好”,院长绷着脸又主持了会儿讨论,常务副院长仍然坚持己见,还是达不成多数意见。须知书面意见一是得有法律根据,二是要留卷备查的,我们的委员们,有这个担当吗?第三次,院长不在,常务副院长主持会议,估计是为了避嫌,直接决定此次不讨论该案!第四次,终于以一票的微弱多数通过,但还是有两位委员没写书面意见,说是回头补上。可见争议之大,但没料到结果竟然是驳回诉讼请求。

我是该案的合议庭成员之一,也是合议庭少数意见保持者。办案人员遇到复杂疑难案件,寄希望于审委会上能得出一个豁然开朗的答案,但会后往往更加担心:责任一点没有减少,倒是他们提出的那些吹毛求疵的细节更加重了主审人的精神压力。

原告手持 20 万元借条,被告辩称该借款未实际履行,原告被判决驳回,也算是奇事,判决本身也有很大风险。尽管小曹说他判断该款百分百没有实际履行,我也相信他的判断。但在实际交易中,很多借条是不用当时履行或不必双方履行的。比如已经发生数次借款后,集中一次打借条,打借条时就不用再履行。尽管在场人都亲眼看到了未履行,但实际上是补打借条。

比如我去年办的一件借贷案。刘某诉林某返还借款 2 万元,林某辩称借条是其写得不错,但只是签了个字(当时是被女儿和女婿高某叫去做担保人),并没有人给她钱,在场人好几个都能证实:当晚不仅没有给其本人钱,且根本就没有履行过借款。另外,林某系一个农村文盲妇女,不做生意买卖,借钱干什么?

事实情况是,高某想借刘某的钱购买货车,刘某说你以前借我的钱还没偿还,不行。要借除非找别人替你借,于是高某找到丈母娘林某,说是做担保。林某知道女婿想买车跑运输挣钱,同意做担保,就一起去了。当晚同去的还有真正担保人王某。借条按刘某的意思请人写好后,按刘某要求,林某在借款人处签字按印,王某在担保人处签字按印,然后刘某对高某说,好了,明天去我那儿拿钱(需要去银行取钱)。打借条时,借款人林某和担保人王某都没见履行借款,千真万确。但是,他们当时都心知肚明,没有异议。

此案调解时我劝林某:“就按你说是替女婿担保的,问问你女婿,是否拿到借款不就行了?”

林某说:“去哪问?早欠账跑没影儿了!”

“那问问你女儿不就行了?她也应该清楚。”我又问。

“早离婚了,她不知道。”林某干脆地回答。

我不想再劝了:这其实是没有任何分歧的借款,是因为内部婚姻变故而企图推脱外部债务的纠纷。判吧。

判后林某不服上诉。

二审判决尚未寄来,林某便委托一位同事跟我说,能否去说说:林某把 2 万元还给刘某(诉讼费另付),让刘某把林某老家的房本和钥匙也还给她(借款时刘某要求林某抵押的,庭审中林某称是刘某偷或捡走的)。

我当即表示不愿去说。干什么?故意转了一圈,百般挑剔,考验法官的智商吗?太自作聪明了!法官也有尊严,对不起,按程序办吧。

同事又说了一回好话,解释一堆,最后还是办了。双方一手交钱,一手交房本和钥匙,非常平静。

应该说,民事法律行为中,只要不违法,当事人双方之间的约定就是最高法律。

不违法,也没有具体规定,在特殊的情景之下,判曲直,明是非,考验的则是法官的良心与睿智。

父亲的病情日见好转,几日后将可出院,甚感幸运。

法官归来，普通一日

2015 年 6 月 23 日　星期二

一大早,小曹先急需在县城送个手续。打算送到当事人租赁的房子,当事人的哥哥说弟弟几年都没回来过,小曹想把手续送给其父亲,但其哥哥借口父亲年纪大了,且也不在家,就是不让进门,而且态度很凶,再三解释也不听,一度还与小曹吵起来。我见状赶快上前,一边给当事人的哥哥做工作,一边对小曹说不要强送,不合适,回头再商量送达方案。

到法庭已是九点半多。魏某早就等着了。他起诉妻子离婚,妻子就是不应诉。上次我亲自找到被告做工作,说好今天来的,看来又没来。魏某结婚 26 年,两个儿子,大的正读研。作为被告的女方在当地工厂上班,魏某擅长机器修理,按说日子过得不错,正是上有老下有小的年龄,可魏某已四五年没回过家了!

对如此不负责的丈夫、儿子、父亲、男人,上班路上就与小曹讨论能否在被告缺席的情况下判不离(被告已通知多次不到庭)。我把魏某先叫上来做工作,劝说他几年未回家,家里妻子、儿子、母亲过得很不好,能否考虑和好或撤诉。我话音未落,高大的魏某竟然哭起来,然后诚恳诉说自己内心的痛苦。他也想回家对老母亲尽孝,做一个好儿子、一个负责的父亲,但是,夫妻间的感情,总是那么晦涩而痛苦。

我是个感性的人,常为当事人发自肺腑的诉说所打动。然而打动之后,职业理念又让我必须回到冷静的现实中来。魏某与我同岁,随着他伤心的诉说,我的眼睛也红了,但想起他留在家中的那些人,那些本该他尽充分义务的人,年迈的母亲、年幼的孩子、心灵极度受伤的妻子,我顿了顿情绪,对他说:“你这种情况,本次起诉,判离婚的可能性非常小。”

他好像也有思想准备,抬头说:“你们看着判吧,反正我必须离婚!早离早结束。”

真是不幸的家庭各有各的不幸。

第二件是个二次庭,被告要求延期举证的。是件涉及信用卡的借贷案。原告说把款借给了被告,证据是款从原告卡上打到了被告卡上。被告说不认识原告,也不欠原告钱,卡上打来的钱是债务人谌某偿还自己的,至于谌某想什么办法还的款与自己无关。谌某给被告出有书面材料,这次说要到庭作证,但没有来(说是去香港了)。被告提供了一份自己与谌某举着书面材料的照片。现在有些年轻人啊,把网络、手机、信用卡真是用到了极致!

按中国人民银行 1996 年 4 月 1 日颁布实施的《信用卡业务管理办法》规定,信用卡是不允许套现的。但日常生活中信用卡套现大量存在,只怕也不能简单地说套现违法,不受法律保护。还是应该从是否存在基本的借贷关系、借贷的权利义务是否明确来审查。

庭审后,原、被告的话题落到了谌某身上,我建议两人共同去找其协商。被告同意。原告说希望被告和谌某各负责一半,被告不同意。我劝他们还是先找到谌某再协商不迟,他们同意了。又是一件需深入论证的案子。每当这个时候,多么希望有一个百问不厌的良师益友啊!

下午也是个被告要求延期举证的二次庭。被告提供了三个证人,欲证明双方的合伙关系,但没有任何书面合同的合伙是不容易被认定的,即使被认定合伙,合伙人内部就不能有借贷或买卖关系了吗?“每个有民事行为能力的人都要为自己行为负责”,小王看我为今天案件如此抓狂,笑着跟我说。小王真是长进不少,已常帮我分析案情了。

回到县城,将近晚七点,路边食摊已是华灯初上,桌椅摆齐了。披星走戴月回,兴奋去烦恼归;垃圾回收站,纠纷处理器。是说我们吗?

改判·不爱亦不休

2015年7月2日　星期四

女儿学理科，自前已决定报考播音与主持类艺术专业，以实现自小以来的夙愿。我对艺术一无所长，起初不感兴趣，家中意见多有分歧。现多数意见胜了少数，我也不再坚持，只要有兴趣，踏实学，行行出状元，都会有作为。试玉须烧三日满，辨才须待七年期，前面的路还很长，是金子总会发光。干涉不如鼓励与建议，孩子大了，有自己选择的权利。晚上我问女儿艺术类哪个学校好，她说中传媒，有点被震撼，也有点小激动，真是敢想的年龄啊！

耿某诉李某不当得利上诉案被改判。耿某系某加工厂负责人，李某曾为该厂销售产品。其间李某某为耿某出具销售产品款1万余元欠条一张。耿某诉请李某偿还该款，李某辩称自己既非业务员，亦未挪用过该款；且已通过银行偿还过6000元，应予冲抵欠条，另有3000元系客户尚未支付，不应由李某偿还。一审认为因双方还有其他账目往来，6000元存款凭条不能证明与本案系同一事实，不予采信(可另案主张)。李某辩称3000元系经协商由工厂负责直接向客户要账，但无相应证据证实，不予认定。故判决赵某偿还耿某1万余元。

二审认为双方是否有其他账目往来应由耿某举证，即使双方有新业务，该笔款(6000元)也应当优先偿还借款之前的欠款，之后双方如仍有经济往来且存在纠纷，可另案解决。故改判李某偿还耿某的款项中应将6000元扣除。

二审法院把6000元存条是否偿还本案争议款的举证责任分配给了原告，是有道理的，对纠纷的解决比较实际直接，而一审让李某另行主张绕远了,亦有就条而判的毛病,当初也想到过此路,但犹犹豫豫没有这样走。

认真学习改判、发还案,分析二审的发改依据和情势变迁。

下午开一离婚案的庭,女方起诉男方。女方家庭条件优越,戴副眼镜,文气,现在某大城市上班;男方很普通,现在某工地打工。女方大男方四岁,显得成熟稳重,男方则相对幼稚、任性,坚决不同意离婚,庭审中一直以有事忙为由要走。

双方很明显难以和好,但离婚也没那么容易。“有一种爱叫作放手”,放手之爱是更高境界,不是所有人都能达到。牵手看激情,放手看心胸,看品性,所言极是。每当此时,人性的自私与狭隘便会暴露无遗。

“炮儿案”开庭·感悟两则

2015 年 7 月 8 日　星期三

今天第一个“炮儿案”(批案,32 件)开庭,我是第一次合并审理这么多案件,心里不免紧张,庭前做了大量准备工作,包括开庭提纲、发问内容及顺序、书记员提前做好庭审笔录模板等。

原告 32 人一个不少坐在旁听席上(大部分 60 岁以上),共同委托了两名代理人坐在原告席上。被告企业早已停产,无人管理,其缺席在所有人预料当中;被告镇政府派两名代理人出席。庭审前专门强调了旁听人员应遵守的纪律,尤其是不能录音录像,所有人的手机调成关机或静音状态就近放在窗台上;不得发言、鼓掌、叫好和随意出入。当时真担心这群上了年纪的老人控制不住自己,竞相发言。事实上,法庭纪律相当好,老人们基本上都是坚持到最后才逐一离席的,此时我真的很佩服这群老工人的素质。他们参加工作的时间大多是 20 世纪 70 年代左右,那时当个集体企业工人是多么荣耀啊,他们的自律意识一定非常强,他们一定也是同龄人中的佼佼者!从这个角度而言,今天他们要求些待遇、提出些意见,我们应该慎重地、尊重地对待。

遗憾的是,原告方的代理人准备得并不是很充分。也许是因为从遥远的外省而来?真想不通他们为何不找本地律师,本地律师会受法院的影响?没听说过。因证据多,举证时有的忘带、有的不够份数,庭审中间甚至允许原告方派人回家拿了一次。被告镇政府的两名代理人是当地的,举重若轻,逐一对证据质证,基本上是对真实性无异议,对证明目的有异议。同时,他们也提交了两份证据。

庭审还算顺利,基本上按预案进行。因证据多,双方辩论时间长,庭审进行了三个多小时。再加上校笔录、签字，一直到下午1点多才结束。之前主管领导就要求该“炮案”上审委会和到中院汇报，麻烦还在后头！

陪审员要走，我说这时候了，哪儿也没饭了，大家一起出去吃个烩面吧。从这个月起，法庭厨房停止运转，因为伙食津贴没有了。至于吃饭咋办，也没个说法儿。

感悟一：

哪怕再小的案件，对当事人而言，都很重要。从这点上说，案件无小案。

哪怕刚立的案件，对当事人而言，都等着结果。从这点上说，案件不容缓。

因此，宏观上案件应得到同样的重视，不能因其大而产生畏惧心，亦不能因其小而产生疏忽心。

感悟二：

白岩松讲：当人们追求的不是幸福，而是比别人更幸福时，快乐就要远离我们了。

为别人的目光而活，即使家财万贯也是累的；为自己的生命而活，再累也甘之如饴。

幸福的标准是自己定的，只要觉得幸福、开心，就只管做下去，没有必要去找别人验证，因为每个人幸福的标准是不同的。为自己而活，对自己负责；充实，精彩，快乐；虽累，甘心。

法律事实是定案的依据

2015 年 7 月 21 日　星期二

上午两个庭。其中一个是返还原物(机动车)案,原告赵某诉被告鲁某返还车辆,并赔偿车辆停运损失。被告辩称其未扣押原告车辆。原告的证据有该车司机亦是其合伙人李某的证言及原、被告手机通话录音材料。经庭审质证,录音语言简单,内容不清。证人系原告生意合伙人,亦是被告远门亲戚。原告称该车在证人家门口被被告扣押,但事发后证人及原告均未报案。双方都聘有律师,庭审中基本上都是律师在说话,当事人发言很谨慎。围绕是否扣车及该车是否有营运资格,双方辩论了很长时间。庭审还发现,原告与证人之前欠被告款项近 7 万元。

庭后,我把证人叫到一旁说:这事看来跟你有很大关系,你也最清楚事情经过,希望你能想个两全其美的解决办法。证人也不推辞,说车还了就没事了,不过钱也得还人家。我忙说你说得对,咋叫双方接受呢?证人说,看来原告还想让被告赔点钱,不好弄。我半开玩笑说,这事就交给你了,我今天还有庭,回头与你联系。证人李某记下我的电话走了。

经过强行扣押车辆的冲突,返还机动车纠纷一般矛盾很大,案情复杂。从内心判断,原告起诉的基本事实大都应该存在,几乎可适用举证责任倒置。但是,被告扣车往往事出有因,甚至是无奈之举,因久拖工资、货款被迫扣车,侵权人本来是受害人的情况不少。从这方面考虑,法律不能同情任何一方,还是应该“谁主张谁举证”,没有有效证据,只能逆着内心根据“法律事实”判决。因此种观点与主管领导曾产生分歧,本案汇报估计又得啰嗦一番,看来,让裁判者负责的前提必须是让审理者裁判。

为争繁华强出手，原来清静才是家

2015 年 7 月 30 日　星期四

今天到省一监狱开庭。这件离婚案已是第二次来了，上次来因被告参与了印刷某试卷的劳动，处于绝对封闭期间，任何人不得探视和传唤，只好空回。这次已提前与监狱方面联系，确认其已解除封闭。

各监狱的规则也不太一样。我们到刑罚科办了手续，没费多大工夫，便在外面的会见室见到了被告，虽然是铁栅栏隔开的，但不用进到监狱里面，挺方便。

原、被告一见面便是痛哭，咱爸咱妈咱孩子的称呼好像都霎时间变成了过去式，令人心酸。本来小夫妻住在一个小山村，育有一儿一女，恩恩爱爱，过得很好。没想高速公路要从村头过，要占地，要修路基，一下冲破了小村庄的宁静。为争揽修路基的活儿，村主任（被告是村主任的侄子）与另一方大打出手，被告当天没在家，但为了叔叔也为了自己，电话遥控指挥小兄弟们"参战"，没想竟把另一方打死一个人，被告因组织策划被判刑十余年。妻子不服，经过上诉等一番程序，最后仍于事无补。现不到三十岁的她带着两个孩子，生活倍感困难，只好挥泪选择了离婚。夫妻本是同林鸟，大难来时各自飞。两人是家，缺一个便如孤舟飘零无着，随时可能倾覆。

在痛入肺腑的哭泣中双方签了离婚协议，然后又互相琐碎地叮嘱对方一番，在狱警的再三催促下才结束。最后，原告把手伸进铁栅栏，与被告握了一下手，分开了。这个动作，算是双方终止婚姻的最后一个仪式，也让在场的人动容。小葛揉了一下眼睛，我赶紧转过头去。狱警低声地说："走吧。"

我们出来走了很远，原告突然想起什么，坚持要回去给被告上 500 元的账（监狱财会处预存零花钱）再离开。

这种离婚，在众多离婚中算是个性原因吧。夫妻感情并未破裂，甚至还十分融洽，只是因意外变故（一方长期失去人身自由）而无法共同生活，被迫分手，其情其景，让人唏嘘。

回来的路上，很长时间都没人说话，只有司机小孙东一句西一句地唠叨，没人理他，因为他没进去，一个人在车上憋太久了。

被判决的调解

2015 年 8 月 4 日　星期二

关某(男方)与翟某(女方)婚前均系间歇性精神病人,两年前经人介绍,结为夫妻。双方共同生活了两三个月时间后,因生活能力均较弱,且不时轮流犯病,生活难以维持,又随各自父母生活。近来,两人双双犯病,住进当地同一家精神病医院,更是谁也照顾不了谁。双方分别由各自父母负责,夫妻关系名存实亡,无奈,男方提起离婚诉讼。

上午,男方的母亲和女方的父亲来到法庭,分别提供了各自的身份证件,证明均系原、被告的法定代理人;都很平静无奈的样子,均同意解除婚姻关系,也没有婚生子女及共同财产和债权债务。但是,这是一件特殊的离婚纠纷,连书记员小王都质疑离婚协议的合法性。以前办过精神病人的离婚,但多是一方,像这样双方都是精神病人的案子还真第一次遇到。

查阅了相关法律规定及司法解释,我觉得既然作为无民事行为能力人或限制行为能力人的法定代理人出庭,他们还是有权利进行民事调解并达成协议的,但因婚姻涉及双方的身份关系,与双方有密切关系且对双方影响重大,只有本人作出真实意愿表示才能调解离婚,而本案的原、被告均无法作出真实意思表示,故依法判决离婚而非调解离婚比较合适,也就是在双方代理人达成协议的基础上进行判决,以判决的形式来体现双方的协议。

屋漏偏逢连阴雨。生活中总有些不幸人连遭不幸事,让我们这些正常人倍感命运的眷顾。

上午开的第二个庭是章某诉章某某的 3 万元借贷案。章某手持借条,要求还款及其利息。章某某却辩称该款及其利息已全部还清,只是借条尚未收回,有别人出具的证明和自己的记账单为证,破破烂烂一大堆,也不像是造假。案子不大,争议不小,得在证据的取舍上费许多周折。这种诉讼水平较低的案子最费脑筋,双方东西一放不管了,法官要有多高水平啊?写一个判决要累死多少权衡轻重的脑细胞?本案总有一个人撒谎,同一个村的同龄人,不知道为了这几万块钱将来如何面对双方。近些年的办案实务中,见过不少为钱财说谎、做假证者,这种人往往面无惧色,话语执着,既没姿态,亦无信仰,完全不知得小利而失大节,后患无穷的道理:贪他一斗米,失却半年粮;争他一脚豚,反失一肘羊!

下午去派出所调取几名未到庭当事人的身份信息,很浪费时间,早就听说要建资源共享平台,但迟迟不能实现。今天向派出所一位干警求证,她惊奇道:"怎么可能?那不乱套了?"不知能乱什么套,法院真是公安的外人啊!至少于她而言。

夹缝中的老年婚姻

2015 年 8 月 13 日　星期四

56 岁的韩某诉 43 岁的李某要求离婚，但明眼人能看出来他是多么地不舍。韩某早年丧妻，孩子们尚小，与同带着孩子的李某结合，日子不易，但总算过来了，双方的孩子相继成年、成家。韩某与李某虽系再婚，但在共同打拼生活过程中感情却日渐加深，特别是韩某，随着年纪增大，身体状况渐差，本打算与小自己十几岁的后妻安度晚年，可双方子女却因礼俗来往等生活琐事矛盾升级，直至两次大打出手，后一次竟将李某的女儿打骨折住院，并已经报案。

在女儿的施压下，李某不能再沉默，含泪告别韩某，回到了女儿家里。韩某本想去叫李某，却被子女坚决拦下，并说关键时刻胳膊肘不能往外拐：她们告我们，不仅不能去叫她回来，而且要和她离婚。

韩某诉说完，老泪纵横，他说他老了，不敢得罪正在气头上的子女们，但离婚真不是他本意啊，李某尽管说过同意离婚，但他清楚那也是孩子们给逼的，这些年的感情双方都十分珍惜。韩某问我能否先不发诉状，别让妻子知道起诉的事，怕伤她的心。

听完韩某的诉说，心里十分愤懑。这不是明摆着干涉老人婚姻吗？成功的老年婚姻本就有限，何况为子女们成长付出了这么多的两位老人？现在因子女们闹矛盾，两位老人夹在中间两头受气，左右为难。

于是我问："你们不能出来单独居住吗？"

韩某说："不现实啊，那不是与孩子们闹翻了？"

但案子压着一直不发也不是个办法。于是告诉韩某：老人也有婚姻自由,任何人不得干涉,包括子女;老人们要敢于捍卫自己的权利,要敢于抗争;既然心里不愿意离婚,现在可以自愿撤诉。

老韩一听到撤诉,像是找到了迂回方案,立即说:"那孩子们要问,我就说法庭让撤诉的?"

我说:"可以啊,法庭给你作这个主,告诉他们有啥不明白的来法庭问。"

老韩高兴地连说:"好,好。"放心地撤诉走了。我替他高兴,但同时也为他过分依赖子女、亦喜亦忧的人生经历而倍感恻隐。养儿防老,积谷防饥,是中国式家庭养老的至理格言。但不是还有"人生不满百,常怀千岁忧""儿孙自有儿孙福,莫为儿孙作马牛"的另一种思考吗?

让人纠结的传统思维啊!

为子女忍耐二十年，为自己说啥不再忍

2015 年 8 月 24 日　星期一

上次留我电话的证人李某跟我联系，说想谈谈扣车的事儿，我就让他上午过来，聊了半个多小时。李某说这事他最清楚，扣车是事实，表妹是在他家门口把车开走的，只是当时觉得欠人家钱没还，也没啥好说的，便没有报案。后来，表妹同意还 1 万元就还车，但赵某不听建议，就是不还。现在估计更不好弄了，赵某为这次起诉已花费了近 2 万元，早还钱早把车开走了。

经综合分析双方现状，我和李某达成一致意见：赵某一次性还款 3 万元，把车开走。李某回去做赵某工作，若赵某同意，由法庭与被告(李某表妹夫妻)商量(承认并还车)。

接着是离婚案。王某(女)1967 年出生，比丈夫大一岁，1993 年结婚，婚生一女已成年成家。王某提出离婚的理由是男方心胸狭窄，挣的钱很少给她，家里的钱都是丈夫掌握，婚后经常因琐事闹矛盾，感情冷淡。以前女儿小，怕孩子吃亏忍着；后来女儿成家了，但女儿的孩子小，要一起帮女儿带孩子，还忍着。现在女儿的孩子也会跑了，再也不想忍了，决心为自己一回，决定离婚。

女方进来时，灰暗的脸上刻画着生活的冷漠与无趣；男方身材较高，但无精打采，一脸麻木与无所谓。让人强烈地感觉到：这是一桩死亡的婚姻。

“被告，同意离婚吗？”照例问。

“同意啊，反正还有债务。”男方不急不慢地回答。

“去年修房子借了他亲戚 1 万元。我离婚啥也不要，他把这账还了就行了。”女方说。

“你同意吗？”又转向被告问。

“那可以，她得保证不要东西，保证其他债务不要我管。”男方好像早有打算，接着说。

“还有啥债务？不就是个穷家吗？都给你吧！”女方听了要来火气。

“那说不定。”男方充满轻蔑，又似早有算计，一脸冰霜。

恩格斯说，死亡的婚姻是不道德的婚姻。真是不道德！这种关系真不知道双方何以忍了二十多年之久？为了孩子，为了孩子的孩子，人生有几个 48 岁可以等待？

婚姻是互相奉献，而不是一味地索取与推卸责任。夫妻相处的前提是信任，信任的基础是宽容，而这个家，没有信任、宽容、激情，生活的乐趣呢？也许根本无从谈起。

爱人者人恒爱之，信人者人恒信之。突然，很欣慰自己的工资本自结婚以来都是由妻子管理，所以我才有资格经常调侃说：你们坐车，我拉车。

是啊，总得有人尽力，有人尽智，无君子不养小人。

拉车，累，且高兴着。

最后协议离婚。签字后，男方强调：“其他的债务我可都不管啊！”

天哪，协议中很清楚了，共同生活二十多年的妻子净身出户，颗粒未带。你是要重要的事情说三遍吗？

这下轮到我的表情轻蔑了。

借调无归期

2015 年 9 月 2 日　星期三

半年过去了,原说外调帮忙两个月的小刘仍然归期未定,看来别指望了,就是回来是否再到原合议庭也未可知。小刘走后,案源却未减少。去年院里决定打破案件审理的地理区域,哪里案少往哪调案,上周去找主管领导反映,才知道哪个合议庭案子都不少。去局域网系统上查查,果真如此。可能只是我和小曹的未结案最多,所以才如此揪心。按现在的考核标准,未结案多,结案比不平衡,只能说明你结案效率低,没啥可说。

半年来我和小曹就这样扛着,每天上班一到法庭,我楼上他楼下,除了吃饭的一会儿,没事儿几乎不见面,再见面就是天快黑了,一起坐车回县城。小曹还要办刑事案,更辛苦,很多时候下午需要早回县城,公安、检察、看守所来回跑,从没叫过一次屈,我打心里佩服。也多亏了有三个书记员,整天也是转个不停,送达、记录、卷宗、电子卷宗都是他们的事,电子卷宗我现在几乎一无所知,亲自送达也很少,真不知道离了他们是否还能办案。

上午缺席审理一桩离婚案,双方都是二十二三岁的年龄,结婚总共一年多时间,实际生活才几个月。因吵架女方到南方城市打工,一去不回。男方刘某起诉后,法庭给女方吴某打电话,回答是没时间回去,爱咋咋的,俨然离婚是法庭的事。据刘某母亲说,儿子订婚时按当地风俗一次性支付了女方彩礼 6 万元,包括操办婚礼共花了十几万,不过打听过了,结了婚彩礼不能要,算了,反正都是为了儿子,钱再挣吧。

小王说:“幸亏没生在这里,生这儿老婆也娶不起!”小葛说:“咋了,谁家闺女是白养的?”看来意见难统一,也许这正是彩礼存在的群众基础吧。

早就听说过辖区内的两个乡镇婚姻彩礼比较多,但6万元还是惊着我了。上次那个追索彩礼案,要求返还3.8万,只是其中的一部分,不包括“三金”,其他的没有证据,没有要求,应该也有五六万元。普通的老百姓能有多少收入?种地收入,加上农闲打个工挣钱,结婚大多还要盖房或买房,只怕儿子结婚花费要占家庭支出的很大一部分,生活不易啊!我们的社会在考虑改革家庭养老的同时,一定还得考虑家庭养育子女问题,看看身边,哪个孩子不是父母直接“拨款”供到大学毕业或结婚之后?甚至供到按揭购房也不稀奇。

正是:父母操劳而立后,儿女养老有后忧;代代循环无尽时,一息尚存犹犯愁!

下午到某局送手续,被告的儿子在该局上班。被告欠原告4万元,现下落不明,根据原告提供的信息,相关法律手续也只能送给其儿子了,尽管其儿子电话中表示不管老爸的事。我们到那儿后很谨慎,毕竟其子是无辜的,应尽量减少影响。先打听到他所在的科室,同事说他不在,同事也很小心,先问是公事还是私事。听说是法院送手续后,马上放松了警惕,好像这事不是第一次。同事说他下乡了,并拨通电话,说了几句,代他收了。

变相发还案

2015年9月11日　星期五

自去年组建新型合议庭后,凡发还重审案按案号由各合议庭轮流承办。我们庭去年审理了五六件,今年小刘调走后,分来了两件,上月又来一件。与立案庭庭长商量,请求其考虑我庭案多人少的困境,暂不分发重审案,或少轮一次,结果被“严正”拒绝:规矩不能破,因为谁也不想要此类案;再请求能否调出一部分新案,回答与主管领导一样:自己结合,只要有庭愿意要,可以调。拿小王的话说:“当今时代,两条腿的人好找,需要案件的法官难寻,就别费那个劲了。”

上午开的这个庭表面上是件新案,实际上是件隐形的发还案。王某诉周某母女三人偿还债务6万余元。原因是王某与周某的丈夫关系不错,周某丈夫因做生意曾向王某借款6万余元,打借条并约定了利息。不料天有不测风云,周某丈夫因突发脑溢血撒手人寰。王某向周某催要未果,持借条诉至法院,一审判决支持王某诉请。周某不服上诉,二审以事实不清为由将该案发还重审。该案在院里一个合议庭重审时,承办人不知以何理由坚持要原告撤诉,原告居然真的撤了(很佩服有些同事劝人撤诉的本事)。现在又重新起诉了,诉状都没变,真真的讼累!

提前就把之前的一审卷、发还卷、撤诉卷调出来,因为双方的原始证据都在其中。经过几场官司下来,双方平静许多,说话举止都很有经验的样子。原告王某连个律师也没有(先前的诉讼都有),就一个人来的,称有借条总得有人还钱。被告周某和大女儿到庭,小女儿上学来不了。周某丈夫的姐姐是三名被告共同的代理人。周某称自己受了刺激,脑子不大管用(称因丈夫生前嫌弃自己没生儿子,与他人长期同居)。周某不再坚持笔迹鉴定问题,只说双方多年前就已离婚,该笔借款发生在离婚之后,与自己及女儿们无关。

原告冷笑,说:“你们离婚了?我咋不知道,我经常到你们家,你大女儿结婚,生小女儿吃喜面,包括你丈夫的丧事,哪个我没去?”

然后,原告又转身对被告代理人说:“我以前对你的好(帮忙办事),你也都忘了!这钱不还,你觉得能到底吗?”

被告说:“反正离婚了,有手续。”

于是围绕离婚与否举证。被告的证据是一份20年前村上出具的允许其去办理离婚的证明和一份退休的司法所所长调解过其离婚的书面证言。

原告反驳说,如果那时离婚了就不可能生小女儿,生小女儿时办有准生证,而不是夫妻是不可能办理准生证的。另外,他们的户口始终在一个本上,并显示是夫妻关系。这些事他清楚得很,特申请调查。

经庭审调查,目前的状况是:老司法所长给被告出具曾调解离婚的证明,村委会也出具了离婚证明;民政所给原告出具本所无被告相关离婚材料的证明,计生办出具给被告颁发生育二胎的证明,派出所出具被告未离婚分户的证明。各证据间互相关联,又互相独立、排斥,足见村、乡镇、各站所信息不共享、不统一的弊端,甚至出于私利、情面,不负责任、想当然,出具畸轻畸重的证明也未可知,因此法官的这双“慧眼”,是绝对不敢轻信所谓带章证明的。双方都申请调查有利于自己的证据,看来二次乃至多次开庭是必须的了。而法院这个万能的“神”啊,就一家家地跑吧。

讨债难·“炮儿案”有果

2015年9月16日　星期三

上午调解原告李某诉被告某企业供货款案。原告夫妻俩到庭，被告一名副总和一名科长到庭。

原告的妻子先陈述全家为供货欠下贷款13万余元，企业不讲信用等。原告两口子都是老实人，说话不掩饰，所述均系实情。企业副总原是某行政单位副局长，主管人事多年，阅人经事无数，估计看出了原告的诚实与困难，马上表达了自己的同情心与目前企业的困境，并开出分季度偿还的“路线图”。

该企业今年不是第一次当被告，去年停产重组，才刚刚恢复生产两个月，欠账很多。今天副总能表示分季度偿清已是相当有魄力，出乎我的预料。谁知其话音刚落，原告却说时间太长，不同意。我告诉原告，只要被告第一季度不履行，便可申请强制执行，调解与判决具有同等法律效力。原告妻子问能否两个季度还清，副总表示得请示一下，出去打电话了。

小王进来说他正在主持调解一起5万元民间借贷案，问我一个担保责任问题，我回答后问他有无可能调成，他说估计不好弄，试试吧。小王现在真不错，敢试就有成效。

副总进来说就这样吧，两季度还清。原告可能没想到对方会如此痛快，竟连喊“谢谢”，原告妻子更是高兴得鼓掌，好像欠款到手了似的。

接下来双方说了很多客气话，原告还记了副总电话，感激不尽。十几万元货款，真能压垮一个小家庭，现调解成功，难怪他们如此激动。每当此景，自己都有种很幸福的感觉。但还不敢高兴太早，如果被告不按约履行，原告空欢喜一场，会有更大失望，法官也会受到更多指责，期盼企业践约或执行到位早日到来吧。

送走他们，已近十二点，赶快到小王办公室，这边讨价正欢。一名原告，三名被告（其中两个担保人）。现状是，双方均对借款事实无异议，但两个担保人称借条上没有约定利息，不同意对利息进行担保；原告今天没带借条原件，且坚持先还1万元；被告称没钱，目前最多先还5000元。四个人虽都年龄不大，但说话信心十足，很自以为是的样子，眼看十二点已过，遂不再作无谓调解，另定开庭时间。案多人少，有些同事是直接开庭，没时间专注于调解，费时费力。但我认为，调解仍是解决纠纷的最佳途径，若调解手段运用得好，于双方、于社会、于法院都有利无弊。

两桩“炮儿案”均已与主管领导到中院汇报并请示过意见，均原则同意驳回请求，但又认为因涉案人数众多，应考虑社会影响，建议在不超审限的前提下，宜在十一之后发判。说实话，这段时间，被几十个当事人轮番催得快顶不住了，无论如何，现在有了明确结果和时间表，便立刻与小曹分工各起草一“炮儿案”判决稿，我写32件的，他写21件的，然后互相“把关”，再由书记员负责字面校对，务求审慎，杜绝疏漏。

晴天霹雳：丢卷

2015年9月21日　星期一

下午正在院里开会，有同事走到身边悄声说主管领导叫我立即和他联系。简直是惊天一爆的消息：上午小曹下乡送手续时把一份卷宗丢了！且是一份刑事卷宗！

自从年初开始兼办刑案以来，小曹是民、刑思维来回转换，送手续、提人、沟通、请教四处奔忙。刑案由刑庭分案、安排具体工作、组织讨论案件并由相关领导最后审阅签字，小曹等于一身分属于两个庭，兼两个庭的工作，忙得昏天黑地，最终出事了！

按领导指示，我立刻和主管领导以及刑庭、政治处等十几名同志分乘四五辆车奔向小曹下乡的位置。

小曹上午是和书记员小张一起乘车去调查一起刑事案件证人的。从证人家出来，又去找村干部，进出过几个门，回来时还在法庭拐了一下。上午十一点快到县城时，小曹突然发现卷宗不见了(可以想象他当时脸色煞白的样子)。司机说一定是忘在法庭了，回头再拿吧。可小曹发现自己记忆断层，怎么也没有卷宗放哪儿的印象了，小张也回想不出有价值的信息。他们匆匆返回法庭、证人家、村干部家，又慢走一个来回把之前走过的路仔细搜了一遍，但什么都没有找到(脸色一定更白了)。三个人没心思吃午饭，一直折腾到下午三点未果，没办法了，只得汇报。

院长的急、恼、怒，自不待言，主管领导在车上气得说起了粗话，也难怪。主管领导已作最坏打算，路上一边走一边与院长及研究室的人商量如何写上电视的寻物启事。

小曹他们下乡的那个村头,紧邻大路,四通八达。小曹、小张、司机灰头土脸地站着,脸色蜡黄,嘴唇干巴巴的,刑庭李庭长和七八个同志已提前到了,村干部家、证人家等凡是他们去过的地方都反复找了多次。我一到他们三人跟前,毕竟一个庭的,心里更近些,他们描述着大半天来的“厄运”,感觉要哭出来的样子。看着他们的紧张与恐慌,尤其是小曹,跟生了一场大病差不多,真有些心疼,我说:“先吃点东西,歇会儿,再捋吧,谁也不是故意丢的。重要的是若真找不到,如何补救。”小曹、小张说不饿,我对司机小孙说:“这个点儿了,你去买些烧饼和喝的吧。”

这时我突然想起多年前和一同事送手续,临走时他把卷宗忘在车子后备厢盖上,正巧被一路人看到并提醒(我们刚上车还未关车门,一想此事就心有余悸)。赶快把这事跟大家说了。小曹看着我一脸迷茫,表示毫无印象。根据他们的叙述,大家分析卷宗在村头路边丢失的可能性大,但谁也不敢坚持己见。

别不作为,先回法庭。路上我跟主管领导说:“如果打算上电视,还不如先在沿路的各村通过广播找找。”主管领导同意试试。回到办公室,天已经黑了。我找出辖区地图,发现村头大路共通向 13 个村庄。再找出辖区内各村的电话号码,先把这些村打了勾,然后逐个打电话给这 13 个村庄的书记或村主任。经简单商量,决定由我打电话,就说丢了一个纸质档案袋(不说具体的卷宗内容),请帮忙立即广播寻找,捡到者有奖。

一通电话打下来,嘴唇有些发麻,我想倒口水喝。主管领导和同事们都没有抱多大希望,打电话时他们一直在讨论着其他办法,有人主张与派出所联系,有人认为找到的可能性不大了。

倒好的水还没喝到嘴里,电话铃声大作,十几个人的屋里一下安静了,大家都感觉到了什么。

果然!是 G 村书记打来的,说有人问捡到你们的东西奖什么呀。我手抓着电话扭头看了一眼主管领导,主管领导和刑庭李庭长迫不及待地抢着说啥都行!奖钱!要多少钱都行!

我对书记说,见面谈吧,我们马上过去,你一定等着啊!苍天啊,大地啊,小曹得救了!

路上,主管领导说只要是咱的东西,不管人家要多少钱都行,并说他身上有 2000 元先拿去用,李庭长说他还有 500 元。我倒替小曹担心起来,因为这奖金最后院里是肯定不会出的。

车开出没多远,我接到辖区内某镇司法所长电话,说是他的本家姐夫捡到了卷宗,下午就给他打过电话,他正开会,忘记告诉我了。我的那个兴奋啊,此时我可以确定小曹的灾难已经过去了!且代价不会太大,因为所长经常来法庭,和咱关系很好。

改变路线,先接所长!然后到书记家,最后到所长姐夫家。

看到姐夫递过来的失而复得的档案袋,抽出卷宗一看,小曹激动得双手发抖,恨不得亲两口,最起码当时我是这样想的。

姐夫说上午骑电车路过村头,远远看见一辆警车调头时,后备厢上甩下一个纸袋,掉在马路正中间,然后车子一溜烟跑了……

天哪,历史总是重演!我终于明白孔子说的"不二过"的重要性了。

最后,姐夫说什么也不要钱,主管领导给也不要。我说那我们就先欠着情,回头我负责牵头,好好请客答谢,由所长、书记作陪!他们开心地接受了。

回到县城已是晚上九点多,主管领导说今天都辛苦了,我请大家吃个便饭。小曹死活要拿钱,还点了好多菜。席间,我小声跟主管领导说,既然卷宗找到了,能不给小曹处分最好别给了,他还年轻,工作很卖力,非常不容易。主管领导已不再生气,说回来看看吧。

正是:福兮祸兮两相倚,忽冷忽热一日奇。好问力行仁智近,善善恶恶道不迷。

宁丢钱,莫丢卷,自上班以来的"古训"不可忘啊。

转案一月

2015 年 10 月 8 日　星期四

与 Z 法庭的刘庭长说好，同意接收我庭一个月的新案，终于能停停了。一个月没有新收案是种什么感觉？好久没有过了。至少，在接下来的 30 天里，手头的案子会减不会增，那是肯定的！规定的哪个庭案源少，其他庭的案件补上，实际操作中却不那么容易，领导不开口，由相关庭自己商量，这年头，有主动要案的吗？然而领导也是普通人，都不想得罪人，于是“旱涝不均”问题就一再持续。这次转案，除靠个人关系一再央求，也是差距太明显的结果。不管如何，转一个月也比不转强。

当然，两个庭主管领导不同，转案这种事须报主管和立案庭领导知道并同意。下午在院里转了大半晌，钻了几个领导的办公室，倒也不用什么书面审批，只是笑脸、感谢、承情之词少不了。终于办妥，赶快把这个好消息告诉小曹：“好好干吧，这个月案子不会多了啊！”小曹还是那么放不开地一笑，好像也没有多少兴奋。

另外，鉴于种种副作用，刑案也不再分给小曹他们这些基层法庭的了，但手里的未结案必须办完。可以恢复原来的一个民事思维了，总是好事。

上午开庭审理原告某汽车销售公司诉被告李某返还货车一案。原告代理人称，上个月被告打电话委托原告运输一批货物，原告的司机在装货时，被告将该货车扣押。原告要求归还货车及二十多天的停运损失。被告李某三十来岁，对扣车事实无异议，但称是因为之前原告未把被告的货物送到指定位置，造成其 12 万余元货物丢失。放车可以,除非原告返还货物或等值货款。

经过双方的陈述及举证,案情逐渐清晰。原来,被告在网上售出一批货,对方预付了 5000 元定金,被告按预订方留的地址和电话发货,并约定剩余货款到打到卡上。原告作为承运人把货送到后电话联系到接货人,接货人领着原告的车辆到另一地点卸货(两地相距不远,称是另一仓库)。卸货时原告与被告联系,被告说未收到余款,不能卸货,但原告已无法控制,卸货人说自己已打了款,必须卸货(款打给了网上为被告留电话号码的人)。原告只好向公安机关报案,经当地公安初步调查,此案涉嫌诈骗,将货物就地查封,继续下一步侦查。

案情其实比较清楚,货物还在,被告作为货主可以到当地公安部门说清楚。我给被告做了许多说理释法工作,可被告真的好固执,坚持应由原告去主张货物,不还货物就是不放车,随你法院怎么判。我说如果判决很可能还有车损,他说有也不能放车。

行政庭的某同事给被告说情,昨天打电话说被告是他本家弟弟,请务必关照。可关照也只能限于说法和调解,总不能违法、违背事实吧? 回头打个电话,解释解释,让某同事做做工作。同事之间,干同样的活儿,互相理解,大多说情并不太跑题,不至于不赢不罢休。有些同事还会帮助说理释法,促成矛盾解决,就更不能归于说情一类了。

一别两宽，各生欢喜

2015 年 10 月 14 日　星期三

今天是一起离婚案履行的最后期限。原告林某(男)和被告白某(女)自愿离婚,林某自愿支付白某 16 万元。前几天,我拿调解书原稿让主管领导签字,领导不可思议地问:“啥钱,这么多?”我说:“不好说,综合性的吧,所以没写那么清。”领导担心一方有诈,问:“能履行得了吗？他们都是干什么的?”我说:“都是教师,依我观察应该能履行。”领导看我说得有把握,也没再说什么。

信心来源于对本案的了解。成功而彻底调解一个案件,不比下个判决容易,有时需投入成倍的精力,有时需有数倍于专业知识的其他视野,社会、人文、历史、地理甚至心理方面等,因为每个人都有他自己的擅长领域,如果你在这个领域一无所知,或知之甚少,就走不进他的心灵深处,走不进他的心就很难与其进行全方位的互动与沟通。因此,向老一辈请教调解方法时,他们总是建议多看书、多学习,绝非虚言！一个知识贫瘠、视野狭窄、见识短浅、修养不高的法官是难以驾驭冲突激烈的双方的,更难以为非一日之寒的矛盾找到两全之策。

说实话,这个协议离婚,当初可不是那么自愿。双方都为人师表,要面子是共性;双方都大学文化、年轻优秀,说不定还是副高甚至正高,从他们内心讲有没有把法庭的法官放眼里都不一定。

第一次约见,双方互不理睬,场面冷淡。

我问原告林某:“为什么离婚,谈谈意见?”

他竟然不理我,不回答。

这时要是指责他或大发脾气批评双方,那就错了。我分析林某不理我的原因大致有四：

1. 内心矛盾冲突激烈，看见对方就来气，一时说不出话来；

2. 双方冷战日久，仍不想开第一口；

3. 头绪太多，不知从何说起；

4. 法庭和法官，远没有想象中的威严（没有古代的夹道持棍或现在的法袍、法槌），不信任。

我于是说："白老师，你在这边坐；林老师你过去那屋，咱们分开谈谈。"分开后，先不慌不忙地与原告林某谈学校、学生、教学的话题，过一会儿便顺利切入婚姻的问题。他称双方均系二婚，没有共同子女。婚后因性格差异，心理距离渐行渐远，后发展为互不信任，女方及其家人曾到学校闹事，给局领导群发短信造成不良影响等，而自己是局里刚提拔的校长。双方也曾谈过离婚，可女方竟然要 50 万元损失赔偿，"还不如杀了我，我去哪儿弄这么多钱！"

而和白某的谈话，是另一番场景。她说自己本有一个幸福的家，但林某离婚后再三追求自己。因一起工作的缘故，双方逾越了道德的防线，开始婚外接触。为了这场爱情，自己割舍了丈夫和孩子，净身出户，心理和经济上都损失惨重。林某现正处于事业上升期，想抛弃自己，没那么容易，坚决不同意离婚。

我说："你觉得现在你们感情如何？还有可能在一起生活吗？"

她眼泪一下子下来了，说："闹成这样了，也没啥意思了。不过不能轻易同意他离婚！"

我说："没有感情的婚姻，对双方都痛苦。坚持不离婚，也绝非最佳选择。至于各种损失，你可以在调解中求偿。"

"以前的婚姻我为了他啥都没要，现在离了婚我一无所有。我要求他赔偿 50 万！"她哭着说。

"依你看，他有这么多钱吗？你们一月的工资多少？要求应该理智、实际。"我进一步解释。

"至少也得 20 万，不能再少！"她清醒多了，不再赌气。

我回到林某处，结合白某的话旁敲侧击地与其讨论、证实一番，综合双方的生活、工作实际状况和影响，劝其弥补对方一些损失。林某最终咬咬牙说："最多 10 到 15 万，再多了我也没有，弄到哪儿是哪儿吧！"

双方都让了步，给了底线，但仍然有差距，如果这时候放弃调解，就又错了。人都有善良诚实的内心，也都有狡黠的一面，他们在讨价还价的时候，总等着超越双方思维局限的调解者去突破其最后底线。

"此时的他们，在想什么？"我问小葛。

小葛神秘一笑说，"总不会是当初的激情吧？"

我分析，此时林某在想：赶快结束；白某在想：拿到补偿。

针对以上两种不同心理的共性，我从钱款履行方式上入手，作为平衡双方意见的最后杠杆。

接下来，对男方施加的影响是：要想快离，涨钱。

对女方的暗中改变是：拿得多不如拿得快。

最终达成的协议是：离婚；7 日内一次性支付 16 万元，现金，法庭履行（他们好像不太相信银行卡和其他地方履行）。

上午 9 点半，林某与一位同事一起过来，拎着一个旅行包，往桌上一放说："16 万，刚取的。我先外面车上等，不想见她。"

过了一会儿，白某一个人来到法庭。

我说："这是刚拿来的钱，他说刚取的，我可没数，我也数不好。"（意思是需到银行一类）

她上前拉开包的拉链，用手一点说："16 个，不用数了。"

说完，打了个收条走了。

这时，我才发现她身材真的很不错，感叹：红颜薄命非由命，因果循环不在天。若非自作墙外事，怎有今日室内嫌？

无论如何，把双方深陷其中、无法摆脱的纠纷解决了，使其重新回到正常的生活工作轨道当中。对他们，消除了件大麻烦；对自己，费了很多功夫，但也学习提升不少。况且，对这般案结事了的案件负责，何畏之有？

打工受害实无奈，驾考被骗有过错

2015 年 10 月 22 日　星期四

上午原告杨某诉被告邓某、李某人身损害纠纷案开庭。原告杨某诉前就四处各种“告”，诉后又给院长发短信、打电话反映开庭迟、办案效率低等问题，好像全世界就他一个事。实际上，对待这类事我向来是全力以赴。

被告李某把建房地基工程发包给被告邓某，邓某雇用原告等人施工。事发当日傍晚，由于天黑、搅拌车死板等原因致原告手指离断伤，住院十天。

庭审中，原告律师认为，原告在从事雇佣活动中遭受人身损害，雇主邓某应承担赔偿责任；房主李某将地基发包给没有资质的承包人施工，应承担连带赔偿责任。各项损失共计 6 万余元。

被告邓某称，自己不是雇主，只是联系了原告等人来干活，自己没有参加该工程的任何活动，既没参与施工又不了解事故经过，与原告受伤之间不存在因果关系，不应承担责任。

被告李某称，自己房子地基工程是委托亲戚帮忙找人干活的，亲戚找的是邓某，工地上的事都是他管，所有工人工资也是支付给邓某。自己当时也在工地干活，但不管事，不应承担赔偿责任。

原告提供了病历、医药票据、交通票据等材料，并找到三名证人出庭，证明自己损害事实和雇佣关系存在。

被告邓某提供了房主亲戚证言，证明不是包工活儿。

房主没有证据。

原告跑得多了，咨询得多了，庭上十分理智。他当庭把伤情鉴定申请撤回了，且同意如果调解，在赔偿要求范围内可再作让步，自己愿意承担部分责任。倒是两名被告主意很定，拒不作赔偿承诺，坚持各自对事故发生无任何责任。

庭审进行了两个多小时，事实已经比较清楚，基本能够认定，关键是如何根据各自的过错程度适用法律了。本周争取把判决书写出来，下周发，否则原告肯定又要嫌慢了。

还开了一个原告张某诉被告赵某不当得利案，被告缺席。几年前，张某在某电车售后部工作，想办驾照。听其老板说赵某有能耐，只需几千元，不用去学习考试即可拿证。张某便委托其老板请赵某吃饭，又应要求直接给了赵某 4500 元，然后就等着拿证。结果石沉大海，张某很失望。刚开始还能联系上赵某，一直说再等等，后来赵某居然换了电话号码，玩起了失踪。收条上写着：收到张某 4500 元，用于办理驾驶证。违法如此，竟不以为意。

经核实，赵某确系某局职工，现停薪留职，不在岗位，手续由其单位代收。

今天赵某没来也在情理之中，骗财事实确凿，无从辩解；而原告张某侥幸趋利之心亦然，一个人在庭审中连呼上当，追悔莫及！不知可曾反思过自己的过错。

诉讼的诅咒

2015 年 10 月 28 日　星期三

今天王某急匆匆进来法庭，我说："你咋又来了，不是说等上诉期过了以后再来吗？"他神色慌张地说："宋某死了，就是前几天在西边那个村被几个孩儿勒死的出租车司机！"

不啻一记惊雷。宋某是王某之前起诉的猪饲料退款案中的被告，此案刚下判决没几天，判决宋某支付王某所退饲料款 1 万余元。

双方本系同村。宋某之父早年在县城某局上班，后全家迁至县城。宋某在某单位工作，因企业效益不好下岗后，做饲料代售生意，并发展了老家养猪户王某。期间因饲料质量问题，王某要求退货，宋某同意退货并为其出具了退货款欠条 1 万余元，但过了承诺还款期限，仍迟迟未还。王某了解到，宋某不太正干，喜欢赌博，手里总是缺钱，于是将其诉至法院。宋某人不好找，开庭前我们按王某提供的信息在某局找到了其父(已退休，受单位返聘帮厨)。其父代收了相关文书，但说自己也管不了，这么点钱，还是老家的人，还人家不就行了，话语间充满失望。

送传票的第二天，宋某即打来电话，满不在乎地说不算啥事，有钱就给了。结果，他开庭时没来。王某无奈地说，他就这种人，有钱就自己去玩(赌博)。

前几天发生一起出租车命案，没想到受害人竟然是宋某！

这让我想起前几年受理的三起借贷案。三名原告是一个村的农民，有一个年纪还比较大，来法庭要立案，说被同村的吴某骗了，吴某是某国字号银行职员。同村有些农民，尤其是上点年纪的，喜欢把积蓄钱交给吴某存银行。吴某一般随手打个收条，存期到了，拿收条找到吴某，就可把本利取回。可近期钱取不回了，据说吴某把这些钱都没存银行，而是作为高利贷放出去了，体外循环，现收不回，银行不认账。

三名原告起诉的标的不大，都是几千元。电话通知吴某时，他只说知道了，回头就还了。然而在开庭前几天，三名原告到法庭说要撤诉，因为吴某出车祸死了！

讼者，凶也。八卦这么讲，遇讼真是运竭时穷的节奏吗？古人说"一字入公门，九牛拔不出"，也是诉讼缠人、破财，最好不打官司的意思，是我国古代不主张轻易"讼"的哲学。科学地讲，诉讼让人分心劳神，寝食不安；烦恼陡生，脾气暴躁；患得患失，疑神疑鬼……一讼生百邪，如何不凶？

曾审理过一起离婚案，女方三十来岁，但对婚姻却抱怨、指责良多，三天两头来法庭诉说，令人躲之不及。后突然不来了，让人不解。后来才知道(听她本人说)，她有一天骑电车来法庭，因思虑过重，只顾低头思索，竟一脸跌撞在路边大石头上：住院二十多天，脸部缝了十几针！这只是偶然吗？由讼生烦愁，烦愁生灾祸，诉讼的诅咒是迷乱心智。

看，息讼就是息灾难，伟大的工作。今后，要提高办案效率，尽量说服当事人实事求是，使其早离诉讼，劝其勿摇摆不定，欲决不决，更忌颠倒黑白，故意拖延，情同自毁！

有人说：三流律师凭法律，二流律师凭关系，一流律师凭哲学。法官办案何尝不是如此？高水平的法官能够把法律融于哲学，善于平衡与协调，注重法律终极目的和社会实际效果，而不是机械地搬用法律。

孔子云："听讼，吾犹人也，必也使无讼乎。"意思是我审判案件和别人没有什么不同，但我的目标在于使人们不争讼。

稍安勿讼啊！许多纠纷不一定都要通过诉讼解决，还有诸多解决途径，把无讼也作为一种生活追求吧。听不听由你，这是我善良的忠告。

婚姻必杀器

2015 年 11 月 3 日　星期二

上午秦某(女)诉郝某(男)离婚案开庭,双方结婚两年多,均二十三四岁。男方是父亲陪着来的,女方则是一个人。秦某庭审中思路清晰,直言婚姻破裂的原因是男方阳痿,且久治不愈。郝某则目光不敢直视,说话犹豫,先说自己没有病,不同意离婚。秦某一听十分生气,厉声责问:“没有病!那你从来都不要求?都等我喊你!新婚后下了班宁愿和朋友喝酒也不回家!我看你是故意欺骗,你早知道自己有病!”

犀利如此。无须举证,也知口非空言。大家都替郝某难过,年纪轻轻,相貌堂堂,生个这病,真是!

郝某抬起头,白惨惨的脸上有些微红,说:“那不正吃药吗?”

“医生说能治好吗?”我赶快关心地问,也有为其解嘲的味道。

“能,医生说得吃三个月中药。”郝某低声说。

“去年我跟你去专业医院看,吃了八个月中药,管用了吗?我不是没等过你,离婚吧,我不能再等了!”秦某的声音更高了,听口气在这场婚姻中她的确没做错什么,是个无辜的受害者。

郝某嘟囔着说又找了个熟人医生,正在治疗,结婚不容易,希望暂不离婚等。

秦某看郝某坚持已见,提供了一份精子化验单证据,证明郝某患不孕症事实。拿过来一看,结论为:70%死精,30%精子游动方向向后。天天听不孕不育的广告,但这么奇特的生理症状诊断还是第一次目睹。作为同类,真的太替其悲催了!

秦某似乎感到了我的同情,拉下脸说:“结婚为个啥?不就是生儿育女、传宗接代吗?你不能生育,我不是守一辈子活寡吗?”

话说到这个分上,虽有偏激,亦无可厚非。毕竟,现代社会,超越了低级的物质需求,人还有精神层面、生理需要不是?

无子女,无共同财产及债权债务,没有其他方面的纠缠,庭开到最后,双方几乎要达成离婚协议了,郝某说要去趟厕所,但估计是找其父亲商量,果然回来后就坚决不同意离婚了。休庭后,一直没有争吵的双方,不知为了哪件事放起了狠话,在我的劝说中走了。

“天地不仁,以万物为刍狗;圣人不仁,以百姓为刍狗。天地之间,其犹橐籥乎?虚而不屈,动而愈出。多言数穷,不如守中。”

世上的事,就是这样,客观地存在着,好的很好,坏的亦然,冷静对待,多言无益,不如守中,就这样吧。

借力：侄儿的调解

2015 年 11 月 13 日　星期五

又是一天的忙碌。上午是起离婚案，先调解吧。让书记员小王把一群领手续的人带走，我主持这边的离婚调解。

双方均系二婚，但已结婚十年多，婚生一个女儿，女方起诉男方，舅舅陪着来的，理由是性格不合，男方不正干，不顾家，坚决不同意调解和好。男方是位七十来岁老者陪来的，不知何关系。男方递交了半页纸的答辩状，意思是过得挺好，为了孩子，坚决不同意离婚。双方分歧悬殊，话不投机，一见面就开始互相指责。

女方说男方没挣到钱，倒花几百元买了条狗，双方为狗的事没少生气。

男方说你在大城市打工，挣钱多，也不知挣的啥钱，还瞧不起家里人了。

舅舅说我们(与男方)在一起上班(舅舅帮男方找的工作)，你总是请假，能挣钱吗？拿什么养家？

老者说离婚不好，再给男方一次机会，先和好吧。

大家声音越来越高。今天我的嗓子有点毛病，刚喝了口水说，离婚看人品，其实解决问题的最佳方法掌握在你们双方手里，希望谁能在同时为对方考虑的情况下说出来。说完又去喝水，一时冷场。这时推门走进一位三十来岁的小伙子，估计门外也听了好大会儿了。我正欲让他回避，男方急忙说是其侄儿。

侄儿黑黑的肤色，挺个大肚子，第一印象不好。调解最忌讳中间增加一方的亲友，尤其是愣头小伙子。嗓子发痒，我真不想再调解了，等小王开庭吧。

有了说话的空档,侄儿马上开口接话了。口才不错,关键是还十分在理。他说双方都不用瞪眼(生气),再大的事都能说(调解),现在婶儿既然坚决不过了,俺叔也不要再坚持了,现在离,将来过好了,只要双方愿意,还能复婚。一番话引起了舅舅和女方的共鸣,气氛瞬间转暖!

我立刻对侄儿的话大加褒扬,并推说应由他来主持调解,因为有些话由他说出来,的确会有事半功倍的效果。侄儿谦虚一番,显然更加卖力。

接下来侄儿直接说,你们离婚,妹妹在家上学,婶儿不要再带走的好,下面商量婶儿出个抚养费,如果没啥也就这了。

侄儿的话,八成能代表男方,也就是说,他这些话其实就是男方的意见。于是趁热打铁,我直接问男方要多少抚养费,男方说按起诉状上的要求。起诉状是女方写的:孩子由其抚养,男方出抚养费每月 300 元。现在倒成了男方要求的依据。

我回头征求女方意见,没等女方回答,舅舅就迫不及待地回答:“同意!”

男方试图让女方一次性履行抚养费,女方不同意。我说还是分期比较好,因为工资通常按月发,法院一般也不会判决一次性支付。侄儿说,人家法院说到这儿了,就听人家说吧。

双方最终达成一致意见。侄儿的作用真是太大了,幸亏他进门时没把他赶出去!

荀子《劝学》曰:“……登高而招,臂非加长也,而见者远;顺风而呼,声非加疾也,而闻者彰。假舆马者,非利足也,而致千里;假舟楫者,非能水也,而绝江河。君子生非异也,善假于物也。”信矣。看来君子的本事,得好好学学。

小王打发走他屋里的人,我这儿正好说完。我说写吧,小王未曾换口气,立即开工。

下午两点半,是一个养鸭厂合伙纠纷案开庭,原告是特别授权的律师出庭,被告根本不承认合伙,没啥好调解的,直接开庭。

庭审中吵吵嚷嚷举了一大堆不规范的证据,小王记得累极了,一直开到四点半多。

我回家时拐弯送昨天吃闭门羹的手续,仍然没人。

小众的快乐

2015 年 11 月 16 日　星期一

今天梁某所诉的借款案已是第二次通知到庭，上次是梁某未带借条原件，双方意见也相左，没开成庭，也未调解下去。

警车一进法庭的大门，梁某便笑容可掬地举手和坐在前排的书记员小王打招呼，小王也下意识地举手。我赶快提醒，不能一进门就跟当事人打招呼、握手之类的，甚至尽量不对某个人点头微笑，因为对方看到了容易误解，某个外国的电影里就有一个法官和当事人握手的镜头被对方律师拍到，庭审时该律师提出申请，要求该法官回避。小王也觉出了不妥，因为当时梁某就是和两个担保人(两名被告)站在一起的。他做了个鬼脸说，若当事人打招呼咋办，冷若冰霜？还是视若无物？法官的快乐和热情属于小众型，所谓法官的寂寞；同样，因工作的及时性和烦琐性，要扬名立万也绝对是小概率。

我下了车，一院子的当事人谁也不看，径直往楼上的办公室走。梁某紧追着我，说今天原件拿来了；他和两个担保人已谈了会儿，两人仍有均同意说和的姿态；只是借款人还没来，是不是该缺席开庭了；还有，我和你们法院好几个人关系都很铁，昨晚还和执行局的某某在一块喝酒了等。声音低得只有我能听到，其精明溢于言表，真不愧是做生意的(据他说有涉及酒店、服装等多个生意)。我面无表情，一句未接，直到进了屋，指着沙发说："先请坐，你们稍等，同时和借款人再联系一下，我到镇政府开个会，估计会儿不大。"

刚才来的路上接到镇办公室电话，镇党委李书记让我上班后去找他一下。李书记比我小两岁，口才好，能力强，思路清晰，经验丰富，深谙乡镇工作脉络。我来这儿两年,除了正常的汇报、沟通外,对各位领导也很客气尊重,毕竟法庭在这个地盘上,许多事情还是要依靠地方党委政府的,比如现在同志们吃饭就在镇政府伙房,上面自 7 月份停了伙食费后,至今一直没个说法。当时向领导诉苦,李书记爽快地答应我们乡里搭伙,并给予工作人员待遇,大家都非常感谢。

李书记是说镇政府协助农村商业银行集中清理一批陈旧贷款,具体过程的合法性需要指导帮忙,可能诉讼的希望能提供些咨询。一听是这事,我毫不犹豫地答应了,说回头具体负责人员有哪些不清楚的,尽管问我,一定解释好,我不懂的,再请教立案庭的同志。李书记很满意,招呼给我倒水。我说喝不了,还要开庭得走了,李书记对在场两个副职开玩笑说:“你看,当庭长的还亲自开庭,不会吧?”呵呵,在行政单位眼中,法院的庭长是什么?甩手掌柜吗?负责全面而无任何具体工作的领导吗?差矣,李书记!你我实不能比啊。

回到法庭,梁某和两名担保人说借款人联系上了,说是记错开庭日子了,正打的往这赶。我说好,说明他有诚意。另外,通过上次见面了解,在各方对借款事实无异议的情况下,我认为借款人对调解协议最没有发言权,所以还是你们先拟方案,只要考虑到借款人的履行能力就行了,也节省点时间。双方同意我的看法,有了上次调解经历,这次意见显然都成熟得多。原告梁某要求返还本金 4 万元,另加利息 1 万元,共计 5 万元。两名担保人都同意,但考虑借款人的偿还能力,要求分批返还。在分批问题上纠缠了不少时间,直到借款人来了还没说好。借款人也是担心分批问题将来出问题,希望能每月少点,双方几乎谈崩。

快到十二点时,原告终于同意被告的分批方案,但要求加一个罚则,即如果再违约,要承担另加余款月利率 1.5%的责任。借款人说同意,不会再违约;两名担保人却表示不愿承担这个责任。经劝说,原告最终同意了两名担保人的意见。

小王早已做好开庭的前期笔录,我说那也不用再麻烦改了,就算在开庭过程中调解吧。呵,小王还真不知道,有些惊奇,我又给他讲解了相关的程序和具体操作。

下午主管领导催要各种任务完成情况的数据,说是要在党组会上汇报。办案任务超额没问题,宣传、视频直播任务完成得不好,但也有无能为力的原因,有一长必有一短,留一样挨批吧,只能这样了。

停访息诉

2015 年 11 月 26 日　星期四 

包信访案是法官的梦魇。试想，一个法官判决的案件，败诉一方在上诉又败诉，甚至已被执行的情况下，仍然不服，选择到市、省甚至赴京信访，这时再让原来的办案法官来承包处理该案，要求必须让信访人停访息诉，先不说效果如何，合适吗？我曾包过一个信访案，是位妇女，都六七年前的事了，人的面孔都得仔细回忆。回想数年前为了房檐滴水三番五次调解下的那个功夫，现在还心生烦扰！是真不想再见啊，但没办法，这种事没人替你，对外叫案件终身负责，内部叫“谁的屁股谁擦”，回避不了的。明知见面也解决不了啥问题，但按要求必须见面。于是叫书记员打电话，说是法院的，你的那个事来说说。她一听挺高兴，兴冲冲跑来了。进门见是我，愣了好一会(三分认不出，七分想不到)才说：“咋又是你？”失望之余想扭头就走。我也觉得索然寡味，无从说起。

今天是陈某来了。她是小刘以前所办案件当事人的妻子。小刘在时，解释了好几次都没效果；小刘借调走后，她又来过几次，每次对她说小刘不在时，她总是报以怀疑的目光。我很理解被信访人纠缠的烦恼，但有两次还是主动叫她来诉说。我的感觉是陈某没有那么“闹”，至少能顺畅沟通，她可能觉得我能听她诉说，也比较信任我。前几天，又接到限期结案(5 日)的信访案，陈某赫然在列。小刘仍未回来，我成了自然包案人，打电话叫她今天过来。

说实话，包别人的案子心理压力要小得多，或许是角度不同的缘故。今天我也很有信心，准备让陈某签下停访息诉保证书，而有了保证书,算结案是没问题的。

她一进门,我当着其他当事人的面给她让座、倒水,询问她身体状况(之前她说过身体不好),谈她的子女情况(作为母亲谈之无厌),如同亲戚,但就是不说正事。直到她感觉都不合适了,说:“到底叫我来干啥呀?你这么忙(我一直同时接待着其他人),我一直坐这儿算啥?”

我一看她急了,笑着说:“今天叫你来签停访息诉保证书的。”

“签那个干啥?”她明知故问。

“不非法上访了呗,按正当途径表达自己的诉求。这一段时间实际上你也没去过对吧?”

“签这有啥用?”上访人总是怕吃亏,她还有点不解。

“签了就说明以后不再非法上访了,当然不签也不允许非法上访;但不签你就是重点信访维稳对象……”

“你说我签不签?”信任价值无限,她向我求教了。

“签吧,吃不了亏的,啥事都得用合法手段。我也不会骗你。”说不骗她的时候,我顿感责任重大。

她冲着对我的信任签了字。

“人心其实比天高,比海更遥远”,但若有了信任,人心其实很简单!

但我始终认为,让法官灭信访的火,绝对是一种设计缺陷。

重燃生活希望

2015 年 12 月 1 日　星期二

上午判了件不准离婚案。双方都四十五六岁,两个儿子也二十好几了,女方硬是要求离婚,令人费解。当然,不幸的家庭各有各的不幸。一家四个人天各一方,夫妻俩分别在很远的两地打工,长子独立另地打工,次子读大学。女方称当初虽系自由恋爱结合,后因家庭琐事发生矛盾,现不想再共同生活。

作为同龄人的我,是该羡慕还是该同情?我的婚姻还是包办呢,现在生活也不能算一顺百顺,想撂挑就撂啊?就是份普通协议的解除也得考虑责任和后果啊!

上午还审理了杨某诉司某偿还借款案。司某今年是法庭“老主顾”了,连续当了数次被告。司某的丈夫本来开了个农业合作社,规模还不小,在当地也有很好的信誉。不料丈夫突然身患癌症,子女尚未成年,合作社无人管理,顿时陷入混乱,典型的因病返贫。今年上半年其丈夫去世,一些债主开始起诉司某,司某以前本未参与过合作社业务,如此一来更是又悲又愁。之前的案子根本就不应诉,听天由命。我在该案送手续时与她谈话,在同情她家庭遭遇的同时,也鼓励她振作精神,想办法重整旗鼓,不要回避债权人起诉,因为债权人也有自己的难处,回避本身就是不诚信,会引起别人更大的反感。反之,正确面对,争取债权人的同情和理解,争取最大的回旋余地。

今天开庭司某真的来了,看来是听进了劝告。庭审中对方果然十分理解司某目前处境,调解时不仅自愿放弃了利息部分的请求,且同意 10 万元分成三年偿还。这是我所见过的延期还款最长期限的案件了,且当前没有任何履行(所谓“空调”案)。司某含泪接受了,虽未言感谢,但能看到一颗重燃希望的心。

《警世通言》有诗云:自叹年来运不齐,子孙零落却无遗。心怀东海波澜阔,气压西江草树低。怨处咬牙思旧恨,豪来挥笔记新诗。男儿不展风云志,空负天生八尺躯。

人生若只如初见

2015年12月9日 星期三

今天审理了一起民间借贷案,经开庭审理发现其实际上是一起谈恋爱分手费案。原告景某(女,外地人)在当地一家私营企业上班,与男同事谈恋爱刚分手。此时,文质彬彬、爱好打篮球的王某大学毕业恰好来到这家企业。景某觉得王某比原先的同事善解人意得多,两人立即坠入情网,出双入对,歇班的时候常帮王某洗衣服什么的,情同夫妻。

后来,王某常收到一些莫名其妙的短信,意思说那人与景某在老家已经订婚,且已有夫妻之实,甚至说还有孩子。王某本来就比景某小两岁,且刚毕业,一听此事,决意分手。景某说是原先谈过的朋友故意捣乱,若要分手,只有一死了之,并威胁说要到领导处告王某对自己如何如何,王某当时正是领导器重对象,拟提拔任用。于是王某把景某约到县城一家咖啡厅说事:要和好不可能,开个条件吧。景某要求补偿3万元,王某当时没钱,便出具了个借条,纠纷暂解。

后景某回到老家,与发短信的那人结婚成家。现全权委托一位律师提出诉讼。王某戴副眼镜,尚有三分稚气,庭审中面对对方律师时情绪激动,言之凿凿,且提供了两名前同事作证。庭后他又给他的律师朋友打电话咨询,更加坚定了自己的态度。总之,借条系分手时被迫出具,并不是实际借款,自己一分钱都不会偿还。景某的律师也与景某通了一番电话,景某同意调解,且表示对方偿还2万元即可。

面对这种情况,我征求小曹甚至书记员小葛、小王的意见,也电话咨询了主管领导的意见,分歧很大:有人认为借条真实明确,应当确认和偿还;有人认为综合全案,基本能确定借条系分手时胁迫所打,借款事实不存在,应予驳回。但大家一致认为,若考虑双方实际情况,此案最好能调解结案。

而要调解,就必须把王某这个愣小伙说服“拿下”。于是叫来王某,开始“政策”攻心。

“毕竟好了一场,你又打了借条,就出点钱吧,看来 2 万元就能说成。”先动之以情,慢慢商量。

“我根本没借她钱,凭啥给?她不说实话,也别怪我不仁义!”一副翻脸不认人的样子。

“就当是给你洗衣服的费用,何况当初那么好,分手了也得表示表示啊。”试图唤起当初的情愫。

“我没钱,不给!”满怀必胜信心。

“你以为这官司必赢啊?不要道听途说!我明确告诉你,通过庭审,我对案件事实最有发言权:打借条能构成胁迫吗?3 万元数额算多吗(庭审中他曾说自己不会借那么多钱)?约定分手费就可以不讲诚信吗?”不来点怒的,还以为只会商量了。

“判决我会输吗?那我考虑考虑。”他怕的是判决。

“会不会输不一定,一定的是,若判决,不会跟你们任何一方商量。判决是硬邦邦的,没有弹性,更没有人情味。”我说的这句可是实话。

最终,他又打了几通电话,终于同意和解,双方达成支付 1.5 万元到底的协议,当场履行。

双方走后,小葛鄙视地说:“哼,早知今日,何必当初!”不知何意。

晚上回想二人惊心动魄、百转千回的相遇,尤其是后来差点“民转刑”的经历,让人觉得生活在现代的他们比纳兰性德优美诗句的境界、气度逊色太多:

人生若只如初见,何事秋风悲画扇。
等闲变却故人心,却道故人心易变。
骊山雨罢清宵半,泪雨霖铃终不怨。
何如薄幸锦衣郎,比翼连枝当日愿。

小案的价值：菌种风波

2015 年 12 月 18 日　星期五

生活中的一些事,总不那么清楚;生活中的一些人,总陷入侥幸或疏忽状态;生活中的一些纠纷,总不知公正该如何体现。

原告勾某诉称花 500 元从李某处购买的菌种(平菇种子)不合格,全系死菌种,不能生菇,导致其重新购种、装袋操作,损失超过 1 万元,现要求赔偿。李某到庭后也是叫屈,理由有二:第一,卖菌种的很多,你凭什么说所购菌种是我家的?第二,我家卖出去的菌种很多,即便是从我家购买的,那么就你一家是死菌种吗?咋没别人吭(反应)?

原告购菌种没有发票,甚至连一张手写的收款条也没有,立案时只有一张重植菌种工人的书面证明,证实耽误季节,重新种植菌种的用人、花费等事实。

谁主张谁举证。若开庭分配本案举证责任,原告八成要败诉。但平心而论,原告作为一个农民,购谁的菌种应该心中有数,一般情况下也不会故意指错出售方;误季重作的损失或许有些夸大,但损失大小肯定会有。购种时一手交钱一手拿货,没有发票或收据,说疏忽也好,说符合交易习惯也好,亦在情理之中。

仍平心而论,被告作为当地常年的售种方,赔损事小,声誉事大。现在你没有任何凭证,说买了我的种子质量不好,我就得赔偿,而且还要赔偿其他的间接损失,这个头千万不能开,一开以后就没法做生意了。

于是撇开证据,启动深入“共情”模式:一起讲,讲道理,讲人情,讲生意规则;分开谈,谈法亦通情,谈孰轻孰重,谈吃亏是福。谈话中了解案情的来龙去脉,是非曲直,以及让步底线。

上午被告说要回家与妻子商量一下,下午原告嫌赔偿太少,结果我用了整整一天的时间,促成双方最后达成协议:被告当场赔偿原告 1000 元,不出调解书,由原告撤诉。

说实话,这种案子能处理好,最有成就感。事情虽小,但对双方却是很大的烦恼,且担心矛盾的升级与发酵。看着原告感激的和被告敬佩的脸,觉得自己解决了一桩现实的纠纷,做了一件很有意义的事。

一直以来,定分止争。也许这,正是价值所在吧!

姐姐又来县城住院输血。姐姐患再生障碍性贫血病已经 18 年了,医生说是幸运之神创造了奇迹,因为该病是败血病的类型,自身不造血,指望外部补充很难持久。感谢幸运之神!让姐姐如此坚强地活着!18 年来,姐忍受了超乎想象的心理和身体的双重折磨,而我们兄弟姊妹却忙于各自生活和工作,对她的帮助微乎其微,可她对生活、对别人,从无怨言。

我把自己同情、怜悯的手足之情全都装在心里,无形之中对姐姐的话格外在意,对她的事也格外上心,这常引起别人的腹诽,是他们不理解这份厚重的相惜之情啊!

真心祝福姐姐,活着就是生命的价值和意义!

冬至·大案

2015年12月22日 星期二

冬至,是小时候一个妇孺皆知的节气。还有好多天,老人们就开始唠叨:快冬至了!问冬至干什么,他们会说:吃饺子,安耳朵!安了耳朵,一个冬天耳朵就不会冻着了。过了冬至,天气仍然夜长日短,正值严冬,实冻腊月,数九寒天,一如刚刚伊始。这时老人们又要说:吃了冬至饭,一天长一线了。白天渐长,意味着天气渐暖。现在想来,原来冬至是一个漫长黑夜的结束,走向温暖的肇始;是一个寒冷煎熬的终止,热切希望的升腾啊!

随着年龄的增加,我也重视起这个节气来。昨晚打电话落实了爸如何吃饺子的事情,同时也和面拌馅包饺子,今天一大早便给孩子们"安耳朵",自己与妻郑重其事地各自盛了一碗,我还喝了半碗面汤,然后去上班。世道总是这么循环轮回着,真是年龄越大,行为模式越像父母,小时候我最讨厌吃完饺子喝汤,可他们总说什么原汤化原食,非让喝汤不可。到现在可好,吃完饺子不喝汤,总觉得还少点什么。

拿闺女的话说,也是老了?

上午审理的是件标的为450万元的民间借贷案,其中借款本金为350万元。这是我处理的最大金额的案子(上半年小曹审理过一件900多万元的),案情并不比1万元标的的案子复杂。立案时确定的适用程序仍然是简易,这在以前简直不可想象。开庭时,被告方公司对借款事实无任何异议,只是对应偿还利息时间及数额表示记不清了,需要查账。庭审完毕后,打电话到公司询问无疑后,同意调解,双方最后达成分批偿还的一致意见。如此"大案"真的一个上午就到底了。

受大规模“资金链断裂”的影响,本地担保公司、实体企业成片“躺枪”,已不稀奇。大量的资金紧张、运转不畅、诚信缺失、政策不力现象,也同样波及普通的民间借贷,导致诉讼案件大量上升,极大地动摇着投资人、债权人的信心。前段时间,一条造谣微信就导致本地某国字号银行发生挤兑,便是明证。

还钱也是机会

2016 年 1 月 4 日　星期一

原告吴某 60 岁,诉其表弟还款 1 万元。款是 2006 年借的,当时还约定月利息为 2 分。吴某平时走街串巷,赶集上会,卖日杂用品。他一来许多人都认识他,有人跟他打招呼,问这段时间咋不见去他们村了,他也不客气地说你们村太多"赖货",不想再去。怪不得吴某的案立了后,他经常不约而至,看来可能是顺便路过。他肥胖的身躯,黝黑的皮肤,脖子上始终朝前挂着一个老式腰包,估计是装零钱用的。他穿着随便,好像因为肥胖,合身的衣服不多,有次穿个外褂后面竟赫然写着"××饲料",走起路来一抖一抖的,让人忍俊不禁。

吴某做生意很忙,来了话不多,说完正事就走。我问他为何这么长时间钱没要回来,他说双方是亲戚,钱借给他了,自己就做不了主了。数年来,年年说给,但本金、利息啥也没给过。这不,前段时间说要起诉,老表竟立刻翻脸了。我问,那你老表是否真没钱啊?他说,钱不多也许是真的,但哪会 1 万块钱都没有?毕竟也一直做着生意呢,占着别人的钱不还,也不知咋想的。

上周他们的案子开庭,吴某一见他老表就黑着个脸,一言不发;老表一直哭穷,说什么生意赔了,儿子不争气了,真没法过了等。出于提前对案情的了解,我没费多大工夫就调解到底了。先把老表批评了一顿,最后让爽快的吴某吃了点亏:下月还款,放弃利息。

今天下午,吴某又走进来,一脸无奈地说老表昨天突发疾病去世了。我说,那你打算咋办?他说,能咋,就这呗,老表自己倒是想还,还有机会吗?

老话:黄金未为贵,安乐值钱多啊。

执行担忧：不执行，宁毋审

2016 年 1 月 12 日　星期二

原告何某起诉被告刘某买卖合同欠款 1 万余元今天开庭，刘某的妻子到庭，表示做生意赔了等，再三哭穷。何某说已经欠了几年的账了，至少先给个三五千，然而架不住对方一再地讨价还价，最后达成每月偿还 500 元的协议，还是从 5 月份开始。刘某的妻子连 60 多元的诉讼费都要讲价，不想承担，直到我说本案诉费减半，只收 30 多元的时候才不吭声了。真不可思议，如此锱铢必较、心细如发的人，做什么生意能赔得连万余元都拿不出？何况现在两口子不都在打工挣钱吗？完全就是得寸进尺，故意耍赖。

这种人很会钻法律的空子，或者说很会利用别人的资金。法律不是鼓励调解吗，他故意把还款时间拉得很长，然后也不按约定还，让对方申请强制执行，说不定还有执行难，一推二躲三硬顶，数年就过去了，最后真不行了，再在执行调解中讨价还价。这正是我们民事调解的软肋！要破此局，必抓执行！生效法律文书必须被执行，换言之，生效法律文书除非另按法定程序申请救济，否则即使错误的法律文书也得被执行！强制执行无条件，除了强有力的执行手段外，还应受到全社会的理解与支持，形成积极履行法律文书的氛围，不主动履行法律文书者就是不遵守社会规则的人，应遭到全社会的鄙视，其社会评价理应被降低。

法律文书不被履行和尊重，就是白条和废纸，影响的不仅仅是法院形象，而是整个政府和国家信誉。所以我总是对庭里的同志们说千万别为违法者说情，今天减少他们的违法成本，就得为我们明天的利益受损买单。

到 5 月份，但愿何某不会成为一个陷入执行泥沼的申请者。

抵账对决·全年成绩

2016年1月20日　星期三

某镇长打电话说他的一个本家弟弟的官司在我这儿,是一桩欠款案件,本家弟弟是原告,给别人干工程被欠了八九万元,现家里有事急需用钱,希望关照。

所谓关照,无非是原告的案子立了,希望能快点,说话好听点。其实这两样现在早已不成问题。案件多,期限紧,让你不快都不行;言辞更是没问题,耐心温和,毫无脾气,用网络上的一句话自嘲:纵你(当事人)虐我千百遍,我始终待你(当事人)如初恋,真是恰当极了!当然要真为镇长的原告弟弟着想,还是多调解调解吧,如果能协商把钱还了,哪怕少点,时间长点,都比判决要好,毕竟速度快,也不伤和气。

上午的调解中,被告方对欠款事实无异议,就是钱有些紧张。原告也是早有思想准备,他直接抛出了还款方案:被告所欠8万余元按8万元还,零头不要了(一下少了几千)。再就是,若一次性还清,可再少一万;若分期还,先还两万,其他的分一年还清。被告方轻咳了两声,看来还不满意,说一次还清,少两万行不行,原告不同意。被告方又说用一辆车抵账,车折抵2.5万元,7日内再给现金4.5万元。原告说自己有车,二手车没用,也担心车况、违章、过户等一大堆问题。

做大生意的(建筑商)就是不一样,连打官司都被他们弄成了生意场:察言观色,处处设防;花样翻新,寸利必争;欲擒故纵,不温不火。看着他们讨论得热闹,我也以静待动,随他们的思路进退,在气氛凝固、接近冷场时,提议把车开来看看再说(当时原告基本不同意)。被告打了个电话,一会儿车就被开到了法庭院儿里(可能早有准备)——

一辆半新的吉利远景。原告及随行人员一看,说:车留下,成交! 可能是车况大大超出了他们的预期。

写完调解书,原告说车抵 2.5 万元,比减两万现金强,并说他看车况不差,心里有数。

下午开全院干警会,总结上一年的工作。我全年收案 200 件,结案 160 件,结案量全院第一,也创了自己收结案的纪录;小曹也 130 多件,名列前茅,成绩赫然。但我不愿在同事面前谈这些,因为现在的司法环境下,有许多"有识之士"是不愿办案,或尽量少办的。所谓干活越多,出错越多。在我和小曹两人所结的近 300 宗案件中,判决结案的竟然近 200 件,其中近 100 件上诉了! 这在往年是个不可思议的数字,但真就发生在刚过去的一年。回想一个工作日结一件案子的匆忙和辛苦,真的很无话可说。不想要任何表扬和奖励,只默默地祈求平安:所有的案件公平公正,所有的细节没有疏漏,就是最大的回报了。

梅溪先生(耶律楚材)有言:"兴一利不如除一害,生一事不如省一事。"很有道理。

环境的诅咒：性无能

2016 年 1 月 25 日　星期一

原告张某 25 岁,自前年结婚至今,只与丈夫侯某共同生活过三日。原因竟然是丈夫在新婚第三日回省城工作岗位后,一直以工作忙没时间为由不回家,即使是原告生病给其打电话,被告不接也不回,反应十分冷淡。

今天开庭时间已过去一个多小时,也不见被告身影。原告断言被告不会到庭,并再三要求缺席开庭。庭审中问原告双方婚后是否产生矛盾或因故生气之类,原告说没有;又问原告是否怀疑被告在外面有第三者,原告回答说不怀疑。

原告个子不高,留着学生短发,给人一脸稚气的感觉,话不多,问啥答啥,更不像说谎的样子。今天是与其姐姐一起来的,一开始不好意思开口,后来可能她自己都觉得离婚理由难以成立,才说起了离婚的原委。她说,其实结婚后双方没同过一次床,男方没要求,自己也不好意思说,总想时间长了就好了,谁知被告越来越不理自己。被告也不听其家人的话,只一味地上班,任岁月流逝。第一年春节回娘家,被告显出了与常人的不同,吃饭不进屋,一个人在外面,极不随和。后来原告才明白,被告没有性能力！也不感兴趣,自卑心理严重,封闭自己。被告本不想结婚,是其父母包办才勉强结的。双方也曾尝试过协议离婚,但因接触过少,无共同语言等原因未能成功。现双方生活分居,经济无涉,互不关心,关系冷淡。

开完庭,我试着给被告打电话,问今天开庭是否忘了,为何没来。被告说没忘,去了也没啥可说,你们看着判吧。

不幸的人,不幸的经历,真是各有各的不幸,让人惋惜。

因不孕不育而导致离婚,日渐其多,真的与我们的日常饮食有关吗?还是环境污染系最终杀手?

无论如何,整日的雾笼霾罩终究与人类对美好生活的追求背道而驰;放眼望去,遍地垃圾飞扬、污水横流,无论你身上揣着多少钱,都会心中不快!以前搞环保说是为子孙计,现在看应该是为自身计。自身不保,连孩子都生不出来了,奢谈什么子孙?

已经习惯每天早上看手机上的空气质量指数,200、300屡见不鲜,400以上至爆表也不少,稀罕的是100以下,珍贵的是50以内。远山浓黛,近柏苍翠,云谲波涌,雨霁彩虹,这些词已渐行渐远,不怪我们没文化,而是生活中对应的情景绝少出现;晴空万里,星河灿烂,夜观北斗,启明星晨,对孩子如同天书,不是他们不感兴趣,而是从前的天气常态成了如今难得一览的奢侈物!

经济发展,生活富裕的同时,必须注重环境保护的时刻到了!所谓利在当代,功在千秋。

珍惜大自然赐予人类的空气、阳光、土壤和水,不再恣意毁坏、随心挥霍!因为:天作孽,犹可恕;自作孽,不可活!

所以,你我能做的,少开一次车,少抽一支烟,捡起脚下的那块废纸片吧!

水平

2016 年 1 月 28 日　星期四

数年前调到市委工作的前同事给我打电话，很客气而官方地问晚上是否有安排。能有什么安排？下午下班陪老婆孩子到次日上班算是最大的安排了，一段时期以来，日子很有规律，非常平静，十分珍惜，也很不想被人打扰。

这位同事很少联系，甚至在一个单位上班的时候也没太多交集。所以，吃惊之余，实事求是地说没有安排。接着他说，晚上六点四十分，好日子饭馆，S 副书记想请庭里的我和小曹坐坐。他再三强调时间，还说他现在在外地，但会在那之前赶到饭店。S 副书记原是德高望重的镇党委书记，后到县政法委任职，论说也是我们的直接领导或监督者，不好推辞。但是，礼下于人，必有所求，估计肯定与案子有关，于是便说，有啥事只管指示，不用坐。同事马上说，没有事，只是想请庭里同志坐坐，领导也很忙，机会难得。其口气不容置疑，我们也就只有听从的份儿了。我跟小曹说，他也很不乐意去。现在的司法环境下，说情的领导、同事都很节制，请客吃饭少之又慎。而法官们更是工作繁忙加如履薄冰，一提应酬都讳莫如深。用一位同学的话讲，属于“官不大，不好请；不随和，难打缠”的那种。

我和小曹两人商量，觉得跟领导汇报一下工作还是应该的，说不定还能争取对办案上的支持，况且领导有领导的水平，单从预约时间精确到分钟就让我惊诧，且也并没有说要过问案件啊。

晚上到饭店时，前同事早已订好了房间，等在那里。过了一会儿，S 副书记进来，说是事多来迟了，向我们道歉，很随和，很低调。我和小曹说不喝酒,也未勉强,只让我们各自分了一小杯,而他与前同事每人倒满一大杯,比我们面前杯子里的水还多,豪爽之气直冲脸面。席间除了礼节性的互相敬酒,就是聊些以前生活、工作中的插曲、对比,都很平常,他们说得多,我俩话少。直到临近结束,前同事才说,S副书记的一个亲戚在小曹那儿是个被告,希望公正处理吧。我忙说那肯定,现在公正处理还唯恐有细节闪失,哪还敢有故意偏颇?书记端起酒杯说,事不大,我一直说法院会恰当处理的,他(亲戚)却一直不放心,你们只管放手处理,多调调,他这儿有啥不好说的,我来做工作。

领导就是领导,说话全面又简洁:说领导该说的话,也说你本想说的话,结果他讲完了,你也无话可说了,补充一句话都多余。只有感谢:感谢领导的信任与支持。

饭后,直奔大厅前台,说结账,回答账已结过,前同事与领导一边聊一边从后面走出来,很从容,没事儿人似的。

又逢岁末

2016 年 2 月 4 日　星期四

又到阴历年终,有些案子是注定不能过年的,否则你就过不好年,所以这几天一直在加班加点,争取把该结的全结了。今天上午把陈某(男)诉杨某(女)的离婚案判了,还是判决不准离婚。尽管陈某及其律师反复表明离婚意决,但他们夫妻间并没有原则性矛盾,均是因一些生活琐事生气,婚生两子女,且临近春节,女方住在娘家,不合风俗。故几经斟酌,判决不准离。预料宣判后原告会大吵大闹,还好担心的事并没有发生,真不想在春节前还遇到吵闹不止的事。

上午还调解了宋某诉宋某某夫妻二人借款 4 万元案,本案事实清楚,只是宋某某经济紧张,最后双方达成每月偿还 5000 元的分期还款协议,宋某放弃了对其妻的诉求。

下午宣判了四名原告诉三名被告确认合同无效纠纷,该案整整办理了三个月,涉及多个家庭,利益交织,冲突激烈,本想调解结案,下了很大功夫,费了很多时间,最终未能调成。前几天才把判决书赶出来,修改数次,今天总算出炉。宣判后双方不声不响,但我知道这肯定是个上诉案,因为几方矛盾至少暂时不可调和,领判决书的人不当家,当家的是幕后的“高人”,他得回去商量请示后再作决定。但不管怎样,案子暂时是在规定的简易程序内结了,心里也有一时的轻松吧。

还有十几件案子未结,列了个清单,分别注明重要的程序节点,尤其是审限到期时间,都要等春节后处理了。

《岁末有感》:年年岁岁花相似,岁岁年年人不同。花开极致有悔心,人至中年始愧形!

春节

2016 年 2 月 8 日　星期一

每当一家人一起过年,尤其是看着老人脸上的微笑、孩子们的欢快,就感到特别幸福:看得见,摸得着,实实在在。真的,幸福不是因为看到了才相信,而是因为相信才看得到!我们都是远视眼,都在倾力追求遥远的幻影,往往模糊了最近的幸福。

小时候喜欢过年,但最烦过年的规矩。现在干什么,然后干什么;不能做这个,不能做那个;这顿吃什么,下顿吃什么,都规定好了似的,连话也不能随便说,否则就可能挨骂甚至挨巴掌。

现在年龄大了,没人管了,自己反倒成了这些规矩的卫道士。这不,孩子们兴奋着要吃饭了,我却正经地说:等等,要先放三个响炮仗才能吃。结果没人愿意去,最后还是我去院子里燃放了才罢。其实,这是啥规矩,无非是小时候妈妈教我做的,做得多了,思想被禁锢住了,搞得好像不放不能吃年饭一样,或一吃年饭就想起了放炮仗。

照例守夜早起,起床后先祭拜、放头挂鞭炮,然后是给父亲磕头拜年,父亲给孩子们发压岁钱。接下来是开街门,串门给长辈们拜年,几乎把整个村子都跑遍了,直到中午时分才回来。每家都让烟劝酒,把持不好的,酒早就喝多了。

今天中午,几个发小聚到家中喝酒,小勇说自己平常回家少,过了年又立即走了,干脆就中午喝一回算了。于是妻弄了几个菜(过年,家家都有现成的下酒菜,好弄),满上酒,便开始了自小及今的广泛话题。

好在几个发小谈兴很浓,争抢发言,都没有喝醉。

下午带孩子们看村子里传统的腰鼓年会,腰鼓队是近几年才组办的，二十几号人，有领队、指挥，各司其职，都十分投入。新购的家什，统一的服装，表演起来既热闹又有观赏性，也别具传统的精彩和朴实。一路走来，不断有门口宽敞的人家摆出烟酒、零食或鞭炮，叫“拦会”或“截会”，于是队伍由一条长龙变成圆圈，老少都围着看，表演者则更加卖力，寒风中舞得满头大汗。

今年的短信、微信拜年明显少多了，且大部分都错开了春晚等黄金时段。天增岁月，人也都学会替别人着想了，进步。

借调归来

2016年2月18日　星期四

小刘回来了，无声无息又回到了原点，这是我没想到的。小刘原定借调两个月，实际在外帮忙了近一年，感慨良多，不过因为所办均为纪委机密案件，不便谈具体案情，只说工作上加班加点，无规律，人瘦了一圈，昔日凸出的肚子倏然不见，法官服穿在身上空荡荡的，人倒是更精神了。据他说是因为近来坚持爬山、步行，瘦了30斤，我想至少还有两地跑、工作费心的缘故。小刘是个有上进心的人，工作从不落后，加上年轻，办案一向效率高，节奏快。可以想见，他在借调期间也定是一腔热血，倾注了不少精力。要不，你的减肥效果那么好？爬山步行的人多了，几个月能瘦几十斤不常见啊！

无论如何，合议庭人马又齐，现在是三审三记，尽管小王是临时的，但终于实现了多年前奢谈的一审一记。倒是该考虑去庭里坐车的问题，因为不管小刘怎么瘦，车上也坐不下六个人。人多总是好事，车到山前必有路，先不想这个。

年后大家见面，俨然一个大家庭，遮不住内心的兴奋与充实。至少就上年案源看，再不用恐慌与匆忙，就像前年，三百多，不足四百件，每人一百多件，仍是那句老话：此有曹刘，何惧之有？去年我和小曹已用自身实践演绎了两人收四百件的实绩，何况今年可是破天荒的三书记啊！我甚至窃喜自己是否可以稍微歇歇了。我在第一次庭会上激动地宣布：小刘与小葛，小张与小曹，小王与我，六人三小组，化整为零，齐头并进；需合议时化零为整，共同面对。两年多的实践证明，我们的组合是全院最上进、最优秀、最具活力的团队，没有之一！我的内心十分确信。

去年我与小曹各旧存几十件未结案,这下好了,增添了一位无旧存的“大匠”,今后新收案一律归小刘,直到“填满”为止(追平旧存平均数),小刘当仁不让,小曹脸上也露出久违的轻松笑容。

不伦关系难维系，逼要花费几成空

2016 年 2 月 26 日　星期五

原告崔某 1964 年出生,系有妇之夫,妻子常年有病。被告王某 1986 年出生,系有夫之妇,丈夫智商稍低。崔某诉王某欠款 8 万元,有借条为证。王某辩称借款事实不存在,借条系强迫所打,在当地派出所已报案,可以调查。

经双方陈述及调查公安卷宗,了解到两人经朋友介绍认识,后建立不正当男女关系。崔某称,在近半年时间内,王某以各种理由陆续向他借款八九万元(审理中王某称只花过崔某 200 元),崔某称这些钱大都是他的借款,在自认为追要无望的情况下,心生一计:找几个人假装向自己逼账。于是有一天,崔某把王某约到路边,正说话间,一辆轿车突至,从车上下来几个人对崔某又推又搡,逼问为何欠账不还、不接电话等。然后,他们要求崔某上车,崔某顺势把王某也拉上了车。车行不远,来人逼问崔某借的钱都花哪儿了,崔某说都花王某身上了。来人说那不管,各打各条,各要各账,要求崔某打了 7 万元借条。然后,崔某顺势要求王某打了 8 万元借条,后将王某送回原地。

上午开庭时与崔某一起来的有两个人,王某父母与丈夫都来了,还有一个手臂上有文身的人。双方看来互怀敌意,冲突一触即发。

我对该案作了综合分析后(派出所作了笔录还没有最后结论,刑案基本上是构不成)认为,双方其实是由不伦关系引发的财产纠纷闹剧,如果继续闹下去,对当事人双方及其家庭都是一种伤害和负面影响。最佳方案是快速解决,使双方生活恢复平静。

调解?能吗?书记员小王认为不可能,开庭的笔录开头都打好了。一个手持借条,索要8万元;一个自认被逼,坚持一分不出。加之感情纠葛,由爱变恨,矛盾扩大,各自多方求教,诉求差距悬殊。

但另一方面,双方也有共同点:(1) 事发后都乱作一团,均无万全之策,毕竟不是好事,都想尽快摆脱;(2) 因事涉男女关系,从常理分析,王某借(或花)钱的可能性很大,崔某的求偿数额也可能会有较大让步。

一瞬间的念头闪过,对小王说:"调解,试试?"小王笑说:"这要能调成,那就出邪了!"

方案必须在当事人双方分开的瞬间确定。首先,突破王某底线,让她承认借钱并同意还钱;其次,尽量压低崔某要求,2万元以内。

突破王某攻略:(1) 从常理分析,男女分手时,多是女方施压,男方出钱或打借条,此案有悖常理,结论极可能是女方借(或花)了男方大额的钱;(2) 就女方报案情况而言,他人(亦可说是男方)直接威逼的是男方还钱打条,而不是直接威胁女方,女方打借条有自愿的意思(笔录中亦表露出有借钱的事实);(3) 派出所迟迟未处理,不排除事实不清或因构不成违法犯罪。

压低崔某攻略:(1) 年龄比女方大二十多岁(比女方父亲小一岁),丑事做罢,影响不宜扩大;(2) 即便你所说借钱均属实,但当时未出具借条,你支付钱的目的不明确,能否支持尚未可知;(3) 派出所结论未出,不代表你的行为不违法;(4) 钱乃身外之物,应为自己的错误行为买单。

因双方来的人数多,调解时楼上楼下分得很远,以免某人某句话不当引发冲突,只是害得我要上上下下跑。好在自己向来不怕跑,只怕没成效。

经过一番软言硬语,全面撒网,重点突破,王某的亲友团同意出3000元;崔某同意3万元到底。至此,已是中午十二点多,我对小王说:"重大进展!看好吧,你饿不饿?"小王眨眨眼,好似鼓励说:"那就看你的了。"是啊,按惯例,吃饭的时间取决于何时调解结束。最怕过十二点刚有眉目的情况:弃之必不成,取之则太迟(最担心司机闲饥难忍啊)。

不过我一向认为,过了饭点的调解,当事人最有诚意,效果也最显著。驾驭双方讨价还价的技巧,也是在法官饿着肚子的时候最容易被发挥到极致。

再后来的一个台阶,是王某涨到5000元,崔某降到了1万元。

最后,双方达成了返还借款8000元的一致意见,正好是原诉求的1/10。

写好协议,弄完各种签字,小王抬抬手说:北京时间,下午一点三十分。但眼中充满了敬佩与成就,经过一个时期的磨炼,小王在案件担当上早已与我共进退了。

亲自推门去叫司机,他正看一个手机视频热闹,我不好意思地试探:“吃饭吧,饿透了吧?”他一骨碌起来笑着说:“不饿。”情绪还挺高,我才稍感欣慰。

所谓“世风日下,人心不古”,此之谓乎?机关算尽太聪明,反误了卿卿性命。观某人所为,日思夜想,反复斟酌之策,最终却是误名误财之行。

取消审批签字

2016年3月1日　星期二

司改的步子日益走近。

经党组讨论，审委会决定，为落实“让审理者裁判，让裁判者负责”的改革精神，审理案件正式取消院、庭长签字制度，且一般案件不再上审委会讨论。尽管一直说早晚要取消签字制度，但这一天真的来到了，还真有些惊讶与不适，正如被管惯了的孩子，一旦放开手，他倒不会玩了。因为那个地方是领导签字的，签字意味着把关，至少是领导已阅。现在由自己执笔做主，不免有些手抖。

改革总是往利大于弊的方向发展，提高审判效率，避免领导干预，使审理者更有责任心。就庭里而言，首先是减轻了我不少负担，不用再把曹、刘写好的文书字斟句酌。三个小组也可以名副其实地齐头并进了。快速高效时代真的来了！

上午某汽车运输公司诉挂靠车主案开庭，公司要求解除挂靠合同。到庭的车主称自己不是实际车主，而是替朋友签挂靠合同者，现在自己也不太了解该车状况。公司因车主不履行原合同义务而要求解除合同，以避免以后可能发生的事故责任，签合同者也不想因自己的签字涉身其中，所以庭前没说几句，双方即达成一致，同意解除合同，解除挂靠关系，车辆限期过户出原公司，今后的行为与公司无关。

该公司去年就起诉过数起此类案子，小王不陌生，很快就把协议写好了。他的业务现在一点不比正式的书记员差，且肯干，能干，无怨言，很难得。书记员对案件、法官实在太重要，不可或缺，应早日实现名副其实、可退可进的单独序列管理。

还有一个缺席庭。只有原告何某全权委托的诉讼代理人来了,其他人都是未到庭。何某已经退休,在某企业打杂帮工。数月前被同乡张某所述的利益回报所吸引,将自己平时积攒的 6 万元借给了张某。未曾想回报尚遥,张某却因一场急病去世。何某向其妻主张,被告知双方于 20 年前就离了婚,并说张某后来又数次结婚,子女数量不明。这下可急坏了老何,忙把张某与原配的三个已成年的儿子告上法庭,要求在其所继承遗产的范围内偿还借款。

庭审中,我给院档案室打电话查询张某离婚情况,果然有其离婚卷宗,又电话与老何进行核对,庭审时间不长,除了几张借条,也没别的证据。

庭审完毕,已近十二点。那个让我头痛的信用卡套现借款案双方当事人来了,说是私下说好了要撤诉。前几天电话中了解到双方正在调解,没想到距离审限还有 9 天的时候真来撤了。现在的年轻人脑子活、思路多,他们通过又一单生意来解决诉讼纠纷,确实是我未曾想到的。

让自己走在淡泊的路上,而不是憔悴地挣扎在名利途中。是的,什么时候都应低调、淡泊,说实在话,做实际工作,人生意义就存在于生活点滴中、具体工作里。所谓的名与利,有则谨守之,无则不妄求,不要为那些空的、虚的光环所遮蔽。自己付出了,很优秀,很安心,别人如何评说都不重要,勿把别人看得过重,也别把自己摆得太高,才能轻松地前行,开心地生活。这样的人生才能少些负累。

爱非取悦·鸡肋之谶

2016年3月9日　星期三

上午大家都要去庭里,原来的车是坐不下了。服务中心派了一辆面包车,六个人坐了一车。这种情况倒也不多,因为人多了事情也多,法庭、机关各有其事,前段时间就很少有一起去法庭的情况。

路上,开始大家说了些笑话,后来话不多了,只有司机与书记员的偶尔几句。不知是久不在一起生疏了,还是三小组案子各不同,没了共同语言,或是面包车太颠,噪音太大,说话不便。更大原因是取消签字后,"放权"办案,各自为战,互不了解,心里都有一本没有把握的账,动不动思维就被案件"裹胁",有的甚至烦恼到梦中。

到了庭里,三人分头"扎入"案件,正常的话再见面要到午饭时,第三次见面是下班了。

午饭问题仍没解决,还得操心赶镇政府食堂的时间点。二楼改建卫生间和加装饮水机的报告打过几次了,领导也同意了几次,就是不见落实,都懒得再反映了。这几年法庭的基础设施投入不少,但能真正提高办案效率,方便同志们工作与生活的却不多。何时配备物品前能问问法庭的同志需要什么呢?

我上午的两个案子是春节前的旧存。一个是郭某(男)诉丰某(女)离婚案。双方自由恋爱,婚后生一女。男方在县城上班,因孩子较小,女方在家带孩子。男方以婚后感情平淡,女方对公婆不好为由要求离婚。春节前给女方送传票,女方就对离婚百思不得其解,说自己自婚后,一直很努力地对丈夫好,丈夫爱吃的东西她都记着,给丈夫买衣服尽量是名牌、上档次的,而自己穿的大都不值钱,丈夫打电话说需要用钱,她就赶紧将自己的私房钱 5000 元汇给他。丈夫平时不在家,她与公婆一起生活,如何对他们不好了?

上午开庭时,问郭某是否同意调解,他说坚决不同意和好,而且迟早得离婚。问他为什么,他回答没感情。

丰某激动地说:“咋没感情?是你对我无情,你上班经常不回家,偶尔回来,也总是躺床上睡觉、玩手机。你即使不想看我,也应该看看孩子啊!”

“你是否知道你不在家我们是多么操心你?我多想让你回家时多看我两眼,陪我逛逛街,陪孩子玩玩!”丰某说到动情处,两行泪水连珠子似的往下掉。不由让人联想起“此系真情,不可相负”的台词来,不知郭某为何还这般无动于衷?

庭开到底,双方对其他事实意见均一致,就是在感情问题上态度迥然不同,离与不离各执一词。从开庭到休庭,郭某始终侧身面向审判台,未瞅丰某一眼。

拼命对一个人好,生怕做错一点,可对方就是不喜欢你,这只是取悦,而不是爱。爱应该是相互的,有回报的,单方取悦式的爱不仅畸形,而且不会长久。

庭后,小王说:“我就奇了怪了,女方这也能忍?明显是男方外面有人了呗!她为什么不选择离婚?”

我说:“你不是她,怎知她痛?爱情城堡中的事,不是城外人能懂的。”

第二件是王某诉崔某借款 5 万元案,有借条。崔某辩称王某还扣着他的装载机(铲车)一辆,要求返还。先让双方从自己的角度诉了一番苦,我又分别“点评”并体谅了双方的难处,双方情绪明显由激动变得温和多了。崔某开始诚心诚意地述说自己目前的各种困难,王某表示自己很理解,也不想落井下石,如果能在年底前分两次还清,可以减少 5000 元。

我看崔某还在犯愁,一言不发,遂接过王某话说:“一次性偿清,4 万元行不行?”

王某一瞪眼说:“也行,图个干脆。”

我连忙对崔某说:“快答应吧,还愣啥?”

崔某这才反应过来,说:“谢谢哥,给我五六天筹钱时间,一次性偿清,我拿钱取车!”

当事人走后,小王说:“可厉害啊,你咋知道原告会同意再降5000元的?”我说:“你没听原告说还得一直操车的心吗?车扣后不敢使用,还得放好,成了食之无肉,弃之不能的鸡肋,久之必生悔意。现在原告是真不想替被告保管车了啊!”

今日大学同学群里,又聊起毕业二十年聚会,大家出主意,拿方案,气氛热烈,好像马上就要相见了。回想十年聚会的群情激昂、餐盛酒满,心中闪念而过聚会的目的,只不过是相互见见面,相互印证一下彼此,印证一下情意,印证一下廉颇未老之心,至于丰盛的酒宴之类,只是形式而已。想到此,感而作《二十年,让我们继续:再致大学毕业二十年》:

二十年,
我们相聚,
不必盛宴。
只是看看,
你的脸上——
是否还激情依旧。

二十年,
我们相聚,
不必深醉。
只是好奇,
你当年的稚嫩——
是否还如影随形。

二十年,
我们相聚,

不必狂欢。
只是见证你我，
每隔十年的身躯——
是否还矫健如初！

其实，
此时的我们，
需要静谧，
——在林间的小路上；
需要浪漫，
——在草坪的石桌旁；
需要相互的心灵慰藉，
——比如一个真诚的握手或拥抱！

二十年，
尘埃满面，
沧桑锁眉？
二十年，
新欢旧恨，
桃花春风？
二十年，
岁月轮回，
物是人非！
二十年，
你这把犀利的阔口刀啊……
恣情随意，
纵横游刃？
二十年，有你，有他，也有我！
好——
让我们继续！！

发到群里,丁胖子第一个回复:“好诗啊!”

这家伙,上下铺那会儿,就爱调侃我写的东西,现在还是,只不过给我留了一层未置褒贬的面纱,不知要吐啥“象牙”,切!

“院长直通车”

2016 年 3 月 16 日　星期三

一年一度的县人代会刚开过。今年院长做工作报告时，向各位代表发放了若干“院长直通车”信封，承诺代表们若有问题可与院长直接对话。

这不，前两天办公室主任转来一封经院长批示的“直通车”信件，要求就所反映问题快速予以解决。信是辖区内一位村书记写的，反映该村一家企业两年未向村里上交土地承包费及各项摊派费用，合计好几十万元。该村人口不多(不足 2000 人)，却是当地数一数二的富村强村。企业多，以省辖市命名的公司就有四五家，加上一些规模小点的企业，总共十来家之多；福利丰，村民用电费用有减免，年底有分红(集体企业)，六十岁以上老人另有旅游、发放物品待遇；农耕便利，浇、犁、收等全部免费(村里有多台农用机械)。村委会气派，大院位置优越，占地宽敞，十几间四层楼房不比一些乡镇政府差，村里有多名市、县级人大代表，村主任、书记更是市、县两级人大代表。

这样的农村，在全县乃至全省、全国都不落后，我的印象中应该是一片政通人和、物阜民丰景象。事实上，矛盾总是无处不在。

经了解，村委会与企业之间没有规范的协议，多年前有过一个合同书(早过约定期限)，有其他企业每年交款的收据，也就是说，是约定俗成，别家每年都这样交的。老书记说：“打官司，村上肯定赢。人家都交，就你不交，你就没理！你们说是不是？再说都是村上的人，不想弄得太不好看，你们先劝劝他。”

叫了两次该企业负责人，开着奔驰车，话却很低调。他直言其向村里交钱没依据,但又说也不想因这个钱与村委会作对,只是村干部不兑现承诺,心里不顺,不想交。他举例说,自己厂的围墙与几户村民相邻,村民无理强占围墙滴水,当初村干部答应处理到底,但至今未落实。

就此事求证,老书记说这事是有,但不是主要原因,最大问题是该企业负责人对村主任个人有意见,双方因各自利益结了点怨气,经人说和多次未能消解。

按说至此,完全可以汇报调解结束,建议双方走法律程序。但院长几天来已过问了好几次,看来对这个首开的"直通车"非常重视,那就再试试吧。在现在案多人少的环境下,未立案便如此劳神费力去处理一个纠纷,既舍急救缓,又有诉讼资源分配不均的违法之嫌,好在这种事不会常有。何况,即便立了案,也是本庭分内事,仍少不了从头再来,就别牢骚了。

今天来回谈了一天,有些筋疲力尽。老书记与该公司老总都是县人大代表,同时也都是资产几百万元乃至几千万元企业的负责人,大浪淘沙,身经百战,不是一般当事人,跟他们"过招"本身就得累并小心着。

越是渺茫越是一种转机,越是低谷越容易迎来新的开端,我有信心。

明天调整思路,再试试。让代表们满意,领导也高兴,事关法院能力和形象,最大的政治啊。

车改·人员微调整

2016年3月24日 星期四

上午周某诉成某借款案开庭,成某是法庭司机小孙的拐弯熟人,小孙事先跟我说了些情况。一年前,成某以高某为担保人向周某借款5万元,格式合同上的利息写着月息3分。成某三十岁,挺着个肚子,说话粗声大气,一看就是个粗人。问他对借条有何异议,他说没异议,但真正的借款人(使用人)不是他,而是担保人高某。且说高某就在外面,可以证实。

这样一个案子,照常理完全可以调解结案的。可当我语重心长、推心置腹地拉开阵势,开始调解的前奏(基本上确定了调解的通常思路)时,突然被原告微笑着打断:"咱别调了,开庭吧。"

"调解不伤和气,效率又高,且调解与判决有同等法律效力,你有啥担心吗?"怕原告没听懂,马上问。

"我懂,谢谢!还是开庭吧。"原告平静得很。

似乎是第一次如此自讨没趣,那就开吧,叫小王。

庭审中成某口头答辩提出的几个问题概括为:(1)该借款的实际使用人是高某,且现在高某承认也同意分批偿还;(2)第一个月的利息已从本金中扣除了;(3)借款后共支付过五个月的利息。

对以上问题,周某的回答一律是否定,没有,不存在。

成某申请高某出庭作证,高某所说与成某所说虽不完全一致,但基本思路相同。

因开庭晚,休庭时已过了十二点,到了乡伙房,吃饭基本结束,伙房师傅又给我们下了些面条,每人吃了一碗,算是一顿饭。回法庭时我说:"不该进行那么多调解,原告根本没有诚意,也好像不当家。一到关键时候就说要上厕所,明摆着是去请示意见。"

小王说:"那肯定,你没听被告说原告也只是替别人办事,出借的钱其实不是原告的,他有幕后老板。"

"综合全案,借款事实难以推翻,但从本金中扣除利息和已支付几个月利息的事是否可以说说?"取消领导审签文书后,我已习惯与书记员探讨简单的案子,因为他们也是最了解案情的人。

"你凭什么判断利息从本金中扣除和已支付了几个月的利息?"小王机敏地问。

"证人高某啊,他是在场人,你没看到开庭时原告不敢或不愿发问证人,甚至不敢正视证人吗?原告明显有说谎的故意!"我最讨厌不说实话的当事人。

"不对呀,庭长,今天开庭时我就感觉你对原告很有成见啊,被告没有说出来的话,你老替他概括,好像一直在提示被告。证人高某可是这笔借款的担保人啊,你怎么知道被告与证人没有串通说谎?"小王不紧不慢,第一次与我持这么截然相反的意见。

"有道理,你感觉到我的先入为主了?成某是小孙的熟人,小孙跟我说过一些情况,不会受影响了吧?"我惊出一身冷汗,自己一直在顺着小孙说的思路走,尽管已忘了他说的事。回想一下,今天的确有些情绪化,始终对原告心存反感。

回到庭里,又认真听了小王对本案的意见,挺有道理,肯定了他的观点,也反思了自己的感情用事。

"车改"正式推行,全院车辆和司机都是归机关服务中心一口管理,每天统一派车,法庭用车填派车单就行。但"车补"只有标准,并未执行,这样的改革就像没有钢筋的建筑,不会牢固,随时可能走样。

小曹与小张调到另一法庭,属于微调整,大家无语又无奈,不知为什么,有何必要。领导曾信誓旦旦承诺的合议庭两年一调整没有兑现,看来也没有兑现的意思了。

但调整总有其道理,就这样吧,好好干!随遇而安,也是一种能力。这是临走时我说与小曹的话。

期待传票·酒瓶款·缺失的正义

2016 年 3 月 28 日　星期一

上午只有一个案件开庭，小王提议在去法庭的路上顺道送个手续，说早打听好了，老太太现住二儿子家。这是一件离婚案。老太太 1951 年出生，再看原告，竟是 1935 年出生的。如此高龄离婚，多是再婚，多因财产、子女，可悲的老年婚姻！

我已很长时间没上门送过传票了，但对上门送达被纠缠却仍有充分预估。一下车，小王便四处问人打听。有说不知道的，有说往前走的，问了五六个人，总算有一不太警惕的大娘指着不远处右手边正在家门口菜地拔草的妇女说："就是她家，那是她儿媳妇。"马上进入状态，小王不知是紧张还是咋的，说手机找不到了，我把我的手机给他以备拍照(小王送达以来，多以拍照留置为主)，为避免麻烦，须调无声模式，我不在行。

走近，我先问："忙呢？这是任某某家吗？"

她扭头看了一圈说："送传票的吧？"

真是个爽快人！一般找婆婆，儿媳不管事儿的多，今天不同，说完就往家里领，好像等好久了似的。

婆婆不在家，丈夫在沙发上躺着，说是感冒了。原来因老人婚姻之事，对方已来家里闹过几次了。他嫌丢人败兴，想赶快弄到底，早等着法院的传票了。

签完字，走出被告的家，小王才发现他的手机一直在自己手里。

前后还算顺利，但也用去一小时左右。何时能把送达的问题解决了，效率会提高很多。

上午的庭，是原告诉几名被告偿还啤酒瓶款 4000 余元。几名被告均未到庭，缺席。原告手持两张皱巴巴的小学生写字纸，上面乱七八糟地写着欠款、欠瓶等。原告见我目光怀疑，便开始详细解释。大致情况是，原告开了个废品收购站，李某常去买酒瓶赚差价，不想李某后因车祸去世。李某的弟弟开了个商品批发部，经协商同意用商品抵账，原告就买了 4000 余元的烟酒。李弟残疾，单身，其兄死后也是家中顶梁柱，其嫂稍有智障，据说其兄的赔偿款也都是他拿着。他有娶嫂之心，奈何嫂无嫁叔之意，很快另嫁他人。至此，李弟不悦，不再同意抵账，明言各算各账。本欲省事的原告无奈只得为 4000 余元酒瓶款起诉了李某妻子、子女和父母。

正开庭时，院领导和监察室的同志来检查上班工作情况，同时检查庭里的各项设施。我又一次汇报了二楼改建简易卫生间的事，领导很认真做了记录，像是马上要落实的样子。

下午还是那件同村几个人打官司的案子，因原告提供两名证人要求开的二次庭。原定两点半的庭，被告直到四点半才到。开庭时双方针锋相对，各执一词。为 3 万元借款是否偿还撕破脸皮，恶言相向，谎话连篇。庭开到六点才结束。回城时，小王看我仍在烦恼，说："也别烦了，我看就依借条判吧，我们还原不了当时的事实，也很难主持他们几个人之间的正义啊！"

诚然，正义在正义感缺失的人群中极难体现。

用老百姓的话讲："都不是啥好东西！"

判后有感·家事调解

2016年4月5日　星期二

八份判决书集中写好,基本检查完毕。无以言表的心情。

首先是累。集中写判决书工作量很大,但很多时候就是挤一块了,也是没办法的事。文书要求一字不错,不是件易事。每个案子都有其特殊性,即使案由相同,情节相近,也是各有各的细节。而稍有不同,在文书上都要体现出来,绝不是简单的复制与粘贴。首部、案号、诉讼参与人情况、诉求、答辩、争议焦点、证据、事实、论理、法律依据、判决主文、落款,一样都不能粗心,不能有误,而事实上哪个地方都有可能出错。依我的经验,文书校对是不能完全指望书记员的,最后一次把关必须亲力亲为。

然后是担心。文书的规范、无误只是担心内容之一,最担心的还是实体判决,也就是判决的恰当性问题。担心事实认定不准,担心适用法律不当,担心改判,担心上访。终日为案件忧心忡忡、寝食不安的法官不在少数。常想:判决,除了法律知识,还需要绝对的智慧和勇气。“三尺公堂忘了怕”,可现实体制中的法官那是真的怕,无所畏惧需要各种保障啊!

最近,领导打电话说,为做好家事审判工作,打算成立家事庭,要物色专门的家事调解员,有基本工资,另有办案奖金。问到具体如何操作和工作,回答是摸索当中,只说十分重视,所需资金也好协调,不会让他们白干。我对这些工作总是不解,家事调解作为解决社会纠纷的多元机制本无可非议,但不能无限上纲,更可憎的是改革中总掺杂些花拳绣腿,务虚浪费。聘用社会上非专业人士处理家事纠纷,且不说效果会如何,更让人担心的是会造成法治的倒退,解决纠纷的同时如不能引领正确健康的社会风气,即便一团和气也难说是法治的进步。

也许谁都能解决或摆平一些纠纷,但形成诉讼的纠纷不是谁都能处理的;由职业法官依照专业法律知识定分止争也是程序公正之一!

让街道大妈、退休干部(包括退休法官)来充当现代社会矛盾的斡旋者,甚至还将其搬上电视大演特演,所谓“百姓调解”之类,都是法治的短视行为,势利行为,也是一种庸俗的猎奇行为。长期来看,其弊端早晚要出现。

法治的路是一步步踏实走出来的,不是靠想就行的。所谓的方法、途径、经验再多,数据再好看,也不能逾越某些必要的规范和程式。

杀一儆百：小王被辞风波

2016年4月12日　星期二

审判流程管理程序录入的准确率已经成了上级法院的考核通报标准。春节前,小王无意间发现三件“炮儿案”信息录错:少录审判组织成员,被记三处错误;加上上个月还有一件结案时间录入错误,预感要出事。果然,在第一季度案件推进会召开前,主管及相关领导通报说,在已经开过的党组会议上,院长非常生气,表示必须兑现“一号文”追究责任,并在会上基本通过了将临时书记员小王辞退的决定。

作好受处分的准备,但未想到会如此严重。全庭的人都没想到。小王更是垂头丧气,心情尽灰。回想去年一年没日没夜地奋力工作,全庭在被借调一人,两个人顶三个人办案的情况下,面对四百件的新收案,不叫苦,不叫累,硬是扛到现在,刚刚稍微轻松点,没被表扬,队伍中却有人因先前的工作失误被开除,无论如何,让人难以接受!

纪检监察室的人叫小王去做笔录,叫我也去。无非是要坐实小王因过失录错等,之前我和小王说好把一部分责任推给我,也都这样说了,但好像不起什么作用。纪检主任与我同岁,问材料时始终笑容可掬。我骂他是“落井下石”。

问完的时候,主管纪检的领导走过来,说起党组决定处分的事。我忙到他办公室申辩,理由有三:(1) 以前并没有说过书记员录错信息就要被辞退,且小王参加工作以来从未受过正规信息录入工作培训,现在辞退是不教而诛,警示效果并不好;(2) 录错中有三次系“系列案”,一次形成,并非录错三次;(3) 去年小王协助审结了160多件,位居全院之首,理论上讲干得越多错得越多,不录者岂会出错?应有个容错比例。最后我激动地说:“如果必须辞退小王,那就从现在开始让他停止工作,何必等到开会宣布?”

情势紧急,我也顾不得斯文,情绪激动,领导可能也感觉争辩有几分道理,或也感觉处分过重,竟一转头说:“不开除他,那你大会上做检查?”

我毫不思索,脱口而出:“行!只要不辞小王,不要说检查,下跪都行!”

小王虽是个临时工,但因他腿部有些先天性残疾,当时找到这个工作相当不易。何况,他热爱这份工作,也刚适应了工作。我知道他不想走,一向工作积极的他,这几天情绪黯然,也曾试着自己努力托人说情。当然离开也不是说就无路可走,但以这种方式离开,姿势也太难看了……

下午的全院大会上,不只我和小王作检查,还有好几个人做了检查,但我们俩“分量”明显最重。其中有位女书记员刚说了句“各位领导,大家好”便泣不成声。小王脸皮厚,一个声调念了三页纸,这家伙,还读了一个别字。轮到我时,一时冲动,竟弃稿而谈,自认为实际而诚恳,简洁而振奋,数次被掌声打断。上台前,纪检主任说你上台我给你鼓掌啊。我“狠狠地”说你就笑吧。

不过,听下面的掌声,不像是倒彩,倒像是同事们理解的声音。

会后,跟小王说:“这也是一场劫难,记住教训!”

小王使劲地点点头说:“记住了!”

只要具有拥抱一切的胸怀,就能获得拥抱一切的机会。我相信。

小额诉讼分离

2016 年 4 月 18 日　星期一

小额诉讼分离，自成一家。说白了就是依托立案庭，专庭专人处理小额案件，即标的 1.5 万元以下的事实清楚、争议不大的诉讼。为提高效率，新民诉法规定了小额审判，但有必要专门成立一个庭吗？总觉得改革浮在表面，没在根本上。设立基层法庭的目的本就是为了便民、高效的，什么样的小额不能审？何况事实清楚、争议不大的案件在法庭审理效率本来已经很高，粗略估计平均审限不超过一个月。现在把全县的小额诉讼单独拿出来交到院里一个部门审，且不说审理效率会不会高，只说老百姓，他们愿意为了一桩标的不大的官司舍近求远吗？

近一段时间，就常有当事人来问他们的官司为何到了县法院审理，或年龄大，或生意忙，非常不便。我也很无语，只得回答改革了，目的是为了让效率更高。

其实，就基层法庭而言，最需要把复杂、疑难的案子剥离，形成专业审判机制。粗略而言，每十件案子中，正常情况下有七件一般或较简单，有两件工作量比较大，只有一件复杂疑难，而就是这一件案子，拖住了办案人的步伐：有的日思夜想，进退两难，今讨论，明汇报，牵涉大量精力，从而也影响了其他案件的正常进度；有的消极回避，束之高阁，眼不见心不烦，简易变普通，普通再延期，最终形成长期未结案。

我对小王说，以前，基层法庭审理的都是些相对简单案件，院里民庭就是基层法庭的业务指导庭；今后不一样了，我们审理的可都是有分量的案子！而且现在还没有庭“指导”我们。

小王撇撇嘴,说:“啥呀,也就是说今后我们没有简单案子了呗!”

今天调解成功两件案子,一件是姬某诉黄某1.7万元买卖水泥款案,有欠条,有真相,黄某对欠款无异议,只是在还款方式上讨价还价,最后双方终于达成每月还2000元的协议。

另一件是白某诉李某10万元借款案,两人关系久远且复杂,多有生意来往,庭上表面和气,背后互放狠话,若达不成一致意见,肯定又是一场其他形式的争斗。开庭后,经过耐心地做被告的工作,最终使其接受了还款建议,但要求延期到一年以后;又经一番说服,原告答应让步,双方终于握手言和。

姐夫的撺掇

2016 年 4 月 22 日　星期五

今天司某(女)诉王某(男)离婚案开庭,司某六个月前已起诉过一次,因其诉请离婚理由不足,经做工作以撤诉结案。

司某四年前嫁于王某,育有一子。王某诚实口讷,其两个姐姐倒是挺能说,看起来日子过得也比较好。平时王某的生活被两个姐姐关照较多,这不,这次来还是跟上次一样,两个姐姐、一个姐夫陪着。王某上次坚决不同意离婚,这次也不同意,但好像有所松动。姐夫是个市里人,比王某的姐姐年龄大不少,说话也老练。他说自己有一企业,系再婚。知道王某能力不行,为了照顾他过日子,让他们小两口儿都到自己厂里上班,干不干事都发钱,可司某干了一阵就走了,非得去别处干。两个人不在一块,不像一家人,也有许多风言风语,终于有一天司某与人通奸被王某及其姐姐抓到……

姐夫还说,诉状上司某说王某打她,就是那次,打了她一下,你说不打她行吗?换了我就不光是打她的事了。即便如此,知道王某能力不行,为了孩子,只要司某肯好好过日子,我们全家人都可以既往不咎……

在庭上司某也许自知理亏,说话很少,全仗律师发言。离婚原因仍然是上次泛而无当的感情不和,加上了条撤诉后双方关系并无改善。调解时律师悄悄跟我说,只要对方同意离婚,啥条件都能答应,比如孩子由王某抚养,再比如司某支付点钱。

调解的最佳方案总掌握在当事人手中。王某一方也知道司某所想,直指司某已找好对象,甚至已与人同居、怀孕了,才急于离婚。

人口无空言,感情中事凡说出来的都有可能是事实。但反过来说,凡既成的事实又都不易改变,这点往往是人们容易忽视的。司某婚内已与人同居或怀孕,不正说明双方的感情不复存在了吗?天涯尽芳草,强扭的瓜不甜,何苦一条道上走到黑,让折磨永驻呢?“有一种爱叫作放手”,放手是因势利导、两相释然。

我把这些道理先跟王某的姐夫说了,得到他的积极回应(大概王某的“亲友团”这次也有这种心理准备),并问对方能支付多少钱。我说关键是感情,是婚姻,现在婚姻都不要了,毕竟夫妻一场,还有一个儿子,也不要要求太多,何况有你这个姐夫在,今后会把小舅子生活弄好的。姐夫一听也来了劲儿,说本来就想给小舅子在市里购套房,买辆车,就不相信不能再娶个媳妇。我说那肯定能,还要娶个比这个好的。

在姐夫的来回劝解下,王某这边同意离婚,并抚养孩子,司某支付1万元抚养费。

机会从来就不会被失去,你错过的别人会接住。当你让痛苦停泊时,幸福就会在别处靠岸。

绕路的“命运”

2016 年 5 月 3 日　星期二

天气渐热，案件数量也如气温般直往上蹿。

每日奔走的县城到法庭 25 公里的路上，前几天突然竖了块牌子，说是修路。路早该修了，自从两年前开始走这条路，它就崎岖不平，暗坑遍地，晴日尘土飞扬，下雨遍地泥泞，加上人多，老有种车要被颠断的感觉。只是担心路不知何时能修好，因为雨季来之前没修好，至少就要年把的时间得绕路。今天第一次绕，看了下表，36 公里，也就是说以后每天至少要跑两个 36 公里的距离。

司机小孙笑说：“现在几个法庭中数我们路最远了！”

我也讪讪地说：“以前在最远的法庭待了二十年，心想来这儿可近点了，谁知这下又最远了。”

没想小王幽幽地来了句：“唉，命啊……”

我们的另一组小刘、小葛把几乎所有的案件开庭都预定在院机关的审判庭，当事人也大多通知到院里，因此现在基本上不到法庭来。每天来的就是我和小王、小孙，小王只知道路的远近与先前一样，殊不知法庭的人数规模也恢复到了以前。

因此，小王说的“命”里，其实少了一半的内涵。二十多年，人员不整，体制照旧，方法老套，如此轮回，几乎无变，改革真的势在必行了。

今天比往常迟到法庭半个小时，当事人也都理解，因为他们中许多人也是从县城绕路来的。一进门，马上将当事人分门别类，开庭的一拨先等候，领手续的直接去小王办公室，咨询的到我这儿，约十几分钟后，便只剩开庭的人了。第一个案子庭审时间不长，是一个 3 万余元的欠款案,原告提交了一个借条证据,被告对借款不否认,但一口咬定借款及利息已全部还清,并举出数十份自写的清单式还款“证据”,内容杂乱,无关联性。我甚至一度怀疑其脑子是否有问题,但还是耐心地收下他执意要提交的东西。不过有一样可以肯定,那就是调解无效,而且判决后多半是会有一方上诉。

有一难总有一易,有一愁总有一喜。郁闷地开完庭,接下来的案子却节奏轻快而成效斐然。6 万元的借款案,双方思路清晰,气氛和睦,很快达成协议,分期偿还。另一桩离婚案原告的男方,一见到女方,立刻柔情蜜意,说本来都是因与父母共同生活中意见不同造成的矛盾,生气后妻子一直回避不见,联系不上。现在买了新房子,分开生活了,妻子今天应法庭通知又来了,话说开后,也就没啥了。

最后签字撤诉时,我跟原告开玩笑说:“今后若再因小事闹别扭,莫让法院再替你找人啊!”

原告连说:“不会了,不会了。”

恶意躲债·恕能免诉

2016年5月10日　星期二

前日去送一件借贷案判决书,该案的应诉和传票等手续也是送到被告的丈母娘家,当时其丈母娘大发雷霆,说女儿不在这儿,而且早离婚了,女婿的事与她们家无关。我说:“无关最好,我们送材料来不是说你与此案有关,是因为原告提供了你女儿住在你家的证据。当然,如果有离婚手续,这事与你女儿也关系不大。但若是为了躲债拒收法律文书,我们今天送不了,明天还会来。”

她当下变了口气,默认接收了传票,但仍不签字。我们尽管心里确信她女儿在她家,但对这种送达,还是有些担心。

今天上午又去她家送判决书,正好碰到其女婿(被告)!他竟然人吵说借款不是他用的,自己冤得很,判得不对。小王说:“是啊,判决也不一定都对,但现在缺席判了,只有上诉能改变判决。”被告当即无话了。小王现在驾驭当事人的水平的确提高了不少。

事实上,当事人真正下落不明、送达不了的案子占很小比重,多是恶意躲避,且手段并不高明,若一味死循法律、按图索骥,只会影响审理效率,也难以保护债权人利益,故送达程序也必须革新,法律不能自缚手脚。

下午正在办公室写东西,进来两位老人。估计是上楼梯累的,年长的一进门就坐到沙发上直喘气。年龄小点的说:“起诉儿子们不赡养老人。”他自称姓周,近七十岁,系长子,是当地中学退休老师,年长的是其父亲,近九十岁。周某称其弟二十多年来一直不赡养老人,现在还想占老人的房子,不告他不行。

一看阵势，我明白几分：与其说赡养，不如说是兄弟间的房产之争，忙说："周老师，坐。"让他坐到办公桌旁边的高凳子上，然后问其是否知道三字经上"窦燕山"的故事。他一下子有些不明白，说他以前教物理的，没听说过。我就把窦燕山修身积德行善，终得五子登科、延寿三纪(一纪十二年)后报的传说故事讲了一遍。又说我们虽无德无力周济众人，但起码有固定收入，为何不能把一个耄耋老爹照顾好？

周老师听后恍然大悟，当即说："法官同志，我听懂了，了不起啊，谢谢！"回头对老爹说："走吧，咱不告了。"

子贡问曰："有一言而可以终身行之者乎？"子曰："其恕乎！己所不欲，勿施于人。"

我想，我唤醒了他作为长子、长兄的宽恕之心、责己之心，相信接下来他会处理好的。

满满的成就感。

信访威胁·溜会办案

2016年5月13日　星期五

作为叔叔的夏某起诉侄儿夏某某，称后者毁坏其屋门，殴打他，要求赔偿经济损失6000余元。

上午开庭，夏某及夏某某的妻子(诉讼代理人)刘某到庭。夏某低着头，阴沉着脸，一副不依不饶的样子。刘某年轻，显得轻松些。打开卷宗了解到，2016年春节一大早(当地风俗，春节大拜年时辰之前，要先送饺子给自己的父母，尤其是不一起生活的)，夏某某端着饺子去送给奶奶(奶奶当时随夏某生活)，因赡养老人两家素有隔阂，夏某家故意迟延开门，双方因此发生纠纷，夏某某年轻、火气大，踹门，砸门，推搡，从而成了农历大年初一该村的头条新闻。

照例庭前先调解。夏某自认为过年受辱，财产被毁，近一年来多方奔走诉求，如今到了法庭，大有要出一口恶气的想法，故刚开始就拒绝刘某叫叔，关上了让步的大门。刘某作为侄媳，和解遭拒后也不示弱，表示丈夫过年闹事虽不对，但已被拘留五日，且事出有因。她承认夏某某砸坏门玻璃，但拒不承认其打人一节，且门也值不了多少钱。无奈之下，只得背靠背调解，刘某说其叔是个老信访户，啥都爱告，你们注意点，己方最多同意出几百元了事，但估计对方不会同意。一问夏某，坚持要5000元，否则就要全家跪上级政府门口喊冤。

信访威胁，属于诉讼中的不稳定因素，是需要书面上报的，也是干扰法官心境的死敌，遂结束调解，延期开庭。

下午本想写两个判决，但又临时收到短信通知开会，还不准请假。吃了午饭稍作停留就慌忙回去，书记员小王带了一大堆的卷宗，准备趁开会整理,他说开一次会至少能填两本卷宗,挺能挤时间的。

会议总是很多,有时一周能有四天有会,其实内容就几个关键词,但却往往要花费半天甚至一天时间,办案倒成了次要的事似的。开庭、下乡送达都得书面请假,因经常冲突,就得常请假,实在请烦了,就先签了到,再溜出去办事,还得背着领导,冒着被查岗的风险。都是工作,但舍此而就彼,极像大学时代,上专业课时偷记英语单词。说到底还是英语重要,毕业时一票否决。案子也重要啊,要不,法官何苦溜会办案呢?一线法官期盼的是何时能撇开诸多行政事务,专心办案,能少些“欲将轻骑逐,大雪满弓刀”的无奈。

爱骂的老党员

2016 年 5 月 18 日　星期三

据说院里小额案件集中到一处太多了，办不过来，现在又按各辖区分给法庭。今天上午是 81 岁的路某诉周某 5600 元借款案开庭。小王说周某肯定不来，因为去学校送手续时他就说你们咋判都行，我就是不去。周某在一所高中的后勤部门工作，还是正式职工。当时小王还纳闷，后来去给被告送传票，才明白被告为何不愿来了。路某年龄大，身体好，视力好，声音高，爱骂人，还能骑个电动车来去如飞。他年轻时支过边，当过多年村干部，入党时间超过 60 年，到哪儿都拿着省委颁发的木匣子精装的党龄超过 50 年奖章，桌子上一放，开始骂，特难听。小王说我从没见过这样张口就骂的人，且大讲自己骂镇领导、村干部的“风采”，周某一定是不想挨骂才不愿来的。

然而一上班，小王吃惊地说周某来了，我说他一来案子肯定好解决。

周某一进门，就说：“我有事得赶快走，你们如何处理都行，车在外面等我。”

这时路某也进屋了，我忙对周某说：“三五分钟就解决了，不急。”你溜了，我们要替你挨骂。

周某只好坐下。我问：“你对借款事实有无异议？”他说：“没有。”问如何偿还，他说从下月起每月还 2000 元，第三个月还 1600 元。

然后我厉声对周某说：“借老人的钱为何不还？你想干啥？”周某不解，忙说因为妻子病重等，我给他使了个眼色，他明白是故意让路某听的才不吭声。

我又转身对仍在喋喋不休地宣扬自己以前骂人“成绩”的路某说：

“您是老党员了，也不考察考察他的人品，就把钱借给他了?”他连忙接话:“我是帮他的忙。今天事儿说不到底我就不愿意，我恁大岁数也该死了，谁要打死我，我的儿女肯定该高兴了(有人赔钱的意思)。我谁都敢骂，镇里的书记、镇长一见我就跑，他们有短处，我一辈子不贪污、不受贿，我不怕……”

“一个月 2000 元，三月付清，行不行?”我大声问，他毕竟年纪大了，有些耳背。

“行。我一辈子不做亏心事，我入党 60 多年……我的奖章去哪儿了?”他这才发现办公桌头的奖章没了，很惊讶。是我故意给藏起来的(有开玩笑的意思，也嫌他得瑟，还有些碍事)，心想把你的“尚方宝剑”收起来，看你拿啥说事儿。

我一边示意小王打调解笔录，一边拿出木匣子，打开说:“里面还有字，写着保持党性……可不许骂人啊!”看出来周某很怵他，我也怕他又开始大骂，故意跟他开玩笑:“我就不相信，你年轻时就没犯过一点小错误?”

一下子把他逗笑了，他避而不答，但显然是承认也犯过。他一笑，看起来那么和善，并不狰狞可怕。他又开始絮叨去法院立案时几个小姑娘都争看他的奖章等。

写好笔录签完字，周某躲避似的赶紧逃了。路某问到时候钱跟谁要，小王说若不给就执行他。他一听马上又急了，说到时候就找你们要，要不就死在法院。

我赶紧说:“放心，周某若敢不给钱，法院自然会找他说事！不要老说死呀死的，多不吉利？老爷子您还挺能活呢！一百岁都不是问题！过几天还有个 80 多岁老头离婚呢，有空你来给说说?”

“那好！我听你的，你这人说话不错。忙吧，走了。”说完拔腿就走，出了门，又猛一回头说:“80 岁了还离个屁婚?”

小王说:“老头儿今天不错，没有骂咱。”

骂人也是一种表达，应该认真听他骂什么，有助于我们在工作上始终保持清醒头脑；当然，如果能让骂人者无从骂起，就更不至于使“圣人伏匿，愚者擅权”了。

势均力敌“亲友团”

2016 年 5 月 24 日　星期二

艾某(女)起诉郜某(男)离婚,很急切,立案后屡屡来电话催促。

艾某诉请理由是:郜某好吃懒做,不会挣钱,还有家暴倾向。郜某则称诉状所述不实,事实是双方均系再婚,妻子系三婚,作风不好,常与异性有不正当交往,并拿出手机聊天记录证明:郜某曾假冒陌生人与妻子聊天,没聊几句妻子便主动提出去开房等。总之,夫妻间揭起短来煞是雷人!

上午双方到庭,各带七八个亲友,分两个阵营站在法庭院里,犹如一场暴风雨即将来临。

书记员小王说:“这是要打架的节奏啊!”

我说:“结婚绝不单单是两个人的事,离婚更不是!如何利用这种‘军团’力量,驾驭剑拔弩张的场面,有时是我们无法回避的考验,须动些脑筋,反正光靠法律知识是要捉襟见肘的!”

不怕来的人多,最好亲友全来,所有人都到了,所有的主意和智慧也就都在这儿,所有矛盾也在明处,看得见,听得着,利于整合、统一。那些来者没主见、背后有高人遥控指挥的事儿最不好处理。

我没有急于开庭,而是先分别站在双方的亲友堆中接受炽热的“烘烤”(急切的质问和杂乱的叙说),最后才询问双方总的意见,亲友们归纳意见的过程也充满着内部分歧,吵吵嚷嚷,众说纷纭,得快速捕捉比较客观、理智且成熟的观点,并因势利导。

郜某亲友堆中有人说:“跟这种作风不好的女人生活还不够败兴,干脆离了,纠缠也没啥意思。”

我赶快跟进说:“这是个原则问题,要由你(郜某)亲自拿主意,你定吧!”

郜某犹豫了一会儿,瞅瞅远处对方的一大堆人,可能是快速评估了一下双方的力量对比,然后咬咬牙说:“算了,不跟这种人闹了。”亲友团中马上便有人劝说离就离,想开点,天下何处无芳草之类的。

我又走到艾某亲友堆里说:“经过做工作,对方同意离婚,你们这儿啥意见?”

艾某父亲说:“他得把跟我借的 1 万元还了,借的是现钱。其他的就算了。”

郜某同意分两次偿还,一并写入调解协议。

顺利调解结案。势均力敌的亲友团有时的确能起到制衡、斡旋作用。

不可避免的,就想办法为我所用,力争化腐朽为神奇。古今一也,人与我同耳。隔行不隔理,大道至简,颠扑不灭。

打扫马路

2016年5月26日　星期四

应市委号召，全院干警两天内分两批到指定路段打扫卫生。为了"创卫"建设，这种全体公务员的义务劳动不定期就有。我和小王是今天去的，早上七点五十分到院机关集合，按要求着法官制服集体乘车前往。劳动地点距院机关五六十里，七八辆警车，外加一辆客货两用面包车，拉了满车的铁锨、扫帚、水桶、垃圾夹子、手套、饮用水等，因中午不回城，还有后勤保障人员，浩浩荡荡驰向目的地。

所包路段是条省道，公路宽阔、平整，一辆辆车风驰电掣，速度很快。领导简单交代了注意安全等事项后，大家便各自领了工具干活。活儿要求并不具体，于是大家看啥不顺眼就干啥，有的铲，有的扫，说说笑笑。对整日沉在办案当中的法官来说，倒是换换工作环境，新鲜一下的机会，就是时间上太奢侈了。

一天中，干活没有闲站的时间长，干的活儿效果也不好，这种劳动有点浪费人力、财力，形式上还得搞得大张旗鼓，热火朝天。吃饭时有同事开玩笑说："劳动的价值还没有吃的饭值钱"，又诙谐一句："不过意义深远。"接着继续吃饭。

下午六点打道回家。

不可复制：82岁离婚

2016年6月2日　星期四

上次到66岁的女方李某家送传票，她不在家，她的儿媳倒很热心，不仅顺利签收相关文书，还给我们尽力还原婆婆离婚的原因。大致情况就是，前段时间82岁的男方刘某找上门来，大吵大闹，还用手勒住李某的脖子，谁也拉不开，最后只好报案，惊动当地派出所。

我和书记员小王对这位82岁脾气不好的离婚老者很好奇，曾有多种猜测。今天来应诉，一下车，刘某由两个年近60岁的儿子紧紧搀扶着，后面跟着两位年轻女律师。我一见这阵势，忙说："别上楼了，直接坐一楼会议室吧！"

我上楼对当天工作作了简单的安排，处理了几个临时来咨询的事情，两女律师便上来了，作了自我介绍，递了律师函，便开门见山地说："老头的意思是还想和好，让老太太回去过，否则要求老太太退还款项。"

我让她们暂时下楼，把老太太李某叫进来。一起进来的还有她的一位女儿、两位女婿、一位儿媳（其中一位女婿边走边打电话说让其他人在车上等），让座后，我问李某是否愿意回去继续生活，并说对方还是很希望她回去的。

李某立刻倒开了苦水，说自从与刘某再婚后，挨了他二十多年的骂。以前生活条件不好，自己的孩子小，忍耐度日。老头年轻时是厂长，脾气不好，在家里唯我独尊，无人敢惹。没想到，近些年生活条件好了，老头及其子女竟越发不信任李某，生活中从不给妻子大钱，花一个给一个。更过分的是，老头前两年在县城买的房子居然落到其儿子名下,李某为此生气后,刘某给了她1万元的存折,但不准她使用,而且存折由刘某的孙子拿着,这下彻底惹怒了李某。

李某说:“他比我大16岁,他死了我咋办?我啥都没有依靠谁?他有严重的哮喘病,去年住院住了13次,都是我侍候,现在都不信任我,将来谁管我?我不可能再跟他过了!”说完满脸是泪。

听完后向对方律师反馈了老太太的意思,并让她们去做工作,两律师却说老头非常固执,耳朵又背,谁的话都听不进,要求我去试试。

来到楼下会议室,老头坐在会议桌的椭圆形正中间(或许当厂长时坐惯了),喘息声很大,两儿子拘谨地坐在一旁。我进去一一问了在场人身份,然后坐在老头另一旁,并招呼大儿子坐在我与老头中间以便交流和“翻译”。老头不干,挣扎着拽住老大要换位置,吵着说:“我聋,让我坐你跟前,你听我说!我冤死了!”我用手势止住他,但他大儿子还是示意我让老头先说话,看样子在家里已习惯了。于是老头就高声叙述他以前在老太太身上花钱如何之多,对其家人如何照顾等。

终于找机会打断他的话,我说:“简单地讲,老太太的意思是不愿再过了,已取出的1万元也花完了,双方解除婚姻,其他互不追究。老大,你翻译吧,同意的话十分钟就结束了,不同意就开庭吧。”老头是真听不到我的话,一言未发,否则肯定不罢休。大儿子瞅瞅老爹,问我:“她拿走的钱就应该不退吗?”我高声回答:“虽是后妈,也与你爸共同生活了二十多年,按法律规定,你爸的财产也有后妈一半,你爸真的没有财产吗?何况能证明的老太太也就花了1万元不是?好,你们商量决定,十分钟,我等回答。”

说完我出了门,联想到前天凭老资格爱到处骂人的老路,心想这些80多岁的老头儿怎么都倚老卖老,家里家外如此强势?有些郁闷窝火,顺便上个厕所,直接开庭吧。

我上楼回到办公室,其中一位女律师正在与老太太及其家人说话,见我进来便高兴说:“老头同意了!”

多么可爱的出乎意料啊,否则,开庭双方见面,两位高龄,一个聋人,定会不可开交,一塌糊涂!很可能还得安排一名临时医生!

直到双方各自签字完毕，当事人最终没有再见面。

俗话说“人老没理占三分”，但年老不能成为法庭上有理的依据。其实，近日在与两位80多岁当事人的“较量”中，感觉他们实际上都相当清醒、理智，头脑一点也不糊涂，只不过他们更懂周围人的心理，再加上年轻时养成的“习惯成自然”的行为模式，非得固执地坚持自己的观点罢了。

要尊重老人，但更应尊重法律，尊重公平公正。

电子卷宗·孩子的教育

2016年6月6日　星期一

只要有明确的目标,加上每日不辍,总会到达终点。

司改的车轮滚滚向前,法院将正式建立电子卷宗,这意味着又多了一项工作。但电子卷宗的确是时代进步的要求,自从案卷基本信息录入电脑,查阅案卷就易如反掌,不像以前那样先要找到案件登记簿,还要提供立、结案的时间,掸去上面厚厚的灰尘,然后一页页翻,有时手写的字体还潦草难辨。那时最怕调卷,每次都要用半天时间专门做这个事。建立电子卷宗需要扫描,院里安排专人负责该项工作。

同时,从现在起,统一购买社会劳务订卷,也就是说书记员今后不用再穿针引线,少了一项事务性工作。当然,他们还需要在结案后把卷宗顺序排好,交由负责建立电子卷宗处扫描,再交订卷处装订,最后结算交卷。

高效率需要细分工,我想将来还应把更多的事务性工作进一步分离出来,集中办理,效率高,效果还好。

小王说,不用订卷没有感到轻闲,反倒更忙了。但“不订卷”与“更忙”之间没有因果关系,不必订卷肯定是少做一项工作,更忙是因为所办案子在逐年逐月地增加。回想我刚上班的时候,院里定的年办案指标是30件,现在是120件,哪儿跟哪儿啊。

改革“止于至善”,还有很长的路要走,实践中许多问题还亟待解决。到把所有羁绊审判效率的绊子都解开了,审理者不再为办案焦头烂额、心焦力瘁的时候,中国司法就真的走上了坦途。

上午审理一件30万元借贷案,深感现在有些年轻人的确是读书太少而想法太多,思维简单而胆子太大。本案谢某诉杨某、王某索要欠款。谢某30多岁,称杨某以王某为担保人向其借款32万元,借款的理由是做生意急需周转资金;借款时杨某才22岁。我们去向杨某送手续时,其父火冒三丈,气得差点把我们推出去。后来其父介绍,他儿子啥生意也没做,就是整天乱跑,与人混朋友,喝酒,打牌,不务正业,几次说做生意跟自己要的钱都打了水漂,现在爷俩不能说话,一说就吵。这笔钱谢某带人来家要过,也生过气,但儿子说他没花这钱,是担保人用了。而担保人王某今天缺席,送手续时说过该款他用了一部分,但生意赔了,生活都维持不了,希望少还点。

30万元不是个小数目,而出借人与借款人均"英雄不问出处",借和被借都如同儿戏,虑胜不虑败,甚至根本没想过后果,一朝坏账或断链,自己只会四处躲藏,还牵连家人不得安生。这让人担心起现在的家庭教育,尤其是农村的家教,虽已温饱无忧,但教育严重滞后,唯利至上,唯金钱至上,到处"有用"崇拜,导致孩子无礼貌、无操守、无底线,最终受害的是孩子本身、整个家庭和社会。

教育孩子,须先教育父母;引领孩子的言行,须先规范父母的一举一动。没有"三迁"的孟母,何来亚圣孟轲?没有曾国藩的厚德家教标杆,何来大有作为的泱泱曾氏子嗣?整个民族的命题啊!

别让女人失望

2016 年 6 月 16 日　星期四

今天到 J 监狱开庭，上午又是因时间原因没开成，须等到下午。赵某(女)起诉与刘某(男)离婚，刘某是外地人，双方在同一家工厂上班时认识并恋爱。刘某能说会道，有主意，赵某年纪小，天真单纯。双方前年结婚，婚后仍在当地工厂上班，去年生下儿子。按说日子也不错。

人说婚姻是爱情的坟墓，其实往往是婚姻中人自掘坟墓，“no zuo no die”的那种。赵某怀孕期间，刘某勾搭赵某的闺蜜小丽，一段时间后，陈仓暗度。

纸终究包不住火。有一天赵某因故提前下班，撞见了客厅沙发上正在亲热的丈夫和闺蜜。为保住最后颜面，闺蜜抓起法律的面纱。

于是小丽控告刘某强奸，称其是来找闺蜜，却被其丈夫非礼等，罪名成立，刘某被判服刑三年。

以上这些，都是后来从赵某叔叔处了解到的。诉状上未写，赵某开始也并没有说，也许是烦心往事不堪回首，她的话很少，常低头不语，只强调孩子尚小，还要喂奶(母乳)，得尽快回去。

被提到会见室的刘某，除了光头、囚服表示他正在服刑外，二目机灵，脸色灿烂，一进门礼貌地与我们一一打了招呼，然后热情地与妻子赵某搭腔，一句句“咱爸咱妈”(赵某父母)、“咱儿子”地问候，让不了解的人感觉绝对是位不错的女婿、称职的父亲、合格的丈夫。然而赵某心如止水，脸色始终不为所变。我说如果双方达不成一致意见，就先开庭也行。但刘某不同意，执意要一而再地与赵某唠叨旧情，并说再有一年多就出去了,为了给孩子一个完整的家,最好不离婚等。

眼看时间一点点过去,天色将晚,刘某仍在推脱,赵某突然提高声音厉声说:"别说了,婚是离定了,我不会再相信你！你以为我不知道吗？早怀疑你们了！这次报案也是你们自作聪明！自作自受！你要是有点良心,就赶快签字让我走,孩子还等着吃奶!"

犹如一团火,喷薄而出;犹如一道闪电,凌空而过;犹如一场久旱的雨,畅快淋漓。在刘某合不上嘴的惊愕中,懦弱单纯的赵某此刻一定放空了自己,无比轻松。

之后刘某又拿出早已写好的厚厚信件,要递给赵某,并再三说非常重要,一定要赵某看。为了缓和气氛,我们也劝赵某看看,但赵某转头缩手,坚决拒绝。

开庭在劝说中勉强进行,半个小时总算结束了。签了字,刘某又缠着递信的事,我说交给我,回头替你给她吧,才算结束,狱里的干警也早催该吃饭了。

出门后,我拿出信说:"不就是一封信吗,看看吧,万一真有重要的事情呢?"赵某一把夺过信,拦腰撕成两半,摔在路边垃圾池中,怒声说:"这种人,我再不想看一眼了！重要事让他跟别人说吧!"

哀莫大于心死。男人啊,千万别让曾经爱你、寄全部希望于你的女人失望！后果很严重,一辈子。

爬山臆想

2016年6月26日　星期日

久不与骑友联系，事实上早已掉队。下午空闲，很想去野外伸伸腿脚。与同学成通话，他也没事，便即刻会合骑向城外。

成提议跑个新地方，我一百个同意，于是目标“桐树林”。水泥路两米来宽，上坡有缓有陡，蜿蜒不尽，行人不多，车辆罕至，正是骑行经典线。行至山麓，抛车道旁，徒步而上。山高不足百米，而壁削崖立，茂密的蒿草中羊肠小道时隐时现。

已有大半年没爬过山了，兴致盎然，步速迅疾，不一会儿便心慌腿软，汗流浃背起来，但不影响二人谈古论今，褒贬随心。愈攀愈高，只觉凉风习习，遂忘头顶骄阳。将至山顶，回头见建筑之矮，众景之微。已登峰首，四周一览无余，极目远眺，红日白云，群山浓黛浅绿，层次分明。正与成拍照间，一微友发来古琴曲《十面埋伏》，打开一播，于山巅处更显铿锵决绝，灵感为之一震，有拙作一首：

才华绝伦总是浅，一曲天籁横隔空。
天地之间英雄气，摄人心魄在其中。

回时天色已晚，二人仍谈兴不减，直到抛车地，才知道原定的“桐树林”错了方向，或根本忘了去，同时说了声“下次吧”，返回。

担保，你想好了吗

2016年6月30日　星期四

吴某诉张某追偿权纠纷一案,今天终于又找到张某的父亲,把判决书送给了他。张某父子二人生活。张某的父亲骑着个破摩托车走街串巷,买鸡收兔,每日风尘仆仆,早出晚归。张某二十大好几了,尚未结婚,整天在外闲逛,白天少见人影,不务正业。

前段时间,张某为一个体商户销售摩托车、电动车,估计是利润高,或是竞争激烈,商户开出的条件是只要在身份证复印件上打个欠条,再随便找个有名有姓的人作担保,即可把车骑走。商家为了销售业绩,本也无可厚非,但正中了一些人的下怀。张某以帮忙销售的名义,专找些游手好闲、嗜赌酗酒者,不是作为购买人,就是作为担保人,新车推走后,即刻另处抵押借款或直接以物赌博。钱肯定是收不回了,即便收回也很难偿还商户。时间一长,商户不胜其累,濒临倒闭,只好起诉了十几个涉案人员。涉及张某的就好几起,但从未见过其本人,其父现在也是能躲则躲,躲不了就拒不签字。

本案中,吴某是张某的担保人,吴某说双方是同学关系,摩托车小几千元,当时张某说手头紧,卖后还,想来也正常,就碍于情面作了担保,没想到最后他真不还,弄得好长时间全家不得安生。先是卖车的来催,后是法院来找,再后来银行的存款被冻结并划走,张某则隐身不见了。无奈只有起诉张某,追偿自己付出的车款、违约金、诉费、执行费等共计6000余元。

缺席判决后，吴某对张某的人品大力鞭挞，说自己是好心办坏事，无故被骗，没事找了个事。

祸无妄至，福不徒来。在这个现实犹如网络，跳出的任何窗口，都可能是一个诱饵的时代，替人担保，你想清楚了吗？

发判环节

2016 年 7 月 4 日　星期一

又逢判决集中季。自上个星期以来，至少有数十件需要判决的案件。每日日程安排密集，应接不暇，已上诉了两件。而上诉意味着 45 天之内须把卷宗呈到中院，有小王忙的了。

今天送达两件判决。一件是判不离，男方以女方长期不在家为由起诉要求离婚，并指责女方已与他人同居生活，但女方开庭未到。判决书是送给其父母的，她父母表示不知女儿在哪儿，也不愿插手。实际情况也许真像男方所说，但只有男方的陈述，没有任何证据，稳妥起见，还是先判不离为宜，毕竟还有两个未成年的孩子。这件判决肯定不会上诉，因为判决不准离婚上诉，若二审认为应准予离婚的，按法律规定应发还重审，这个过程比直接等六个月再起诉麻烦多了，所以当事人一般不会选择上诉。

另一件是 70 万元的借贷案，判决支持原告要求返还本金的要求，但利息是从原告起诉之日开始计算。这件案子我找了多人探讨，下了很大决心才作出判决，普通程序已近审限点。被告上周已领判，但原告一直拖到今天下午才来，一看结果，大出预料，质问为何利息从起诉之日起算，我们虽作了解释，他仍不满意。只能这样了。

说实话，民事案件发判时败诉的一方当事人能不当场大吵大闹，纠缠不休，已经谢天谢地了。我经常跟书记员讲，我们在基层法庭，办案危险点有三个：送传票、开庭、送判决，送判决是其中之一，也是最需要提防的环节。

还有三件急需下结论的，得继续。

海面未观多大水

2016年7月9日　星期六

早上五点多，被急促的电话铃声惊醒。原来是孩子的姥姥打来的，说雨下得太大，院里屋里都积了水。他们住的地方地势低，又排水不畅，逢雨成灾。我赶忙简单穿了衣服，出去开车。

一开门，外面大雨如注，我回头拿了把伞迎风强撑着，走到车跟前时已浑身湿透。小区地面上的水积至脚踝，急速地向外流着，一个窨井盖被掀开一旁，下面的水汹涌地往上翻。

街上几乎没有人，车也很少，到处是水的“哗哗”声。小区门口的路是斜坡，水不深，但开着车能明显感觉到水流速度很急。逆水流而上，过城北十字路口转而向西，路面上的水逐渐变深，淹至半个轮胎，且水流湍急，水下有不少石头杂物，行车困难，好在车辆不多，宽阔的马路犹如一条明晃晃的水渠。天上的雨倾泻着，一刻不停，最大档的雨刷都刷不开雨幕，车速降到了最低，但也不敢太低，内心则一直侥幸着水没淹到排气筒。

走到西环路口，地势更低，水位更深，紧跟着的一辆越野车轮胎已大半没入水中，当一阵阵水浪扑来时，半个车身都被吞没。它终于停了下来，想调头，我走近一看才发现前面已有两辆车抛锚路中央了。赶紧挂倒档想后退一下（不敢太靠路边，水更深、更急），顿觉整个路面全在晃动，车身如小船般摇着，几近崩溃。

好不容易调了头，但想再原路开回去几乎不可能，因为水更大了。突然想到开到西环路上去，那里开阔些，地势也高些。到了后才发现也是一片汪洋，风摇树弯，闪电雷鸣，到处晃动。抬头见一机关大门开着一扇,其院内地面较高,想进去停车。遂下车去开另一扇,但风太大,开了又关,如是多次。最后总算抓住门关之前的空隙冲了进去,停了车,已是全身尽湿,又在车上找个塑料袋包了手机,出门时想跟人打个招呼,却怎么也叫不应人,想是忙去了。

接到孩子两个舅舅电话,说是也从另条路正往老人家赶,车也过不去。看来都只好步行了。

一手举伞一手紧握着手机,沿着路边的门面房走。临街店铺里都是水,隔着玻璃可以看见许多物品漂在水里。人们都聚在一处避雨,水流急的地方很难站稳,更不敢过去。一辆从农村驰过来的公交车停下来,司机接电话说前面有公交车被淹水中,要求就地停车。司机挂了电话,很郁闷地说他出来时几乎没下雨,城里咋下这么大?

这时敢于一直步行下去的人已不多,自己算个执着的人,尽管体格不高不壮,已有不止一个人劝我最好停停,不要冒险了。但想到两老人身体不好,情况不明,孤立无援,就决定再试一下。

离家几百米的一个路口,水深已过膝盖,且流速很快,几乎没人通过。四个年轻的女孩因要到对面上班,想试着过去,看我走得坚决,便紧跟着。但真的踩到水中,因为水浪的缘故,深度已没了大腿,四个女孩同时惊叫,其中较瘦的一个趔趄欲倒,伸手救命般地抓住我。我劝四个人回去,她们在后面一直瞅着,无可奈何。

终于过了路口到达家门前,路面低而平,系逢雨必淹之地。此时一片汪洋,混浊的水面上漂浮着各种塑料、木器,如同泽国。水向着平时静谧的小路泄洪般冲着,一个低洼处的商务宾馆的院子早被水填满,几辆汽车漂浮着,仅露着车顶;一家快捷酒店的床、冰柜都漂到了大厅里。我借着路熟,沿路边的台阶、窗台走着,心里一直在提醒自己踩稳才下脚,注意下水井,一个垂在窗外的电插座还是吓了自己一跳。

最后扶着两辆没入水中的小货车才到了门口。街门被一米深的水围着,水还直往里涌,门根本推不开。我和一位小伙子借助一根铁棍撬门才进去。

老人没事,但屋里水深已尺余,物品尽毁,院里屋檐下的几百只蜂窝煤除捡出的二十几个,已全塌在水中,变成煤泥,满院黑汤。

下午得知,今天黎明四个小时降水量达到 400 多毫米,局部超过 500 毫米,大几十年未遇。另悉一人被困电梯死亡,一出殡棺材被冲走,被浸泡车辆随处可见,大量道路被毁,无数财产损失。一时网传灾情刷屏,面目惨然。

其实,灾难离我们并不遥远,现代科技的辉煌并不能使我们安坐如山,相反,应时刻未雨绸缪,防患于未然。因为,在大自然面前,人类是如此渺小。

感谢大自然,时不时给人类必要的警醒。

手机之害：未来，已来

2016年7月11日　星期一

今天女儿正式被提前批中的艺术类录取，尽管是个一般的二本学校，但悬着的心总算落地了。想想考前考中考后的煎熬，有个了结，接下来该干什么，大多要靠她自己了。再有一个月，孩子就要满十八岁，十几年的呵护与希望，耗费的精力与陪伴，个中辛苦，一言难尽！作为父母，也到得体退出的时候了。人说世上有种爱以分离为目的，那就是父母之爱。不放手，孩子永远长不大。

三年高中，女儿履行了诺言，没有使用手机。现在，到我们兑现许诺的时候了——给女儿买了部不错的手机。不过手机也是个祸害：这几天，女儿对手机十分依赖，让人担心。也难怪，家里家外，全民皆手机！我们大人不也难以自控吗？早起第一件事和睡前最后一件事，大多得看看手机，否则便失魂落魄，无所适从。餐厅、厕所、谈话、开会、看电视、走路、坐车，几乎所有时间空档，几乎所有能同时进行的事情，都与手机和网络有关！

对此很是忧虑，为自己，为别人，更为孩子。很多时候，真的很怀念那个“车，马，邮件都慢，一生只够爱一个人”的时代，怀念那个“憧憬电灯电话、楼上楼下”的时代，有时候物质的极度繁荣与人们对幸福的追求却背道而驰！道圣老聃描述的鸡犬之声相闻的小国寡民理想，屡遭后人诟病，如今看来真是境界不同，不可同日而语啊！

狄更斯的《双城记》中这样写道：

这是一个最好的时代，
这是一个最坏的时代。

这是一个智慧的年代,
这是一个愚蠢的年代。
人们面前应有尽有,
人们面前一无所有。

这是在嘲讽一边看手机一边忙碌的现代人吗?

网络、手机之灾,早晚得爆发,因为人的自持能力非常有限。有人说,在互联网时代,没有信号好像已经无法正常获取知识了。然而放下手机,去大脑里看看,也许它正变得空无一物。

难道真的无药可救?手机报、电子书真的能代替纸质读物吗?

当我们都习惯了只用手机与人接触的时候,生活中触碰到每一个真实的人又是什么呢?

正如前两年4G网络宣传的那句话:“未来,已来。”

我们拭目以待。

慰问灾情

2016 年 7 月 20 日　星期三

自 9 日大雨以来,全城受灾,损失惨重。很多家庭进水,损失惨重;大量商场、门市的商品过水,到处贱卖,有的整理数天,不能经营;道路泥泞不堪,许多路段受阻不通,被水浸泡、无法动弹的车辆更是不计其数。政府加大了恢复生活生产的工作力度,各单位义务劳动、发放消毒药剂、看望受灾家庭等。

连日来,天气仍时阴时雨,本地大雨往年向来在"七(月)下(旬)八(月)上(旬)",故近几日人们特别关心天气预报。各单位及小区的地下室都筑起了挡水墙。

因水库涨满,前天中午开闸泄洪,下班时逢路过的桥上禁行,只能等待。先闻远处水声如雷,轰隆声震天动地,后见水形如蛇,泥流渐近,一会儿河床就变宽变深,雄浑湍急,摄人心魄,河底河旁的庄稼地瞬间覆于水底。昨天即闻听下游乡镇的村庄被泄洪溢流的水所淹,包括法庭所在的辖区,到法庭的路已不通,需要从高速绕行。家中进水、庄稼被毁、树木冲倒、牲畜淹死的为数不少。

今天院领导一行数十人拉了救灾物资来到辖区各乡镇慰问,本没安排吃饭,但因绕路耽误时间,到时已过中午,只得临时在法庭做大锅饭。

这几天由于天气和道路原因,已定开庭的案子延期了好几个,但近处的案件还是得抓紧处理,否则案子堆在一起会更加棘手。

企业家的格局

2016 年 7 月 21 日　星期四

今天审理许某诉李某欠款一案,双方都到庭。许某是某鱼缸厂经理。李某大学毕业后,在父母的资金支持下开了家鱼缸销售门店。双方经过一年多的业务往来,账目很多,经结算,李某向许某出具了 2 万多元的欠条。

许某在律师的陪同下,有欠条证据,理直气壮,先到法庭。李某跟在其父亲及父亲两位朋友的身后进门。

我先问:"双方认识吗?"

许某回答:"认识小李。"

李父马上先发制人:"小孩(李某)大学毕业后创业,结果创出了 300 万元的外债,今天记账本也拿来了,千真万确! 我正想办法给他还账。你们也不说声,就直接起诉,这算啥事?"说着递过来答辩状两份。

与李父一起来的人忙解释说:"他(李父)在咱本地也是有名的企业家,这事(起诉)主要是面儿上挂不住。"

答辩状上主要是说许某的鱼缸质量有问题等,随手递给许某一份。

我一向认为企业家都是人中龙凤,尤其是中小型企业,常被挤压在狭小生存空间中,摸爬滚打,左闪右躲,应变敏捷。今天的许某、李父及随行两人,均经营有实体企业,年龄又均在 50 多岁,几个人往办公室一坐,俨然一个企业家小会。他们的说话行事都极有个性特色。

首先,遇事不慌,气定神闲,语言承受力强。许某手持欠条,本就有理,但在李父一干四人进门劈头盖脸一通数落时,并不急于争辩,而是等其说完后，简要陈述起诉经过，抓住重点，强调自己作为负责人，平时并未过问具体事宜，不亢不卑，巧妙回避了李父的锋芒。李某少年气盛，粗鲁反驳，被其父喝止。可谓高手过招，岂容小子乱讲？

其次，善用欲擒故纵、以进为退之术。李父了解儿子所为，自知理亏，但一进门却先将生意场上不义之举(直接起诉)的帽子扣在对方头上，又递上答辩状表现其充分的应诉准备，钱虽不多，但兵来将挡，水来土掩。同时，随行中的一人将许某叫出门外斡旋，兼探虚实。以此可见：其求和之意已定。而许某的律师欲驳答辩状中提出的质量问题，许某将其打断，只是不温不火地与对方谈判如何还款。

再次，计算成本，灵活多变，见好就收。在许某表示让步欠款零头，诉费自负的情况下，李父等紧追不放，要求再降 3000 元，并开出最诱人方案：如果谈成，随后打款。许某表示需要与其他股东通电话商量，其实他只是跟律师出去作了个简单的评估，然后问我对方能否保证把钱拿来。我说应该没问题，他立即对我说同意再降 2000 元。不料对方却说再降 2500 元，并立马取出现金拍在办公桌上。

最后，收放自如，场面圆润。许某面对一堆现金，无法拒绝，摊手同意、打条、收钱，结束时说："今天厂里真还有事，要不一定得吃个饭。这样，回头买鱼缸成本价，小李知道价格的。"然后哈哈一笑，得体地握手告别。李父一行回头对我说："多谢了。都像今天的效率，你们一年能结好多案，有空到我们那儿拐弯(闲聊)啊！"好像效率高还得感谢他们的让步，我也紧跟着热情地说："一定，一定！慢走。"

还有很多，言犹未尽，如一场精彩而有内涵的佳片有约，让人回味良久。

三人行，必有我师。今天的纠纷虽在我的主持下解决，但又何尝不是双方本有强健体魄，小病而自愈呢？

郁闷的一天

2016 年 7 月 26 日　星期二

今天缺席开庭的王某诉郎某离婚案,案情奇葩。郎某经人介绍与王某结婚,夫妻俩感情一般,一年后生育一子。不料儿子出生后,郎某不仅没有增加责任感,反而经常外出打工,一走数月,甚至一年,很少联系。一开始家人担心,怕出啥事,到处托人去寻找,找的人打通了电话,郎某却拒绝跟千里迢迢来寻找自己的亲戚见面。

有时郎某不找自回,但也不给家人钱,待一周又走了,路费还从家里拿。走了就又是长期不联系。最后一次是两年前离家,至今未回来,电话也不通。直到一个月前,王某接到一通来自外地的陌生电话,问其与郎某是否夫妻,是关于郎某办信用卡的事。这下王某无法忍耐了,遂向法院起诉离婚。

对郎某的多次、长期离家外出,音信全无,王某百思不得其解,双方虽因生活琐事生过气,但不至于出现如此行为。她也曾怀疑丈夫外面有第三者,因为丈夫有段时间回家,从不让看他的手机,打电话也避人,但的确没有证据。后来一狠心,啥也不想了,离婚算了。

郎某以上行为有对村干部、郎某父母的调查可以证实,实属奇葩独放,与众不同。

庭开得郁闷。

外省一名女当事人起诉离婚,今天来电说双方已和好,不离了,但人也不来了,理由是上班没空。打电话让男方来,男方也不在家,勉强叫其父来,竟发牢骚说结束了为啥还来,耽误时间,好像法院没事找事似的。这种起诉追不停、撤诉不理睬的情况不少,我觉得应当允许当事人通过电话、传真或其他通信方式表达并确定撤诉意愿，毕竟社会已进入高效时代了。法律程序的具体操作，也应随时升级版本，与时俱进。

下午的3000元借款案，调解工作做得太久了，以至于下班回家时天色已暗。老思路认为标的小、事实清，应容易调解，其实现在小额诉讼案都是调解未果后才转过来的！本案原、被告双方是亲叔伯姐弟，弟借给姐夫3000元，月利息2分。没想到姐夫突然死亡。姐说啥都是“不知道，不管”。开庭中，弟情绪激动地说：“只要说句照头(方言：负责任)的话，不要说利息可以不要，就是本金也可以减少，给2000元，甚至给1000元也行！”姐考虑半天，还是皱眉说：“我啥也不知道，不管！”几番如此，作了多次解释，最后以调解失败告终。生活中有些纠纷因为人的意念因素而不可调和，不能单凭想象办案，否则只是徒劳无功，应亮出法律的利剑来！

一对夫妇来法庭，说两年前自己小孙子起诉他母亲的抚养费又该付了。他们啥也没带，光查文书查了半天，最终查到了，还有一星期到期，共2400元，一年一付。又不想直接申请执行，只得电话去催，明天落实吧。留了电话，又解释一番，走了。

郁闷的一天，没有一件高兴事！医院还有个让人喜悦的科室——产科，法院却没有无纠纷的庭室，悲催不？看着个个充满疲惫与忧虑的同事们，更多了迷茫与担心。但工作的需要，责任的需要，必须兴奋起来，每一根神经！

蝉鸣的街道

2016 年 8 月 3 日　星期三

镇里 L 书记说,各村私占集体土地的现象突出,有些是多年的遗留问题,群众反映强烈,就此情况已与法院领导沟通,希望能快速立案和审理。今天 J 副镇长召开一个会,通知了几个村的主要干部、司法所长和我一起参加,要求先行起诉几起,起个导向作用。我说了说起诉所需要准备的材料等。虽然案子可能也不复杂,但这些“戴帽子”案件最好还是转到其他庭审理好一些,到时候与主管领导说说吧。

刘某诉李某的 5000 元借款案,缺席开庭后,自然仍得为判决书的送达下一番功夫。今天和小王吃了午饭稍停了一会儿,便出发去找李某,这个点正是农村人午休的时间。到了李某家,敲门,没人,再敲还是不应。小王一个人走出好远到另一条街去打听。整条街上除了热气连个人影也没有,蝉的鸣叫声连续又刺耳,显得周围更加寂静。

在不甘心就这么无功而返的时候,小王带着微笑回来了,说买了人家一根冰棍,才打听清楚了:李某家的旁边是李某哥哥家,后一排中没有门楼的是其父母家,门前有棵大桐树。其哥家大门紧闭,刚才的敲门声那么响,想开门的话早该听见了。于是直奔后排,远远地看见一位老汉坐在桐树下摇扇子,一问,果然是李某的父亲。

李父也知道是啥事,嘴里嘟囔了几句,接了判决书。看了一眼,又骂开了儿子。

下午是徐某诉张某打架赔偿案开庭,双方是同一个村的。张某是木匠,与徐某说好要买其房屋拆下来的木料,但没想到依约去拉时,徐某却已经把木料卖给了别人。张某一着急说了句粗话,双方发生肢体冲突,张某用砖头将徐某头部砸伤,花费近千元。后张某被治安拘留七日。考虑到双方是同村邻居,低头不见抬头见,和谐相处还是第一位的,于是推心置腹地给讲了半个小时道理,又将双方分开询问意见。张某本以为自己已受罚(被拘),到底了,没想又闹到法院,来法庭之前的打算是一分钱不赔,官司奉陪到底,现在决定回去再商量商量。

开庭终究不是目的,于是延期,给双方五天考虑时间,以和为贵,争取和解解决。又是一堆的叮嘱交代,民事法官都这样长者般啰唆吗?想想挺好笑,有点类似于服药期间的饮食禁忌,哈哈。

蓝天白云·孜孜以求

2016年8月9日　星期二

晴空似海,一眼望尽万里云;西山如黛,卷帘满目是屏风。青山兀立,画面逼真,如此贴近,如此清晰!不由得惊呼,“原来生活可以更美的”!于是大家纷纷拍照,发微信朋友圈。

圈中已有很多关于天气的感慨了!

几个月以来,空气都不错,能见度特别高,每日看看空气质量指数,基本都在100以内,对比以前的300、400,真的是今非昔比,两个世界。湛蓝的天空、悠悠的白云、皎洁的月光、闪耀的星辰,刹那间又回到了我们身边!呼吸着清新的空气,人们的幸福指数一下子升高了许多。

看来治理相当有效,但愿能持之以恒,让环境治理成为常态。看看人家发的蓝天白云,再看看咱家整日的雾霾,的确天上地下。想想若没有一口新鲜空气、没有一口干净的饮用水,要那么快的发展干吗呢?积累财富不是为了更幸福的生活吗?

“汝等善博功与名,我却坏笑到如今。”看着群里又为某位的职位高升而欢欣鼓舞、点赞相庆时,总是另一种轻松的感觉。也许自己位卑言轻,只能暗里偷笑?

近来,除了工作,就是抽空写东西,固定的时间,固定的窗下,固定的窗外麻将声。以前,甚至很早以前,总以为自己能写点东西,有点写的能力。现在真拉开架势写起来,才发现构思贫乏,技巧有限,眼界囿于一处,落笔患得患失。遂发一感慨:

夜半闻鸡鸣,文章不老成。
数起锤金句,唯恐人厌听。

没想 H 老师亦没睡,回:

三年捻断须,一吟双泪流。

同心之言,其臭如兰。今之体会,古人已有;古之高度,今人难及。知我肺腑者,H 老师也!

文章千古事,得失寸心知。
停笔愈觉晚,新端浊酒杯。

文字历练的过程,真正感受到了责任与苦涩,也深深感受到古人“披阅十载,增删五次”的浴火重生和伟大!

自行回避

2016 年 8 月 17 日　星期三

去年审理两起同一原告刘某起诉的排除妨碍案,最终以房屋未实际交付,刘某没有取得所有权为由驳回了其诉讼请求。刘某不服上诉,二审以是否应当追加开发商为被告等事实不清为由发还重审。这也是去年的两件发还案。这两件发还案分别由两位院领导审理。时至今日,几个月过去了,我也很想知道会有个什么结果:(1) 一直坚信自己的实体判决不会有错;(2) 刘某上诉后曾讽刺说:一审他没用劲,二审肯定改判,已与有关领导沟通好了。让我万没料到的是,刘某的两件发还案竟然全部撤诉了!

一般地讲,通过做工作,撤诉是好事。但这种外科手术式的撤诉,却于事无益,生后患几乎是必然的。

果然,撤诉的同一天,该两案以开发商为原告,以刘某为第三人,以其他基本与原审相同的事实与理由立案了。没有任何悬念,按管辖又分到了我们庭,且又分给了我。

很无语,这不是原地未动吗?或第二季重新开始?庭里现在能办案的就两个人,案件随机分配,基本没动过,何况这样的貌似新案,其实是发还的案子,谁会喜欢呢?

想尝试调整一下,被一口回绝;找院长申述,他说知道这两件案子,刘某托人说过,但说调整案子的事跟主管领导说就行了。主管领导让先找人协调,明知是败多成少。果然被一一婉拒。

今天又找到主管领导,正式提出自行回避。理由有二:(1) 我是原承办人,该两案虽为新案,但实际上是换汤不换药的老案,且起诉的证据之一就是我的原审判决书,为避免先入为主,申请回避;(2) 在原审判决后,发现刘某与我在同小区居住,有严重后顾之忧。

主管领导可能认为回避理由成立,便一边说些为难的话一边打电话,起初也被以各种理由拒绝,最后干脆叫来刚调走的小曹,当面说明情况。小曹也是犹豫不想接受,后在主管领导的半强迫下才把案子拿走了。

从立案到今天已过了十多天时间,总算调整了出去。有制度的问题,也有人性避难就易的问题。当然,每遇困难曲折,即显制度设计前瞻性的重要,更显出人性虚伪的弱点。

前几个月调解结案的一起离婚案,女方的父亲(外地)近期一直打电话,说男方隐瞒了女方有精神病的事实,欺骗其女儿签字离婚,现要求分割财产,等等。

回想当初调解离婚,双方言语不多,说话签字看似正常,曾因女方话少而故意问话,但未能判断出其有精神性疾病。真是防不胜防的麻烦!今后的调解与撤诉更应注重细节,绝不能因冲突小或没有冲突而掉以轻心。

今已与立案 Z 庭长沟通此案,建议要么由院长以发现错误为由提起再审,要么由女方的父亲代为提出分割婚姻存续期间财产之诉。

缺失的爱

2016 年 8 月 20 日　星期六

邻居郭姐生日，其女儿晓出于孝心，中午请她去吃饭，也通知我们一起参加。前些年郭姐曾帮我们带过孩子，直到现在两家关系都很好。郭姐是二婚，女儿晓出生才几个月，前夫就因故去世。后郭姐改嫁，却没能带走女儿。女儿虽住得不远，但不在一起生活，现已二十好几，婚姻成了头等大事，郭姐是又爱又急又不敢多问。

前段时间晓因交通事故手臂骨折，母女连心，郭姐一连几个月与女儿同住照顾。

晓自幼未见过爸爸，妈妈也是这几年才见得多了，在爷爷、奶奶、姑姑身边长大，性格倔强，脾气不好。郭姐老觉亏欠女儿，从不敢得罪女儿，所以我的印象中晓属于我行我素、谁都不听的那类。那年愚人节举着测孕试条并配文字“中枪了”的就是她！当时把我吓了一跳，玩笑“尺度”相当大。

中午我开车带着妻和孩子，接上郭姐、晓还有其同母异父的弟弟，取了生日蛋糕，直奔晓预订的在一个商场五楼的“某某烤鱼”食场。这地方我一向认为是孩子们的乐园或逛商场逛累了的休息场所，今天照例热闹非凡。郭姐与我们同龄，也是 OUT 一族，点菜买饮料自然全由晓负责。

晓长得瘦瘦的，瓜子脸，弯眉小嘴，当之无愧的美女。但她自小不爱读书，社会阅历繁杂，会说话，妻也一直是连夸带奉承的。晓报了两盆鱼，其实是火锅，一盆辣，一盆不辣，另报几个素菜，便开吃了。妻提前准备了礼物，我提前准备了精致的小瓶白酒，为郭姐生日助兴，给孩子们每人一个自做的冰激凌,大人小孩都兴奋得很。最高兴的是晓,饭局是她安排的,看来以前来得多,套路熟,点菜要茶顺手而为。当我把酒拿出来,说为郭姐生日都喝两口时,晓表现得尤为活跃,竟还能大致说出酒精度数的高低,我开车不能喝,结果她们仨中她喝得最多。

饭未结束,兴奋的晓便表现出了自己的优势,安排好了免费的歌吧(曾在歌吧前台工作)。我和妻好久未经如此折腾,其实已经很累,但郭姐生日,难得一乐,于是饭后便直奔歌吧了。

豪华的 KTV 包间里,孩子们高兴得无与伦比,话筒抢来抢去。郭姐是一首不会唱,我和妻发现也已多年未唱过歌了。晓仍然兴奋,点果盘、饮料、啤酒,然后要求一起唱歌跳舞。我与妻各唱了一首,晓总是使劲鼓掌。晓更要与我拼酒,一干一瓶,我有些抵挡不住(喝太快),遂借口哄孩子出去了好一会儿,再回去时,妻说突然想起下午四点孩子还要上辅导班。

有了孩子上课的借口,晓也不好再拦,只说"好,你们先走,我再等个人一起玩会儿",我们便走了。

我出去办了点事,傍晚才回到家,妻说晓下午在家大哭了一场,原因是今天让她第一次感受到家的温暖,尤其是有"爸爸"参与的氛围!我一下子被震撼了,也一下子明白了她吃饭、唱歌、喝酒时都那么冲着我了!原来是爸爸的角色勾起了她无限的思绪啊!晓的成长、生活中缺乏父爱,妈妈再婚后和她感情也不好,与继父感情冷漠,个中情味,谁人知之?

妻说,晓在微信中说可想叫妻一声妈,可她明明有妈妈,且就在身边。实际上,她是多么盼望有个人能叫声爸啊!哪怕爸爸多么严厉、冰冷,她都会甘之如饴!

生活中拥有的,我们往往不以为然;缺失的,总是那么的心怀向往!

晓,自小缺一份爱的孩子,为了自己,为了妈妈,珍惜未来,珍惜身边人,好好生活吧!

录入信息再次出错

2016 年 8 月 25 日　星期四

悲催,书记员小王又在同一地方跌倒——在办案系统上误把一桩上诉案件点为生效。

上半年因信息录入错误的教训不可谓不深刻,然而余悸未消,现在又生一悸!啥客观原因也别找了,第一次通报处理就电闪雷鸣,试想未到年底的第二次处理会和风细雨吗?

直接向审管办汇报,答曰“爱莫能助”;又托同学、朋友向省院说情,希望直接变更,答曰“权限所制,必须正式申请”。

心灰!又找审管办商量,仍无他法;小王又找其他书记员,商量能否顶替一次,无果。

看着小王一脸的着急与无奈,又急又恨。或许的确是自己要求不严所致,正如主管所说的“跟啥人学啥人”。或许小王的确粗心难改,但上次差点被辞时,小王一再表态吸取教训,至少保证年内不再出现类似错误。抑或是信息录入本来就是易出错的工作,应该有个允许出错的比例和及时修改的机会。

没有别的办法,但也不能拖而不决,正式申请修改吧。直接到院长办公室,要求签字,讪笑说:“真是的,都怨我多手,没事儿做了书记员的活儿,信息录入点错了。”院长未放脸,一边签字一边说:“咋回事?那也得通报你们。”

感谢领导,感谢通报!

今天,电子屏幕通报的近十起信息录入错误名单中,只有这一起是只通报了办案人而不是书记员,并处扣发一个月文明奖。我明白领导这是手下留情了。

怪不得昨天小王问一个月文明奖是多少钱,他可能是昨天就知道通报的事了。

这次,必须得采取措施了,必须!

心理成长

2016 年 8 月 30 日　星期二

转眼女儿大学入学的时间到了。路途不远，180 公里左右，两个多小时的路程，前天趁周末，开着面包车与妻送女儿到校。

一路顺风。上午九点多从家里出发，十二点多一点便到了。第一次开车上高速，面包车也是第一次开。一直开着导航，直接到了学院门口，一路上不断惊叹导航的准确性，屡被女儿讥笑见识短浅。孩子越笑，我倒是越开心，因为觉得孩子真的长大了。家长的通病吗？

直接把车开进校园。先奔食堂，偌大的餐厅，各个窗口，各种食品，犹如小吃街，比我和妻想象的好多了，便忙着办临时卡买饭，兴奋不已。相反，女儿倒冷静得很，甚至为我们的忙碌感觉不适。

大部分新生还未到，吃了饭，先把半车行李暂时放了个地方。在校园中转了转，规模大小、整洁程度，既在预料当中，又有些超出想象，整体感觉很不错，尤其是高年级同学的言行举止得当，风气文明，让人满意。

周六晚上，用手机找了家旅店住了一宿，旅店距离学校很远，基本上把这个城市穿了一遍，环境很好，不愧是国家级卫生城市，路也宽敞，还不堵车，一定很适合居住。

以前，心中所想，老希望女儿能学法律，将来从事与法律有关的工作。但阴差阳错，或是必然，最后竟考了与法律毫不沾边的专业，为此，暑假中没少与女儿生气闹别扭，甚至赌气不说话好几天。后来，女儿哄我说，到了大学，我修个法律双学位，不就行了？现在看来，可能需要改变的不是孩子，而是望女成凤的家长。无论学什么，兴趣第一，还得顺其自然，各行各业，都能有所成就。毕竟，孩子是独立的个体，她不是父母的替代品，也绝不会完全按父母规划的“路线图”前行。

过分要求孩子出色、限制孩子思想，是家长的自私。作为家长，我们需要的不单是一味地关心和说教，更重要的是与孩子共同成长。

放下了内心的执着，整个人都格外轻松，第二天回家的路上，和妻第一次放下孩子的话题，谈起了二人愉悦而久远的往事……

入学毕，回品《三国》，作《许昌》，感佩魏晋首善之地风范犹在：

凤仪难支杨柳腰，郿坞城崩怒未消。

魏武挥鞭君临处，天下缄口尽向曹！

母为子隐·覆水难收

2016年9月5日 星期一

刘某因购货车向表叔李某借款5万元,李某要求刘某提供担保。于是以刘某及其妻子、儿子为借款人,以刘某父母为担保人的借条形成,约定月息2分。

根据李某提供的地址,我们找到了刘某父母在县城的租住处。近中午时分才赶到,两层独院,老式铁门紧闭,小王敲了两次无人应答。院墙很高,想看到里面,只有后退,一退便看见一个老太太站在通向二楼的外楼梯间平台上向下望。

"大娘,这是刘某的父母家吗?"我小心翼翼地问。

"我是他妈,你们找他干啥?他不在这儿。"老太太警惕地说。

"能开下门吗?法院的,我们说个话。"

老太太先说这不是她家,她只是租住在二楼,不能随便开门;后又说自己腿不好使,上下楼不方便,拎着刚买的菜原地站着不动。我俩也不急不躁地跟她唠,她看打发不走我们,只好慢慢下来迎客。

待一起走上二楼发现,果然只有刘母一人在家。刘母是有文化的人,说话很有条理,一会儿便把意思表达清楚了。大致就是借款属实,但儿子做生意赔了,一家三口跑没影了,她老两口都退休了,身体不好,租房生活。担保签字时刘父不在场,字是她代签的,刘父不应负责任。老表李某放高利贷,不是啥好人。

人心不古,为几万元钱玩失踪,儿子借钱时父母又是撺掇又是担保,还不上钱时千方百计为儿子辩护,为儿子做挡箭牌,出借人却成了坏人、敌人。

此时的法官也只能就事论事,就案论案了,所谓的前因后果、人品高下只能另当别论。法官不是神仙,也不可能主持所有的正义,只对案件的正确适用法律负责。

靳某(女)诉魏某(男)离婚,双方结婚刚四年,婚生一子,两岁多点。魏某在外地一家大企业上班,工资较高;靳某在本地一公司上班,收入稳定,生活条件在当地算不错的。可双方自有了孩子后,在孩子的教养问题上产生了严重分歧,魏某父母年龄较大,靳某认为不适合教养小孩,坚持由自己父母教养,但魏某须支付高额的费用。魏某同意支付费用,但认为靳某应带孩子定期看望自己父母并一起居住,替自己尽孝,不能常住娘家。

下午的调解中,靳某表达了其实不想离婚的愿望,自己提出离婚只是想让魏某关注自己,但一身城市打扮的魏某却不容靳某反悔,随即开出了同意离婚的条件,且条件不容更改。这下惹怒了同来的靳某母亲,把魏某骂得狗血喷头,一时冲突升级,局势不可收拾。

魏某随身带着电脑包,话语不多,但很决绝。据靳某透露,魏某精通业务,在单位很受领导重视,出差在外也从来不离电脑,随时准备处理领导交代的工作。

魏某除了谈正事,一句多余的话都不愿说,他的离婚条件是孩子由他抚养,抚养费自理;另外分两个月支付靳某 5 万元。靳某拗不过母亲的意见,同意离婚,但靳母要求一次性支付款项,魏某则坚持分批。

最后,双方按照魏某的意见达成一致,在魏某的面无表情、靳某的泪眼婆娑、靳母的怒目圆睁中分手了。

小王说现在的事,现在的人,真是看不懂。

世事如棋,人情易变,有时的确如梦如幻,匪夷所思。

判难

2016年9月9日　星期五

每落笔判决，总让人手软。尽管在有人看来，作为基层民事法官判的都不是些啥大事。

首先，得考虑所认定事实的确凿。以事实为依据，没有可靠的事实，后续案件的一切可谓空中楼阁，终究根基不牢。客观事实业已发生，无可更改，而法庭所要查明的法律事实虽尽量地无限靠近客观事实，但永远不可能完全重合。而亲历事实的当事人，包括原告、被告，还有证人等所有诉讼参与人，各自陈述时都或多或少地畸轻畸重，在几乎没有任何强制措施的自由环境下，冷眼旁观法官对事实的认定。判断对了或大致不差，大家心照不宣，闭口不言，既无掌声也无肯定之语；判断有误或是尚有未尽事宜，则定有揭竿而起般的愤怒嘘声——鄙视、怀疑甚至谩骂。故每写事实，则咬文嚼字，惜言如金，能少不多，能平不美，能笼统不具体。曾写过一份十几页的判决，而事实认定部分只有短短几行，写毕心中自慰：有话则长，无话则短，罢了！

其次，得适用好法律这根准绳。具体到案件，作为准绳的法律也是如丝如缕，千头万绪，不那么明确无误。也常常是从大法律找到小法规，从司法解释找到会议纪要，从发布案例找到当地风俗……普通老百姓不懂法律，但老百姓心中有杆秤，在诉前早已称好了输赢的斤两，甚至解决矛盾的最佳方案他们也心知肚明，就冷眼看你如何用法律的语言来诠释结果了。理说得公、说得恰当、说得通俗易懂，则胜者自得，败者愠；相反，则是胜者不喜，败者更怒，一如天塌地陷，四处奔走。曾有判决发后数日，波澜不惊，突一日败诉方当事人打电话一本正经地说:“我北京从事法律工作的亲戚说了,判得还不错,基本公正,不再说了!”当时我的那个小心脏啊,五味杂陈!

当然,如果你搜肠刮肚、绞尽脑汁,作了一个洋洋洒洒的判决,最后证明该判决争议内容不属于法院受理范围,那你就更冤了,水平有限、粗心大意、不负责任、浪费诉讼资源……一言以蔽之,用什么帽子扣你都不过分!

再次,得兼顾社会效果。所谓兼顾社会效果,无非是法律的悦众行为,是法律为了迎合社会舆论而作出的让步和牺牲。让步又不能让得太多,至少不能违背法律。这种适用和衡量就需要法官来做了,不光是法律知识,更重要的是社会知识、公序良俗的认知能力都要有所体现。如何在法律公正、利益平衡、彰显正义方面取舍,有时候是要反复斟酌论证的。

又次,得考虑当事人的承受能力,尤其是败诉一方。正如前所论,大部分败诉方在判前是有所预知的,但也有部分“人心似铁”者,任你义正词严地批评,任你钢嘴铁牙般释法,任你口沫横飞地调解,就是不理解、不面对、不接受。待一朝“官法如炉”适用法律,他会作如何反应则深不可测,最让人纠心。故发判那一刻也是意外事件的多发时段。

最后,还有人情因素。尽管东风日日紧,西风时时衰,但更个衣、化个妆、变个戏法式的说情总也难免,有领导、有同事、有亲戚、有朋友,有我们刚求过办事的人。既不想畸轻畸重、交易法律,又想继续周旋关系于亲朋之间,其取舍、游说之难不亚于判案本身。

落笔之难,难在取舍间,腕抖股颤脊冒汗!体魄矫健攀蜀道,刀笔无情绝天堑。噫吁嘻!

古有“说难”,今作“判难”。

时间是解决矛盾的良方

2016 年 9 月 13 日　星期二

可某今来法庭，反映前夫家的人（姐姐）打电话要她去领孩子，问现在自己能不能抚养。

去年可某起诉离婚，丈夫栗某起初不同意，后突然说离也可以，但三个孩子须均由栗某抚养。栗某没有父母，自己在外打工，两女一儿三个孩子，大的不到十岁，小的才四岁。真佩服栗某敢说这个话，当时估计也是想以此要挟可某放弃离婚吧。然而对婚姻失望至极的可某在再三争取抚养孩子无果情况下，忍泪同意了栗某的要求。

一切矛盾都是暂时的，且多数矛盾都能随着时间的推移无药自愈，如果矛盾一直未解决，那只能说最后的时间还没有到来。可某说离婚后栗某仍不务正业，好逸恶劳，整日游荡度日，三个孩子分别放在其两个姐姐家寄养，而其姐姐们的家庭也不堪重负，颇有怨言。据说现在栗某精神好像有了问题，不再出门了，身体状况不好，自己都照顾不了自己。

我对可某讲，自己的孩子什么时候抚养都合法，何况孩子们都还年幼，其父亲已无能力抚养，也同意你领走，你当然有权抚养。可某已有了自己的家庭，但还是十分愿意抚养孩子，很满意地走了。

李某诉张某 4 万余元借款再审案今开庭，张某仍如原审一样未到庭。李某对法院的再审发了一大通牢骚，因为他实在无法理解，已经了结的案件为什么要再审。其实，本案是检察院提出司法建议引起的再审，原因是原审人民陪审员在合议时未签字，程序不合法。据说，检察院民行科提出了数起这样的案件，婉转地说是为了完成办案任务。

无论如何,首先错在原审理程序中发生的错漏,才导致诉讼反复,浪费诉讼资源。

为避免更大的浪费,此案须快审快结。同时也提醒自己今后在审理案件过程中,注重程序性的环节,不能以“无用”而轻视其过程,不能以惯性思维替代正当的程序。

保管卷宗·吃饭·请教

2016 年 9 月 20 日　星期二

卷宗的安全问题必须注意。上次小曹的卷宗在下乡途中失落，曾惊动了全法院。但随着时间的流逝，大家似乎又不那么在意了。现在经常只有我和小王在庭里，有时开着两三个办公室的门，起身去另一屋时就让房间空着，门开着；即使同在一屋办案，桌子上放着的卷宗，仍然有可能被人有意或无意中夹带出门。今天当事人李某无意将一个卷宗带走就是一例。万万当心！已与小王约法三章：(1) 卷宗必须放入档案柜，办公桌上不准放不用的卷宗；(2) 凡未结的卷宗放我处，已结的放小王处；(3) 卷宗不准带出门，带出门必须装包并报告。

今后，接待当事人还应一人一接待，分开来说。条理清楚，不分心，不乱。避免一下子涌进一大屋子人，同时进行，容易混乱，应让大家在门外排队，逐一接待反而更高效。

上午庭审返还扣押车辆案。原告王某称，其 20 岁的外甥开其轿车外出时与人打架，后开车将受伤者送医院，该车辆在医院遭被告扣押。被告在庭审中不承认扣押了车辆，只说是原告外甥自愿把车钥匙交给了被告，以作为医疗费的保障，且其在受伤者清醒后已将车钥匙交给了他。双方各执一词。

生活中许多矛盾的产生都对错交织，且充满着不可思议的巧合。人们在寻求法律保护的同时，也在极力钻法律的空子；在高举法律盾牌的同时，也在恣意冲撞法律的底线。现实中，经济利益改变着人们的行为规则，法律正义所体现的引导作用就显得尤为重要。哪些能做，哪些不能做，在 90 后的一些人群中并不都一目了然。

庭审前后,我讲了很多析理释法的话,觉得十分必要,也是自己的责任与义务,看得出双方对这些都很听得进去。

中午到乡里吃饭,司务长见我们三个人来,很有些脸色,小孙都感觉到了。因为伙房是他承包的,我们长期搭伙,若乡里的补贴不增加,显然他要吃亏的。给书记打电话询问给伙房增加补贴的事,书记仍然不改初衷地答应,并表示这个星期就落实,又给司务长进行了解释,他仍不甚高兴,也只有这样了。

院里又催今天下午下班前必须将每人评查的三份判决表格上交,吃了饭不敢休息,匆匆与小王下载了表格,又打了些必需的东西,赶回法院。

到院里正好已是上班时间,由小王去办交表等杂事,我和小孙去中院沟通一件以前改判的农村土地承包案,因为我也遇到了同样的问题,即法律规定与实际情况严重脱节。

收获很大。那件案子是一位代理审判员改判的,这位法官很年轻(有志不在年高),记忆力好,思路清晰,也没架子,站着就说清楚了改判原因和此类案子上级法院的理论导向,比任何一次来坐半天的效率都高得多。

出了门,心中无比轻松。遇到棘手的案子,还得多请教、多探讨,因为别人很有可能是刚从棘手中走过来的。

因天气不好,路上很堵,回到县城,天已经很黑了。

派车·表姐·司改会

2016 年 9 月 28 日　星期三

上午小王要求派车时,被告知没有车。问原因,说是下午一点半,执行上有大行动,用车较多。车改后,院里车辆减了不少,各庭用车由院里统一调派,但也常遇到派不出车的情况,让人无计可施,业务庭的人怨言颇多。今天有一件打架赔偿案开庭,若不想失信,就不能不去。于是到派车处商量、求人,最后小王出主意说:"我们保证中午前回来不就行了?"才算勉强得到许可。

孙某与张某系邻居,因一言不合大打出手,导致孙某头部受伤。花费不多,千余元,但要求的其他费用不少。张某认为双方打架原因不在自己,而是孙某喝酒后出言不逊;且事后自己已被治安拘留七日,现在还要赔钱,想不通。针对双方本无矛盾,打架系一时冲动的实际情况,除了对他们分别耐心说理说法外,还严厉批评了他们的冲动行为。孙某先真心接受了和解的观点,张某之后总算同意出钱,但又嫌钱多。根据估计的双方心理期望,我大胆地"画线",给张某留了些面子,他同意了,立即让其回家拿钱,同时让孙某写撤诉申请书。最后双方均基本满意,握手言和。

将近中午,一个远门的表姐找来,说是其婆家这边的本家侄女打算离婚,向我讨要"良方"。同来的男男女女五六个人,个个粗声大气,一进门就争着叙述原委。这情形把办公室签字未毕的当事人都搞蒙了,不知出了啥事。自称的表姐,其实也不认识,只是电话中自我介绍的,但也不能不接待。于是好言相劝,耐心倾听,直到他们满意后方才送走。

下午院里召开司法体制改革会议,政治处主任传达了省院要求,说是其中的法官员额制改革在下月底前要全部结束,大概程序包括报名、考试、考核、审批等,下月初要开全省的改革动员大会,希望大家以正确的心态,积极应对。

改革一直在进行,这次大概要有较大动作,全国其他省份多已结束,未知效果如何。改是当务之急,只有改革才能让当前的审判实务具有更好的活力和前景,但不改变待遇和处境的改革总难让人记忆持久,也不会具有里程碑式的意义。

“补贴”的幸福

2016 年 10 月 12 日　星期三

来到法庭时,老李已经在等了。老李为家里的几亩地与村委会打官司、仲裁、信访已有十余年了,是实至名归的“官司老户”。这年头,法官们最怕这样的当事人。

直接让小王做个调查笔录,归纳了他的诉讼请求后,告知他的诉请经审查不属于法院的受理范围,应向有关行政主管部门申请解决,否则法院将依法驳回起诉。老李并未吵闹,而是细心地询问法律依据,后竟冷静地要求撤诉。

一件棘手的土地承包案,一个官司老户,最后以如此平和的方式结案,实属意外。所以,什么时候都不要低估当事人的法律观念,他们心里有数得很。

另起离婚案的被告男方长期不回家,且有制造信用卡债务倾向,今天缺席宣判离婚,原告女方没说什么话,但看得出非常感谢,她可能没有想到这么快就结束了。因为之前她在家事调解那儿已周折了好一阵子,且有人跟她说第一次肯定判不离之类的话。

下午政治处通知让我填一个表格,内容是在基层工作的起止时间,据说每月要有下乡补贴费用 200 元,实在意外。若论基层工作时间,我是最长之一,毫无悬念。想以前每周一上班,周五回家,乘城乡小巴,每次都要为几元钱的车钱考虑,初是 3.5 元,后是 7 元、7.5 元,遇到修路堵车绕行、春节前后,涨到 10 元、20 元、30 元也是常事。那时从未想过由单位报销的事,觉得自己坐车自己出钱买票理所应当,就像当时在乡里伙房吃饭自己掏钱一样。想想还是如今的条件优越,满满幸福的感觉。

幸福真的是一种感觉啊。

整修老屋

2016 年 10 月 17 日　星期一

终于下定决心,把老家父亲住的房子装修一下。

对装修房子的事,父亲总是反对,总是说回头再说吧,一个人住也没啥必要,姐也不赞同。

我对父亲说:“那你过来和我住。”他不反对,但就是不来,好像也是回头再说的意思。

但等到何时呢?父亲今年 71 岁了!习惯了拮据中度日,花费上总是优先考虑他认为更要紧的事,吃饭、穿衣、看病、孩子们上学、礼俗来往的费用,都是要优先考虑的。现在孩子们都成家立业了,许多事和费用都不用他考虑了,但他的思路还是老模式,房子结实、能住就行了,花那个钱干啥呢?

房子是 1983 年左右父亲请人帮忙盖的平房(那时好像还没有盖房承包的),三十多年过去了,还清晰记得刚搬进去时的情形,新鲜又不适应,那时十二三岁。接下来,在这座房子和院落里,发生了从少年到青年时代所有苦闷、犹豫、彷徨、沉重、励志、奋发、成功、激动、结婚、失去亲人的故事。十多年前,我自作主张把天花板加了个石膏板吊顶,院里铺了个水泥地面,当时爸妈很高兴,也很实用。随着日子一天天过去,石膏板变形脱落,墙壁上的老泥土也有露出来的。

母亲四年前去世,一直是我心中的痛,有关她的任何物件和回忆,都不敢触及,生怕在心中泛滥,无法收拾,正如她闭眼的那一刻。

前段时间我跟父亲说:“你看,房子太破,我和孩子们回来都没个下脚的地方,不行啊!”这次,父亲不吭声了,只说那得花多少钱啊,尽管不用他操心和花钱。

现在干装修的实在是太多了,身边随便问了个人,就找到了一个熟人,非常积极,那就是他吧。去老家看了看,他又增加了些需装修的项目,远超原先的预算。无论如何,用人不疑,看着干吧。

真干了起来,父亲也挺高兴的。

待整修结束,再添加些简单适用的家具,方便父亲生活的同时,像个“农家乐”,隔三岔五,邀二四好友,聚而为书、为棋、为闲、为清谈、为小酌,是个好地方,于父、于己、于友,都大有裨益,真是另一番乐趣!

想着想着,竟要笑出声来,赶快与一好友谈及,他也是鼎力支持,说我先报名算一个啊。

秋雨·上诉不交票据

2016 年 10 月 20 日　星期四 

一大早，天上就飘着细雨，看看手机上的天气预报，一连好几天都有小雨，俨然天气转寒的节奏。

今天不开庭，我和小王去法庭的路上也轻松不少，说说笑笑扯些闲话。什么空气质量指数又上 200 多了；路边的柿子树上没了叶子，只剩了红灯笼般的柿子为什么不掉下来；1.6 升排量汽车的燃油问题；伙食费为何还不解决等，不一而足，有些老话题，说两句也便没了兴趣。

地里的麦苗已露出了头，整齐的线条，如画一般，绿油油的，令人振奋。

到了法庭，屈师傅一个人在院里巡看自己种的菜，来来回回，煞是悠闲。

走进大厅，便看见院里新送来的两张灰色三人座铁沙发，这样好多了。以前空荡荡的大厅里没个凳子，来人只能站着走来走去，看着就给人心神不宁的感觉。

想趁着人少写两份判决书，一打开电脑，小王便进来说，上诉的那件案子上诉人一直没送来交费票据，刚打电话他还是那句“回头”的话，确有故意不送之嫌。但呈卷的时间快到了，小王真是急了。

第一次遇到上诉人不送票据的情况。给立案庭打电话咨询，他们也没办法。又打电话到中院立案庭查询，得知上诉人确实已交了费用。又问故意不交票据咋办，答曰“汇报纪检部门备案，同时会同村干部去家里找他要”，但都不像是简单可行的处理办法。还真有不把自己的官司当成事,或故意拖延时间的。再看看吧。

一位年初结案申请执行的当事人来问执行情况,说都大半年了,执行为何没一点动静,我真不知该如何回答,只能说到执行局问问吧,她一脸茫然地走了。

王某在律师的陪同下来庭里,说他案子的情况,本来不想听,但也找不到拒绝的理由,且感觉他的案子多半是要输的,还得硬着头皮听他们讲,如何冤,如何有理,如何才能真相大白,天理昭昭。

政治处发短信说市人事局要求公务员上网学习,必须修够分数,年底要与工资挂钩,希望尽早,免得像去年那样离年底没几天了到处买学习软件。

秋雨续·同事调走

2016 年 10 月 25 日　星期二

秋雨连绵,数日不断。一个月内,我与妻双方三位叔伯相继过世,让人深感生命无常的同时,更平添几重寒意。

去法庭的路仍然不通,须绕行老远,空气质量指数屡超 100(轻度污染),大有优良指数不保之势。

L 同事调走了,之前没有征兆。倒是有一天与我谈起法庭一年多来不能解决伙食费,自己孩子小,上班需转数次车等困难,加上工作压力大,怨言颇多,这可能是坚其去意的原因之一吧。

开了两个庭,头昏脑涨,没个思路,没一点成就感、尊荣感。不盼涨工资,只盼新收案能节奏慢点;不盼早下班,只盼纠纷能无虞收场。离年底还有两个月,两人已新收 350 多件,年底突破 400 件不会有任何悬念了。与小王捋了下新结的、未结的、该网上点结的,林林总总,总体而言效率还不错,但你得鼓足了劲,永不懈怠,面对无止无尽的新纠纷。

突然想起一事,对小王说:"快把老党员(超过 50 年)的事给催催吧,要不他来了又该骂了!"小王电脑上查了一下,说:"不到期呢,是月底。"唉,真是操心太过了。

今天开庭的一个案子,Z 庭长又打电话来要吃饭,就我们俩,说是务必今晚。吃饭吃饭,开完庭连个头绪都没有,能吃得下吗?何况晚饭节食已坚持好长时间了,收获也不错,这是要"逼良从恶"的节奏啊!但 Z 庭长是前辈,出于尊敬,不好直接拒绝。也好,正好让他做做工作,看能否使这方当事人让让步吧。

从未曾放手的父母

2016 年 11 月 4 日　星期五

蔡某(女,26 岁)与史某(男,24 岁)均系独生子女,结婚两年,生育一女,现要求离婚。双方系自由恋爱,生活方式洒脱,刚开始感情也不错,后来有了女儿,因琐事吵闹生气的事便接踵而来。庭审中两人各执一词,互相指责,属于平常范畴,不平常的是双方父母的参与和缠斗,触目惊心,让人深感独生子女被过度关注的无奈。本想双方父母都在场,顺势做个调解,也好了解一下矛盾的根源,再则哪个父母希望子女离婚呢？未曾想,结果却演变成了双方父母之间的较量。

一开头,蔡母厉声责问:“你儿子几个月不给我女儿一分钱,且不看孩子一眼,明摆着就是外面有人了！你们是咋教育孩子的?”

史母也不示弱:“你女儿几个月来一直在你那儿,相距千里(南方打工),如何见面？你女儿在干啥谁知道?”

蔡母恼羞成怒:“坏机器做不出好零件,父母都是什么人？说话吃人咬人的!”

史母更是刻薄:“大城市可不是好混的,谁知娘俩在那干啥好事?”

蔡父忽地站起指着史母让她嘴巴干净点,史父也跟着身体往前冲。

本来离婚的小两口还互相留着的面子,让双方父母悉数抖落,最后一层虚弱的面纱被揭开,只剩下血淋淋的现实。

费了好大力气,我连扯带拽把双方父母分开到两个房间并关上房门。

遇到如此“护犊”的父母,实际是儿女的最大不幸;要这样的“亲友团"参与调解,真是法官的判断失误。

今天下午宣判,照例双方父母全到。两亲家母怒气冲冲,脸都扬得老高,但当宣判到不准离婚时,男女双方当事人沉默不语,似在反思各自的错误,曾经的恩爱,及今后的生活。而双方的父母可能万万没有料到会是强制和好的结果,一时竟不知作如何表态。半晌,史父来了句:"不离最好了,至少对小孙女好。"从两亲家母脸上悻悻的表情看,她们都已后悔自己的表演太过了,没有余地。

生活中,人们往往沿着崎岖的道路,追求着未知的方向,欣赏着陌生的世界,而恰恰忽略了初行的希望、真实的内心和本来的自己。这正是人们行为中最需要纠正和指导的地方。

子女的生活真的如此需要父母的参与吗?人总要学着慢慢长大,可怜而狭隘、从不知放手为何物的父母啊,放手吧,对子女的爱总是以分离为目的,您放手,孩子会走得更稳健、更正确。

放手,过自己的生活,想想你上为老下为小,你有过自己单独的生活吗?面对过自己真实的内心吗?你真的需要这样的生活吗?

要去的地方,除了未知,还有希望;前行的方向,除了道路,还有内心;面对的风景,除了世界,还有自己。(某地铁广告语)说得实在太好了!

一情等千年·法制宣传

2016年11月8日　星期二

刘某(女)诉丈夫离婚,在公告三个月后终于开庭了。对下落不明的当事人,依法适用公告送达方式,其实效果并不好,尤其是登报的公告,当事人看到的可能性太小了。

缺席审理的离婚案件要冷清得多。刘某五十多岁,三十多年前与丈夫自由恋爱,当时属很超前很开放的那种,全家人都不同意,气得父亲生病住院。无奈刘某铁心相许,跟定了丈夫,冒全家人之不韪,独身一人跑到丈夫家,上演了一出现实版的“文君下嫁”。结果婚也未结,婚礼仪式也未办,就开始了憧憬中的爱情生活。谁料造化弄人,在刘某生育一女两儿后,其丈夫竟以打工为名长时间不回家,有一次回来还带着一个女人,声称是来当地看病的,单纯的刘某当时还陪她去看病。说起往事,刘某一阵苦笑。

我问其丈夫最后一次何时离家未回,刘某说是七年前。我问有没怀疑过丈夫已出事或死了,她说不会,因为有人曾在很远的外省“偶遇”过丈夫。刘某说自己现在生活很好,女儿已出嫁,长子已结婚,自己与儿媳关系很好,也盖了新房,次子马上也要结婚。自己现在是想通了,也看淡了,不恨任何人,不计任何恩怨,对婆婆照样与其他几个弟兄轮流照顾。现在离婚主要是怕丈夫将来给自己带回来一堆孩子或债务!

刘某长得干瘦,但行动敏捷,语速很快,总是带笑。庭审最后我问:“你觉得丈夫为何不回家?”刘某想了想,微笑地试着说:“可能是他没挣到钱吧?”纯情之状堪比少女!气得我和书记员小王同时惊道:

“你真是上辈子欠他啊!”

没想到刘某竟笑笑说:“我儿子也这么说我,说你净身从姥姥家跑出来跟我爸,跟来跟去跟丢了,你图个啥?我就是这样,就是恨不起来他。”说这话的同时,竟一脸幸福模样。

最后我有些挑事地问:“他打过你吗?”刘某说:“从来没有,他凭什么打我呀?”

是啊,一个等了男人数十年未果都恨不起来的女人,一个对在外数十年有无数种可能的男人仍抱善意解释的女人,凭什么挨打呢?

顿时觉得眼前这位黑瘦的女人是世上最美最纯情最有力量的女人!我敢断言,如果此时那个负心的男人回来带她走,她定会为情一如当初,赴汤蹈火,舍身无悔……

唉,百年修得同船渡,千年修得共枕眠啊!耳边响起了高胜美幽怨而清晰的声音:

千年等一回　我无悔啊
是谁在耳边说　爱我永不变
只为这一句　断肠也无怨
雨心碎　风流泪哎
梦缠绵　情悠远哎
西湖的水　我的泪
我情愿和你化做一团火焰
千年等一回　等一回啊
千年等一回　我无悔啊
……

下午政法委组织的综治及平安创建走进乡镇文艺巡演来到辖区乡镇,院里要求庭里出两个人前去摆牌设摊,宣传法院工作,并要求下午一点半必须赶到现场。又是面子上的工作,但必须重视。

在乡里吃了饭,已过十二点半,为避免迟到,也不再回法庭,便与小王直奔现场。舞台早已搭好,上面已有人在调试音响,旁边一群穿得花花绿绿的腰鼓队员在议论、准备,台下坐了一片老年人,周围穿梭着戴臂章维持秩序的工作人员。天阴着,刮着风,降温的节奏明显,虽是中午,却透着阵阵寒意。桌子后面有两张铁凳子,大家宁肯站着,都不愿去坐。

四点多演出结束,天已将黑了。

送法进校园

2016 年 11 月 14 日　星期一

镇初中已联系过多次,邀请我去学校讲法制课,并准备聘我做法制副校长,这与年初院里所定的“送法进校园”活动精神正好相符,但碍于工作忙一直安排不开,一直拖到今天下午。

起初本想借用同事的讲稿,读读了事,主要也就是拍个照片,走个过场。找来找去,找来一份刑事庭同事几年前的讲稿,洋洋洒洒 13 页,很不合胃口,遂构思动笔,弄了一篇:

《崇法·立信·扬善》

各位老师、同学们,大家下午好!

我是一名法官,工作是办案,解决纠纷,处理矛盾。很高兴今天能有机会与大家聊关于法律方面的话题。当然法律包括很多方面,我考虑了很久,觉得其中的一个重要的方面就是:崇法、立信与扬善。

在我国古代,“法律”不是一个词,法是法,律是律,不一回事。今天我们说的法律只相当于古代的“律”,如《唐律疏议》《大清律例》等,都是当时的法律。

什么是法律?法律是体现统治阶级意志的禁止性行为规范。也就是说,法律在哲学意义上属于上层建筑,从历史角度讲,它不是从来就有的,也不是永远存在的,它是一定历史阶段的产物。(老子描述的“邻国相望,鸡犬之声相闻,民至老死不相往来”的“大同世界”里可能不需要法律;孔子所称“七十而随心所欲,不逾矩”的人生境界应该也是不需要法律去制约的。)

简言之,法律就是秩序。美国华盛顿特区国会图书馆的天花板上写着一行大字:秩序是上苍的第一法则。(Order is the first law of God.)有位诗人说:秩序,是过上好生活的第一法则。所以,没有秩序的生活不可想象。秩序无处不在,而我们的生活也处处存在法律。比如:(1) 张某驾车违章发生交通事故,致搭车的李某残疾,张某有无责任?(属好意施惠,形不成民事法律关系;但开车过程中应尽一般注意义务,违章致残,存在主观过错,构成侵权行为,故应承担赔偿责任。)(2) 唐某参加王某组织的自助登山活动时因雪崩死亡,王某有无责任?(属法理上的“自愿承担风险”行为,即自愿参加某种活动时,事先作出甘愿承担风险的明示或默示的意思表示,当致害风险发生时,由自己承担损害后果。属于风险自担的活动还有:足球、拳击比赛等,自助游具有探险性和危险性,参加这类活动的旅游者对活动的风险是明知的,在活动中对自己行为的后果应自担风险。)(3) 吴某与张某打赌举重物,吴某因用力过猛致残,张某有无责任?(吴某有完整的意思能力,后果主要由其承担,但张某也应预见到举物过重可能导致吴某受伤,对吴某受伤有一定过错,应承担一定责任。)(4) 何某心情不好,邀好友郑某喝酒,郑某畅饮后驾车撞树致死,何某有无责任?(何某虽未劝酒,但作为召集人,在郑某畅饮后负有劝阻和制止酒后驾车的义务,何某未制止,存在一定过错,应承担相应责任。)因此,生活中我们或多或少都要学点法律。不懂法,是走漆黑的夜路,因为看不见,不碰墙是侥幸;懂了法,就能看见法律禁止的界线,就能预先规避碰墙的可能。建议大家学习法律,敬畏规则。

最初,人们的行为受道德、舆论、惯例的制约,后来,随着经济的发展、矛盾冲突的增多,人们需要一种更强更有力的、“道不同而理同”的规范来平衡和解决分歧,于是法律的雏形出现了。

法律需要执法者,刚开始那些作风正派、办事公道、人品高尚者成了人们托付命运的对象。比如,皋陶就是舜时期的执法官(顺带说一句,禹的父亲鲧可能就是因治水不力被皋陶刑杀的),不毁乡校的春秋时期郑相子产(其所善者,吾则行之;其所恶者,吾则改之。……大决所犯,伤人必多,吾不克救也。)就是公认的法学家,据说他治郑二十六年而死,丁壮号哭,老人儿啼,曰:"子产去我死乎!民将安归?"可见一个好的执法官在人民群众中影响之大、群众对其感情之深。

当然相传还有神兽执法,这种叫獬(xiè)的独角兽有分辨曲直、确认罪犯的本领,可以"触不平者以去之",真假一辨自知,相当于高级测谎仪,估计那些理亏者看见它立马蔫了,谁也不想让它给触一下。因此,后来人们把獬看成公平公正的象征,现在司法机关门前或院落里常可看到它的塑像。

法律需要被敬畏。法律的功能在于抑恶扬善,定分止争,彰显公平正义。我们的国家,经过几代人的努力,现在拥有了基本完善的法律。接下来,关键是要自觉地崇法、守法,认清道德准则与违法、犯罪的界线,从自身做起,为自己和别人的安全、利益、幸福而守法,我为人人,才能人人为我;从小事、细节做起,勿以善小而不为,勿以恶小而为之。举个例子:随地扔垃圾是不文明行为,故意打人、破坏公物就是违法行为,而盗窃手机、电脑就是犯罪行为;办公室私下说人坏话不道德,张贴小报毁人名誉可能要承担民事责任,而公然辱骂他人则构成犯罪。

崇法、守法,杜绝违法犯罪的侥幸心理,树立"惧法朝朝乐,欺法日日忧"的意识,正确理解"人心似铁,官法如炉"的古训。

普通人崇法,就像驾驶车辆必须服从交警、服从红灯,在黄线以内行驶一样,遇到堵车须平心静气,耐心等候;道路空旷,也不能任意超速。你把法律看得高、看得重,你才能生活得踏实,生活得幸福。

执法者也要崇法、敬法,古代外国有"王在法下(King under the law)"说,我国有"王子犯法与庶民同罪"说,彰显的是法律面前人人平等。史载汉文帝骑马过桥，有一人出而惊马，使皇帝差点从马上滚下来。于是逮其人交廷尉张释之(当时的最高执法官)处理，结果问罪罚金。文帝嫌轻，问责廷尉，张释之就说："法者，天子所与天下公共也。今法如是，更重之，是法不信于民也。且方其时，上使诛之则已。今已下廷尉，廷尉，天下之平也，一倾，天下用法皆为之轻重，民安所措其手足?"文帝遂罢。这是说执法平等，不能因对象不同而有所轻重。

最近微信圈流传一则《最牛死刑犯》的故事。美国54岁的死囚乔·哈里斯，应在2012年11月27日14点执行死刑，在临刑前最后一餐，他吃了一顿大餐，还喝了酒，没想到他突发脑溢血当场挂了，早死了40分钟。其亲属因此状告监狱，明知其患有高血压还让其喝酒，让他丧失了40分钟的美好生命。最后，亲属获赔350万美元。故事启示：事实告诉我们什么时候都别忘了喝酒。(当然是开玩笑)但说明法律所褫夺的是部分权利而非全部，一个人即使被判处极刑，但他也还是有作为人的基本权利，也就是我们常说的受死不受辱，死也死得有尊严，不能无限上纲。又比如我国法律的剥夺政治权利，但他的民事权利都还是有的，也应当保护。

现在的生活中，常有媒体、舆论、微信对某一未决案件大加褒贬，大有直接判决之势，大有不如此判决就是违背民意之势，属于典型的舆论绑架法律，属于典型不尊重法律的行为。香港法官、律师地位很高(据说法官只有158位)。有一天一名年轻女车主酒驾被查，期间打了交警一耳光，在香港袭警是很严重的罪，结果该女车主被起诉。后法官认为该女孩喝酒后袭警虽不对，但其平时表现还不错，也没有前科，事后悔罪态度也较好，于是就判其感化令。这引起舆论不满，后被媒体挖出该女孩系某大法官的侄女，于是就更加怀疑法官有意轻判。一时说东说西，任意八卦，议论纷纷，后香港法官协会和律师协会联合发了一个声明，意思就是不要随意评论法官的判决，若法官故意轻判，自有相关问责机制。结果声明一发，舆论就息声了。这件事，说明民众应尊重法律、尊重判决，判决除非通过合法程序被撤销，否则即便有瑕疵、有错误也得执行。试想，发生激烈冲突的双方邀请了一个中间人评理决断，当中间人作出结论评价后，任何一方都可以轻易指责，甚至要求推翻重来，会产生什么样的后果？所以，生活中，涉及法律的问题无处不在，守住法律的底线，不违法，更不犯罪，为别人，更是为自己，是对一个人行为的基本要求。

再说立信。古人把信推到极高的地位，如一言既出，驷马难追；尾生之信；人而无信，不知其可等等，说的都是信乃立身之本，信对为人处事的重要性。《论语》中多次谈到信，并把其地位推到无以复加的高度。如曾子著名的"吾日三省吾身"，哪"三省"啊？"吾日三省吾身：为人谋而不忠乎？与朋友交而不信乎？传不习乎？"

还有一段话叫作"子贡问政"，是这样说的：

子曰："足食，足兵，民信之矣。"

子贡曰："必不得已而去，于斯三者何先？"

曰："去兵。"

子贡曰："必不得已而去，于斯二者何先？"

曰："去食，自古皆有死，民无信不立。"

有时候，古人甚至把"信"看得比自己的生命都重要。有部古戏叫《赵氏孤儿》，谁看过？或叫《程婴救孤》。这是发生在当年山西省境内的一个真实的故事。时间在晋文公之后（强大的晋国，春秋五霸之一），"三家分晋"之前，晋景公时，大夫屠岸贾以（前国政）赵盾弑君为由不请而私攻赵氏，并屠杀了赵朔全家（当时韩厥告之并劝其逃跑，朔不肯），皆灭其族。但赵朔妻（成公姊）有遗腹，藏于宫中。赵朔客公孙杵臼对赵朔友程婴说："胡不死？"程婴说："朔之妇有遗腹，生男我奉之，生女我再死。"结果生了个男孩。屠岸贾听说后索于宫中。夫人置儿绔（无裆裤）中，祷告说："赵宗要灭，你就哭；要是不灭，就别出声。"后竟无声。程婴对公孙说：

“今天没找到，以后还会找，咋办?”公孙说：“立孤与死孰难?”程说：“死易，立孤难。”于是公孙说：“赵氏先君遇子厚，子强为其难者，吾为其易者，请先死。”于是二人商议由程婴出卖公孙致公孙及假赵孤被杀。程婴与真孤赵武匿于山中。历尽千险万难15年后，赵武、程婴终于拜将复出，攻杀昔日仇人，恢复田邑。赵武奉程婴若父(自幼抚养)。按说好人好报，皆大欢喜，可当赵武满20岁时，程婴却自杀了，为什么？因他与公孙杵臼有约，今事已成，他必赴约(后死)。(因此在赵氏先人祠中专门供奉有程婴和公孙杵臼的牌位。)史书叹曰：“程婴、公孙杵臼可谓信友厚士矣!”且不说程婴自杀下报是否太过(如果公孙杵臼的死是出于无奈的话)，单他们一言九鼎的信义和勇气，就足以感动历史千年!

各位想想，我们的生活中，打电话说快到了，其实刚出门，说到了，那才是走一半了，明明在家却说在出差。当然，有些善意的谎言可以理解，但有些却是说谎话成了习惯，真话倒不会说了。不过说谎也有代价，据说一句谎话需要十句真话来证实其没有说谎，所以爱说谎的人说话必然多，话也好听，他得掩盖啊，所谓“信言不美，美言不信；善言不辩，辩言不善”，或“巧言令色，鲜矣仁”。确非虚言啊!

不守法者一定不守信，不守信会导致走向不守法、不崇法，因为法律是凝练出来的诚信，法律是更高层面的诚信。秦孝公时法律繁多，但多数得不到执行。29岁的公孙鞅(商鞅)，卫国人，扬言要帮秦国革新除弊，富国强兵。商鞅一个外国人，年纪轻轻，刚从魏国失意而来，不要说领导大家变法，就是他说的话也没几个人相信(秦孝公是在宠臣的力荐下听了四次才相信了商鞅)。商鞅立法原则是内用刀锯，外用甲兵，顺便看看他的法律，现在看来还毛骨悚然：什伍制，连坐制，五家为一伍，十家为一什，相互担保；知奸不告者腰斩，告奸者与斩敌同赏，藏奸者与降敌同罚；民有二男以上不分家者倍其赋；有军功者受上爵，私斗者受刑；宗室没有军功不得入族籍，妻妾穿衣按门第，注意是衣服穿错都有可能犯罪,更有甚者弃灰于市者受黥刑。也就是说从此后秦国的法律上管天,下管地,中间管空气,无所不管。这样一部事无巨细、闻所未闻的酷法,老百姓包括贵族阶层会不会服从?又有谁会相信它能不折不扣地执行呢?

其实商鞅也"恐民不信己,乃立三仗木于国都市南门,募民有能徙置北门者,予十金。民怪之,莫敢徙。"又说"能徙者予五十金"。有人徙之,立马给了他五十金,以明不欺(这也是徙木立信的故事)。遂下令变法。

商鞅硬是靠着言必行、信必果的气势,推行了他彪炳史册的法律,并通过商君之法把曾经以德报怨、颇具仁义之风的秦国变成了嗜杀成性的虎狼之国,进而使其走上了灭六国、一天下的"快车道"。因此可以毫不夸张地说,信是法的脊梁,同时诚信也是法律推行的有效保障和手段。

当然,诚信更是引导社会和谐、公序良俗、精神文明的重要支撑因素,现实生活中那些投机取巧、背信弃义、不讲诚信的行为,不仅是对法律的挑战,也是一种杀鸡取卵的短视之举。

最后说说扬善。善是人类品行的最高境界,也是我们要追求的道义制高点。所谓积善之家,必有余庆;积不善之家,必有余殃。就是教导人们要弃恶扬善、多做好事。史书所载、影视作品中也多把善恶有报区分得清楚,所谓恺撒的归恺撒,上帝的归上帝。

中国历史上就有一位"行善"的大赢家,那就是五代时期的窦禹钧。窦禹钧何许人?《三字经》中有一句:"窦燕山,有义方;教五子,名俱扬。"窦燕山就是窦禹钧,也是《五子登科》的现实原型人物。相传窦燕山三十无子,有一天他做了一个梦,梦见他祖父对他说:"汝无子,且不寿,宜早勤修。"窦禹钧这个人呢,本来就为人不错,接下来更加尽心做善事。据说他的收入除够基本生活开支外,都用于扶贫济困。数年来,他共替无以下葬的人办丧事 37 次,替穷人家的姑娘置办嫁妆、筹办婚事 28 人,因他帮助扶持而成家立业的有数十家。后来他又做了一梦，梦到祖父对他说："汝功德浩大，延寿三纪（一纪 12 年），五子俱显荣，当充洞天真人位。"于是窦燕山更加积德行善，其五子相继登科，八孙皆贵。他临终款别亲友，谈笑而逝，享年 81 岁。

我想，故事的一些细节可能是传说，但"人有善愿，天必佑之"的隐恶扬善理念，却是昭然若揭。30 岁尚无子嗣的窦燕山教五子俱显荣有何"义方"？除了智商均高的遗传因素外，那就是做善事，帮他人，积德扬善，唯善为宝，以善为立身之本。所谓道高龙虎伏，德高鬼神钦；善事可作，恶事莫为；善恶到头终有报，只争来早与来迟。

作为一名基层法官，在此联想到工作中的一件事。2016 年 3 月份的一天，有位 60 多岁的周姓退休老师带着他 80 多岁的老父亲来到法庭，要求以父亲的名义状告其弟赡养问题，实际矛盾在于兄弟俩对老人一处院落的分割之争，由来已久。一进来便遍数兄弟恩怨，纷纷扰扰，总之均为兄是而弟非，而他勉强爬上楼的老爹坐在沙发上一边大口喘气，一边好奇地左右望着（大概平时很少出门或是第一次进法庭的缘故）。于是我便与他分享了上述窦燕山崇善扬善的故事，刚说完，这位周老师竟激动地握起我的手说："我懂了，懂了，再不说这事儿了！"转身拉起他的老父亲走了，至今没见他起诉打这个官司。可见，善言善行的感召力在我们国家自古及今的传统观念里还是占着主流地位的。

总之，崇法、立信、扬善，三者一脉相承，关系密切，境界层层递进，是一个问题的不同方面，是人生修养的不同阶段。其中，崇法（包括守法、惧法）是基本要求，是底线；立信是根本途径和保障，也是最需要从细微处做起的长期过程；扬善是最终目的，是需要我们大家共同营造的社会氛围，同时善良也是每个人最基本的护身符。

道理再深，说得再好，需讲给愿听愿学愿接受的好学者，就像人常说很难叫醒一个装睡的人。杭州西湖景区虎跑寺的一副楹联，说的就是这个意思，我觉得挺好，分享给大家作为结语，以共同欣赏、学习：

天雨虽宽不润无根之草，佛门广大难渡不善之人。

好，十分感谢大家的聆听。谢谢！

校长和副校长全程坐在讲台上作陪，总担心人家听烦，原定的一个小时也超过了，校长倒一直示意没事。

小王说，下面师生反应不错，有位老师的话：这人有点文化。

仰天大笑出门去，我辈岂是蓬蒿人！呵呵。

雾霾重起·视频庭未果

2016 年 11 月 22 日　星期二

上午打算在院里录开视频庭任务。又要到年底了，案子得抓紧往前赶。小王索性一上午定了两个。

第一件是八点，离婚案；第二件是十点，借贷案。

一大早，雾霾迷漫，能见度很低，一看手机上的空气质量指数，竟然三百好几，严重污染。

离婚案被告的代理人打电话说雾大有可能迟来一会儿。小王说原告未到，亦打不通电话，只有硬等。结果等到十点钟，电话打了十几个未果，只好记了被告一个笔录结束。谁知出笔录时打印机出了故障，怎么也出不了纸。小王只有去打印室出，回来了打印机也好了，小王苦笑；被告签好字欲走，原告的母亲却打来电话说其女儿有事，来不了。问有啥事，不愿详细说，只说是在刑警队。一听说是被公安带走的，被告的母亲抢着说，不是赌博就是卖淫了，她就是这样的人，这与我们可没有关系啊。这都什么人，没说与你有关系啊！

借贷案也是两名被告来得早，原告也说是雾大来得晚，说马上就到。两名被告坐在外面等好长时间了，是两个血气方刚的小伙子，都满脸怒气。我问对借款事实有无异议，两人同时说异议大了，写的借 2 万元，其实只拿到 8000 元。一会儿，原告打电话说到院门口了，因带着自己三岁的女儿，门岗不让进。我一听泄了气，庭肯定又开不成了(还真有带小孩来开庭的)。于是让小王去看看，能进来的话先调调吧。两名被告一听比小王跑得还快，双方一见面，开口即出言不逊，差点短兵相接。在小王一阵“到处监控”的“威胁”教育下，才算止住。庭没开成,调又无基础,结束。

本来想开的视频庭没弄成,一个上午就这样在等待中耗掉了,院里审判庭不同于基层法庭,除了开庭啥活儿也干不了。

雾霾、被刑拘、(打印)机毁、带小孩,都赶一块了!

结束时,已近中午,小王看看我,叹道:"日子不对啊,一无所获!"

二次被诉戾气重，蛮横耍粗法岂容

2016年11月25日　星期五

二十多年前,李某(女)还是一个懵懂少女的时候,经人介绍从几千里外嫁给本地的张某(男)为妻。生活中,张某脾气暴躁,还与邻居残疾人的老婆来往密切。尽管已生育一女一儿,但亦难以愈合双方感情上的裂痕。女儿出嫁,儿子读小学高年级,李某于半年前举起了法律武器,向法院提起诉讼,要求离婚,并抚养儿子,平分财产。

张某当时在应诉时坚决不同意离婚,且反应激烈,要杀要死的话说了不止一遍。庭审结束后,原告及其律师差点走不利索。

最后判了不准离婚。分别宣判时张某仍不依不饶,要求法院非让李某回家不可。

这不,刚满六个月,李某又起诉了。看来离的心是铁了。鉴于上次的麻烦教训,这次把庭审定在院里审判庭。

上午,张某来得早,还带着他女儿,一见我就说:"又是你办的吧,现在调院里了?"

顺便答应了一声,接着就试探此时他的真实想法,凭经验,开庭前与一方单独的谈话最易收获真言。

"看来半年的考验无效啊,原来的判决很失败嘛!上次判不离你不满意,这次我可帮不了你了!"单刀直入,说得也不客气。

"这次不能判不离了?但她还想要孩子,这可能吗?我看电视上说了,她还得承担家庭债务!"一点没变,考虑问题全从自己角度从发,且自私、蛮横。

但也能听出来,这次张某有了离婚的心理准备。

这时，县人大一位领导打来电话，询问此案，为李某说情，意思就是李某娘家在外省，多年前被骗嫁人，勉强度日，很不容易，如果能离，这次给他们离了。话筒声音很高，张某几乎听见，我赶快出门去说，说了些“领导放心，正在处理，会尽力而为”的话。

再进去时，李某与律师正好进来。律师还是上次的小吴，一进门，小吴瞅了眼被告席上的张某，连忙打招呼说：“来了，老张？”张某怒目以视，闻而不答，气氛陡然紧张。

换了法袍，在威严的审判台上正襟而坐，每当此时，我都感觉到满满的责任与正义。

随着一声清脆的法槌声，庭审正式开始(平时很少敲，今天觉得有必要)。除了多了两次吵架的录音证据外，双方诉辩内容与上次无异。双方都要求抚养儿子，对共同财产一座房子的价值也达不成一致，张某还拿出一大串红笔写的债务。

张某真不是好驾驭的主儿，不一会儿便脾气见长，开始厉声质问李某，不顾旁听席上的成年女儿，骂骂咧咧，出言不逊。

原告及其律师均以沉默买平安。

张某还比较顾及法庭的威严，每次制止都会有所收敛。

全部庭审不到一个小时，最后我问是否同意调解。原告李某的律师连忙说庭下调解(足见对张某的蛮横忧虑之深，对调解丝毫不抱希望，只求庭后迅速离开)。

我转问张某是何意见，张某还不想走，回答同意调解。

书记员小王扭头建议先结束庭审，回头调解。庭前原告律师跟小王说，无论如何，庭后让原告先签字离开。

这次没有同意小王的建议，我感觉今天法庭的气势“盖住”了张某，他不敢轻易造次。

同时有了个大胆的想法，直接问李某，如果张某同意离婚，她是否愿意放弃抚养儿子，并放弃分割财产。李某似乎早有这个底线，顿了顿说：“愿意吧。”

不料张某得寸进尺，立刻表示不行，她还得承担几万元债务等。

庭审结束，一边让李某及律师先签字，一边把张某拉到外面，痛斥其不顾多年夫妻感情、子女颜面、斤斤计较、无理取闹。一时张某竟没了主意，被批得扭曲的脸上显出求助的表情，我立即毫不犹豫地给了他答案："抓住机会，赶快答应。"

张某看起来是真的出于信任同意了。

小王快速制作了调解笔录和协议，还是先让李某签字。李某签完字，不等张某签字，就心照不宣地慌慌张张往外走，紧张之余竟打不开门锁，最后还是小王帮他们打开门走了。

张某签完字，刚走了几步，不知何意，又回头狠狠地说："离了婚，我马上就结婚！"

我在门口远远地对他竖起拇指说反话："你厉害啊！"

屋里电脑前的小王却对我竖拇指："厉害！"

一时竟糊涂了。

后记

日记，本是随意泼洒感情的文字。或繁或简，或明或暗，或喜或怒，或人或己。主题飘摇不定，思想时抑时扬，并不适合发表。但要做成办案日志给人看，就不同了，就需整理一番：美化文字，突出主题，隐姓化名，颠倒顺序，顿时成了文学作品！所以，这本日记，其实就是小说，法官写的办案小说、心情随笔，绝无诟病现实中任何人之意，若非要对号入座，抱歉，在此一并予以驳回。

然而文学高于生活，必源于生活。这本小说是一名法官一手拿着真实的裁判文书，一手翻着自己的日记写成的。也曾尝试弄些虚构的情节，但从未如愿，写不出来，深感与真的作家还有很长距离。

我不是真的作家，但却是真的法官。正业是办案，所以正经时间都奉献给了法律和法律相关的事情；写作是业余，是爱好，所以诸篇日记纯属雕虫伎俩。而提笔往往在每日临睡之前，或假日茶余饭后，故文字若有惺忪之意、内容与吃饱了撑的相类，也丝毫不必为怪。青年社会学者刘思达在书中说："后来有许多人问我，《割据的逻辑》一书中对现状的描述居多，而并没有提出太多预测或政策建议，……坦率地讲，把中国法律职业的现状扎扎实实地解释清楚，比拍脑袋胡乱'开药方'要更有意义。"我非常佩服他的谦虚和厚积薄发，从而也掩盖了自己日记中流水账式平铺直叙的寡淡无奇，为缺少陈述自己不成熟的观点和措施找到了口实。

这些日记，记录了三年的时间跨度中，我国中部某基层法院基层法庭一名法官工作、生活的缩影，内容既涉及案多人少、缠讼闹访、司法干预、群体纠纷、社会矛盾多元解决机制、现行法院体制中亟须改革的现象等普遍性问题，也有以案件反映社会客观存在（包括婚姻家庭、子女关系、彩礼)、人性自私、狭隘的弱点等个性问题,折射出最基层法官勇敢、善良、睿智、负责的内心和其作为一个普通人的困难与担当,当然还有对工作和生活的有益思考与探索,希望能对同仁和后学者有所启发。

二十多年前常蹭郝铁川老师的课和讲座,而他当然不知道下面有个我,因为从未有幸直接当过他班上的学生。那时的郝老师精力旺盛,才华横溢,在学生心目中,属于学问无底、妙语连珠、高屋建瓴一类。郝老师知我,是在几个月前的一个微信群里,给我布置这个写作任务的时候。但知而不识,还是未曾专门见面,只是后来在写作过程中数次打电话悉心指导。于是我想,即便再高深的老师也有一意孤行、决定不慎的时候,也有深极则浅看人走眼的时候啊。

学业水平本就不高,更兼生活环境局限,箪食瓢饮在陋巷,很担心弄出些歪瓜裂枣般没用的东西。郝老师却鼓励我别顾虑,只管用心写,越真实越好。于是"梦魇"开始,生活没有了闲聊和游荡,同在一屋檐下的妻子儿女也少了我的存在感。最让人煎熬的,是白天工作亲历一遍,晚上再回放一遍,纷纷扰扰,不堪负能量之烦,有好几次都要坚持不下来了。不过,热桌子湿椅子(常写字的屋里一桌一床,没有空调)弄得多了,渐从文字间悟到些有价值的东西,也愈觉与郝老师心灵相通,始悟其将如此"作业"布置于我的深意。于是越走越远……

诗三百,一言以蔽之,思无邪。

所以,别说烦琐,这是我的工作,二十年了,仍在继续;别说平淡,这是我全部的生活,我也想让它焕发得更加精彩。

这,便是"法官日记"的由来。正所谓:

掩卷掷笔冬酒浑,此夜卸甲轻煞人。
夫子城墙难企见,妻子欢娱尽放音。
天下翘楚不属我,谁言寒暑是沉沦?
随意泼洒腐儒意,箪食瓢饮乐其身!

从未想过要出书,在接到郝铁川老师的电话约稿之前。写文章出书之于郝老师,一如发判决开庭之于我,是日常正业;而我出书,则纯属附骥之尾,蹒跚学步,越界弄棒,出丑的风险极高。

当出版社的编辑告诉我已交付排版,需要写个后记的时候,我意识到这些纠结许久的文字真要成书了,也真切地感受到这个过程中她的一句"你有你的特色"是多大的力量:鼓励是最好的老师。

当然,与业龙老师的一席话,不仅让我详细地见识了纸质书的诞生过程,更是聆听到了贯通人生的高维度哲理。

以上,都是与此日记孕育、诞生有关的实话。反正是个业余,真实的表演都不一定有观众,虚的也不想多说。

距此日记收笔已有大半年时间,而生活的日记每天都在继续,且一天比一天精彩,以至于把先前的内容都快要覆盖、忘记了。大半年的时间跨度,虽只是历史一瞬,却照例羯鼓催花未有歇时。

风华正茂的同事 W 为赶年底结案,在连续加班月余之后,于今年新年第一天的早晨永远闭上了焦灼的眼睛,没再醒来,其妻女无法摆脱旧人旧影,搬家租居。

打骂妻子,两次离婚,戾气重,扬言离婚后马上就能结婚的李某(男),的确没有失言,又结了。但不到月余便来寻我,说女人骗财跑了。本来就不是啥好人,正是"莫与恶人为仇,恶人自有对头",这就对了!

改革的车轮滚滚向前,司改进入最后攻坚阶段,第一批员额法官历经报名、初审、书面考试、业绩考核、民意及领导测评,上周已举行宣誓仪式。我们的曹、刘、孙"三国"各奔东西,成为历史,取而代之的是一位法官制为主的微型审判团队,这一人便是我,还有小王、小孙、屈师傅;小刘晋升为另一基层团队的"掌门人";小曹则成长为院里专业化团队的栋梁;小张、小葛也都蜕变为资深的书记官。

案件审理中所有"把关"签字程序基本都被取消,上周又把结案审批权"下放"给办案人,法官真的要对案件自始至终负责了,担当日月,掌中山河,高处不胜寒,权力大到写判决的胳膊都发抖。

第一次被小范围"召见",临结束,我说:"希望您能做一轮太阳,居中而全院拱之,使大家情愿奔跑而心感温暖。"新院长是个干脆人,不想听恭维话,正要打断我,我接着说:“不能做一台炉子,一人或数人围着取暖而众人寒。”在场的几人一时惊讶,随即哄笑作罢,换了话题。

这是工作以来我与领导谈话中最自作聪明的“谏言”,也是不忍领导落入惯常模式的锥心之言,只不知新院长会作何感想?

君子述而不作。话总是太多,就这样吧。

郭彦明

2017 年 7 月 31 日于太行山下共城家中